Aharon Moshel

In einer Hand den Ölzweig

Jassir Arafat und die PLO

FACTA

Für David
alias Daoud Ibn Haroun,
geboren am 20. März 1964 in Kairo,
meinen Sohn
und das Kind zweier Welten

Hamburg – München

Umschlaggestaltung: Anja Ristow
Lektorat und Herstellung: Verlagsservice
Dr. Helmut Neuberger und Karl Schaumann, Heimstetten
Bei den im Bildteil verwendeten Fotos handelt es sich
um größtenteils unveröffentlichte, teilweise historische
Aufnahmen aus dem Archiv des Verfassers
Gesetzt aus 10/12 Punkt Times
Printed in Germany
ISBN 3-926827-10-6

Inhalt

VORWORT
». . . in einer Hand den Ölzweig«

»Inwiefern ist überhaupt ein Jude immer Jude . . . Insofern sich der Staat alle zehn oder zwanzig Jahre besondere Mühe gibt, ihn daran zu erinnern.«

Robert Littell, »Der Töpfer«

»Nach Israel kehrt niemand zurück,
außer den Geschlagenen,
den Flüchtenden.«
»Diese Chuzpe, einen Staat zu errichten.«

Yoram Kaniuk, »Wilde Heimkehr«

Die Ölzweige verdorren; das Heilige Land verzehrt sich im Unfrieden. Fünf Kriegen der Armeen gegen die Armeen folgte ein Krieg der Kinder gegen die Kinder. Nicht Jassir Arafat – ». . . und in der einen Hand den Ölzweig« – und seine PLO sind dessen Urheber. Zwanzigjährige Besetzung und die religiöse Verblendung auf beiden Seiten tragen die Schuld daran.
Die Besatzung hinterließ tiefergehende psychische Verheerungen als das ihr vorangegangene zwanzigjährige trostlose Dahinvegetieren in den weniger oder mehr zu armseligen Dörfern emporgekommenen Flüchtlingslagern. Die Lager jenseits der bis 1967 gültigen israelischen Grenzen ließen trotz allem noch Hoffnung, Hoffnung auf, wenn schon nicht die eigene, so doch auf die Rückkehr der Kinder oder Enkel in die verlorene Heimat. In den Araberdörfern der besetzten Gebiete aber nistete bald die trostlose Hoffnungslosigkeit. Israels Stärke schien zu überwältigend zu sein. Es obsiegte auch noch in einem weiteren Feldzug und erreichte schließlich sogar einen sich unterdessen als dauerhaft erweisenden Friedensschluß mit seinem stärksten arabischen Nachbarn Ägypten. Der PLO-Terror der Anfangsjahre nach

dem Sechs-Tage-Krieg führte mitnichten zu seiner Schwächung. Im Gegenteil: Israel wurde dadurch immer unnachgiebiger.
1982 begann es einen großangelegten Vormarsch gegen die im Libanon befindlichen PLO-Stützpunkte. Seine Truppen stießen jedoch auf stärkeren und dauerhafteren Widerstand als in allen vorausgegangenen Feldzügen. Erst nach langwierigen, blutigen, zerstörerischen Kämpfen erreichten sie Beirut. Die Palästinaaraber kämpften tapferer und zäher als die angeblich mit ihnen verbündeten regulären arabischen Streitkräfte, kämpften sie doch für ihre eigene Sache und ums nackte Überleben. Die »Fedaijin« erwiesen sich erstmals als ernstzunehmende Gegner der sieggewohnten israelischen »Zahal«. Israels Sieg mußte schließlich teuer erkauft werden. Die Auseinandersetzungen endeten mit dem freien Abzug der palästinensischen Freischärler. Jassir Arafat erhob unter den Augen der israelischen Soldaten und den Läufen ihrer Maschinenpistolen vor dem Betreten seines Schiffes die Hand zum Siegeszeichen.
Die Guerilleros gingen in teilweise weit entfernte arabische Länder ins Exil – wie einst die Juden in alle Welt. Von PLO-Chef Arafat wurde immer weniger gesprochen. Die Palästinaaraber in den besetzten Gebieten ergaben sich völliger Resignation. Ihr Widerstand erlahmte nahezu vollständig, und nicht wenige von ihnen finden als Arbeitskräfte im feindlichen Kernstaat eine auskömmliche Lebensgrundlage und machten derart ihren Frieden mit dem ungeliebten Israel.
Der Libanonfeldzug endete jedoch mit einer zunächst kaum richtig wahrgenommenen doppelten Wende: Israel hatte es – erstens – sehr schwer gehabt, sich darin durchzusetzen; sein Unbesiegbarkeitsmythos war schwer angeschlagen worden. Im Libanon gewannen – zweitens – anstelle der PLO in dem weiter andauernden Bürgerkrieg unaufhaltsam islamische Religionsfanatiker die Oberhand. Die Araber hatten, gezwungenermaßen oder freiwillig, lange und krampfhaft versucht, sich zu modernisieren, das heißt also zu verwestlichen. Die Juden, die ihnen zahlenmäßig weit unterlegen waren, erwiesen sich ihnen darin aber als weit überlegen, lagen ihre Wurzeln doch zum großen Teil in eben diesem westlichen Kulturkreis. Diese Einsicht und der Aufstieg

des Schiitenajatollahs Ruhollah Chomeini im Iran zum zeitgenössischen Heros wie Herostratus der muslimischen Welt sind mindestens zwei offenkundige unter den mannigfachen Wurzeln der seither zu beobachtenden »Reislamisierung« des Vorderen Orients.
Diese Reislamisierung – und nicht die hochgerüstete Armee des gestürzten letzten Schah-in-Schah – bietet dem irakischen Angreifer im bisher längsten Krieg des zwanzigsten Jahrhunderts bis heute erfolgreichen Widerstand.
Diese Reislamisierung verhindert bis jetzt jegliche Kompromißregelung im endlosen Bürgerkrieg um den gemischtreligiösen Libanon.
Diese Reislamisierung führt immer wieder zum Aufbegehren anscheinend wachsender Bevölkerungsschichten in fast allen muslimischen Staaten, sogar in so relativ modernen wie Tunesien und Ägypten, gegen die verwestlichten säkularen oder laizistischen Regimes.
Diese Reislamisierung ist ein ernsthaftes innerpolitisches Problem auch für die moderne Türkei.
Diese Reislamisierung wurde zum eiternden Dorn im Fleisch der Sowjetinvasoren in Afghanistan und erzwang endlich den Abzug Moskaus.
Diese Reislamisierung machte auch vor den schätzungsweise über fünfzig Millionen »roten Muslimen« in den Südrepubliken der Sowjetunion nicht halt.
Diese Reislamisierung griff schließlich auch nach den Gedanken und Herzen der so lange gedemütigten Palästinaaraber. Die Älteren unter ihnen hingen freilich insgeheim weiter an der scheinbar gescheiterten PLO-Ideologie der nationalen Befreiung. Die Jungen aber suchten und fanden neue Ideale in den Moscheen, die sich plötzlich als hochpolitisierte Kommunikations- und Propagandazentren erwiesen. Wie ernst man diese Gefahr inzwischen nimmt, zeigt das Beispiel des Irak. Dort bedürfen die Freitagspredigten in den muslimischen Gotteshäusern inzwischen der Genehmigung durch die staatliche Zensurbehörde.
Die Wiederkehr der Religion des Propheten Mohammed in die vorderorientalische Gesellschaft ist bei alledem weder ein Rück-

schlag für die trotz ihres partiellen Rohstoffreichtums der westlichen unterlegen scheinenden islamischen Welt, noch ist sie ein modernes Wunder. Zweifelsohne gibt es eine starke Wechselwirkung zwischen den durchweg antidemokratischen Herrschaftsstrukturen der verwestlichten weltlichen Regimes und der Reislamisierung. Weder Gamal Abdel Nasser noch Habib Bourguiba oder Schah Mohammed Resa Pachlawi – diese als Beispiele – gesellten zu den von ihnen gepriesenen westlichen Idealen auch die westlichen Freiheiten. In den Augen ihrer gläubigen Untertanen verfügten sie aber auch nicht über die gottgegebene Autorität für ihre Diktaturen.

Doch dies war nur die eine – politische – Ursache. Die anderen waren tiefgründigerer Natur. Gibt es nicht auch im Westen, vor allem bei der Jugend, ähnliche Phänomene? Und sind sie nicht doch ein wenig mehr als der irrationale Ausdruck von Zivilisationsmüdigkeit und Zukunftsangst? Noch unterwerfen sich ihnen bei uns nur verschwindende Minderheiten. Doch niemand sollte so leichtfertig sein zu behaupten, es handle sich hierbei um eine bloße vorübergehende Modeerscheinung.

Die technische Zivilisation bewerkstelligte auch hier noch lange nicht hinreichend gewürdigte sozialpsychologische Verwerfungen. Rationale Erklärungsmuster werden vielfach als unzureichend empfunden. Die Menschen beginnen zu fühlen, daß sie sich etwas geschaffen haben, womit sie nicht mehr fertig werden. Die Achtundsechzigerbewegung und die Baader-Meinhof-Gruppe versuchten darauf noch, wenn auch fragwürdige und zum Teil verbrecherische, so doch politische Antworten. Sie scheiterten damit, und die meisten ihrer Angehörigen flüchteten sich früher oder später in die Resignation. Grüne und Alternative zeigen schon unverkennbare antizivilisatorische – man könnte natürlich auch sagen: »faschistoide« – Züge, jedenfalls Tendenzen, die den Boden der politischen Rationalität verlassen und in Glaubens- oder glaubensähnliche Bereiche hineinragen.

Hand in Hand mit dieser Entwicklung geht eine gewisse religiöse Revitalisierung, freilich kaum im Rahmen des weitgehend rationalisierten und institutionalisierten Glaubensverständnisses der christlichen Traditionskirchen. Ganz auszuschließen ist aber auch das nicht. In der DDR entwickelten sich die protestantischen Kirchen unter dem Druck regimekritischer junger Menschen zum nicht zu unterschätzenden Gegenpol der Staatsallmacht. In Polen wurde die katholische Kirche zum natürlichen Bundesgenossen des Arbeiter- und Intellektuellenwiderstandes der »Solidarnosc«. Im Ostblock erlebt man, trotz staatlicher Repression, überall volle Gotteshäuser. Das Moskauer Staatsfernsehen übertrug 1988 erstmals eine Heilige Ostermesse der russischen Orthodoxie, und KPdSU-Generalsekretär Michail Gorbatschow empfing den Patriarchen Pimen von Moskau und Allrußland öffentlich im Kreml.

Diese Beispiele erscheinen als parallellaufende Erklärungsvorbilder auch für die Entwicklung in der muslimischen Welt. Die Verwestlichung hat sie zutiefst verunsichert, der Zusammenprall mit westlichen Waffensystemen, Industrien, Technologien und Konsumgütern hat sie verschreckt, aber nicht vollkommen aus dem Gleichgewicht gebracht. Westlich orientierte Regimes konnten sich zwar fast überall verankern und da und dort bis heute behaupten. Was ihnen aber offenkundig nicht gelang, war die geistige, politische, wirtschaftliche und soziale Verwestlichung der muslimischen Gesellschaft. Eine solche wäre gleichbedeutend gewesen mit echter Demokratisierung. Diese lag aber keinesfalls in ihrem Interesse. Infolgedessen sind auch die »westlichsten« orientalischen Regimes Diktaturen, und die Massen partizipieren nicht an ihrer Herrschaft.

Je weiter jedoch das Ende der Kolonialzeit zurückliegt, um so mehr erzwingen die unterdrückten Massen Kompromisse von den autoritären Obrigkeiten. Denn diese besaßen und besitzen teilweise auch heute noch ihre stets selbstangemaßte Macht, aber sie verfügen, wie gesagt, nicht über eine gottgegebene Autorität. Und die uns längst geläufige Trennung von Staat und Religion ist dem Islam absolut fremd.

Mohammeds Lehre erweist sich infolgedessen heute – siebzig Jahre nach der Abschaffung des Kalifats als oberster geistlicher und weltlicher Autorität durch Kemal Atatürk – als geradezu natürliches und vor allem legitimes Mittel zum Zweck der Selbstbefreiung der unterdrückten Massen von angemaßten weltlichen

Unterdrückern. Der Sturz des letzten Schahs ist ebensosehr darauf zurückzuführen wie die Ermordung des ägyptischen Präsidenten Mohammed Anwar as-Sadat.
Und hier schließt sich der Kreis. Die Abwehr richtet sich ja nicht allein gegen die pseudowestlichen weltlichen Herrschaftsstrukturen; sie gilt vor allem dem auch vierzig Jahre nach seiner Gründung noch als unerträglicher Stachel im eigenen Fleisch empfundenen Judenstaat Israel. Militärisch und politisch war ihm bislang nicht beizukommen. Versucht man es nunmehr mit religiöser Inbrunst?
Westlichen Beobachtern mag das nachgerade lächerlich vorkommen. Doch sie dächten besser zuerst an die vorher nicht absichtslos erwähnten ähnlichen Phänomene auch in der westlichen Welt, in diesem Fall übrigens einschließlich des Ostblocks und der Sowjetunion. Stalin fragte im letzten Weltkrieg noch hämisch nach den »Divisionen des Papstes«. Die DDR-Christen erweisen sich unterdessen ebenso wie die polnischen Katholiken als kaum zu verkraftende Herausforderung für ihre atheistischen Regierungen, das Sowjetregime verhandelt mit den höchsten Würdenträgern der längst bezwungen geglaubten Orthodoxie, und in seinen Südrepubliken sitzen ihm die gläubigen Muslime – fast ein Viertel der Sowjetbevölkerung – im Nacken. In Vorderasien und Nordafrika behelfen sich die dortigen laizistischen Regimes bislang noch mit mehr oder weniger großen Konzessionen an die Gläubigen. Die Frage ist, wie lange diese sich damit bescheiden werden.
Ein Aspekt der Reislamisierung, und zwar sicher der wichtigste und folgenschwerste, ist das arabische Verhältnis zu Israel. Auch dort entwickelte sich ja in den letzten beiden Jahrzehnten eine aggressive jüdische Spielart des religiösen Fundamentalismus. Bezeichnenderweise entsproß er keineswegs dem traditionellen politischen Zionismus. Er kam viel mehr aus der sozialen Unterschicht der jüdischen Gemeinden vor allem der Vereinigten Staaten. Sie hauptsächlich forcierte die von einem zwiespältig reagierenden Staat geduldete, ebenso unkluge wie völkerrechtlich unzulässige jüdische Siedlungspolitik in den besetzten Gebieten. Israels nationale Rechte – und sogar auch ein Teil der Sozialde-

mokratie – versprachen sich davon einen gewissen Sicherheitseffekt gegenüber den rebellischen Palästinaarabern. In Wirklichkeit sind die nur von wenigen Tausend Juden bewohnten Siedlungen ein Element größter Unsicherheit. Im Kriegsfall wären sie kaum zu halten, politisch sind sie eine unerträgliche Herausforderung. Den Arabern scheinen sie zu beweisen, was diese meinen, schon immer gewußt zu haben: daß der Judenstaat nämlich keineswegs nur die Zuflucht der seit neunzehnhundert Jahren bis hin zu der nationalsozialistischen deutschen Massenvernichtungspolitik verfolgten Menschen sei und auch nicht nur deren nationale Heimstätte, sondern daß Israel der religiöse Vorposten des westlichen Imperialismus sei, ein neuer Kreuzfahrerstaat.
Hier liegt eine Hauptwurzel für den im Winter 1987 ausgebrochenen »Kinderkrieg« im besetzten Ostpalästina. Diese Kinder Palästinas errichteten Barrikaden aus brennenden Autoreifen und warfen Steine gegen die verhaßten Besatzungstruppen nicht mehr im Namen Jassir Arafats und der PLO, sondern im Namen Allahs und seines Propheten Mohammed. Die Kindsoldaten auf der anderen Seite, die israelischen Wehrpflichtigen, schmücken sich vor dem Dienstantritt an dieser tragisch-absurden »Front« mit dem jüdischen Gebetskäppchen und beten inbrünstig an der Klagemauer. Ein Krieg, der so aussieht – kann er von irgend jemand gewonnen werden?
Jassir Arafat, um auf ihn zu verweisen, verwandte früher gern selbst die Metapher vom »neuen Kreuzfahrerstaat« Israel. Nach Ausbruch der blutigen Unruhen am Jordanwestufer sprangen er und seine Organisation eilig gerade noch auf den unvermittelt abgefahrenen Zug. PLO-Anhänger kaperten einen Autobus in unmittelbarer Nähe der israelischen Atomforschungsanlagen in Dimona im Herzen Israels. Alle Anzeichen sprachen indessen für eine Urheberschaft islamischer fundamentalistischer Geistlicher und Gruppen bei den Unruhen, und nicht für eine solche der PLO.
In einem Krieg, der so aussieht, kann es nur Verlierer geben. Der Dreißigjährige Krieg ist dafür das überzeugendste Beispiel. Doch wir schreiben nicht mehr 1618 oder 1648, sondern 1988. Siegt Israel gegen scheinbar oder tatsächlich überlegene arabi-

sche Angreifer, greift es diese auch notfalls selbst an, so gehörte ihm bislang stets die Sympathie der Weltöffentlichkeit. Tötet es aber Kinder oder bricht es ihnen auch nur die Knochen, verliert es unweigerlich diese Sympathie. Und was geschieht, wenn es sich – was nicht auszuschließen ist – eines Tages gezwungen sieht, militante subversive muslimische Geistliche an die Wand zu stellen? Dies für undenkbar zu halten, wäre leichtfertig, diskutierte man doch – nach 1967 – israelischerseits ernsthaft über eine Sprengung des geheiligten islamischen Felsendomes und den Wiederaufbau des jüdischen Tempels!

Um Israel droht buchstäblich ein Religionskrieg. Ihn würde niemand gewinnen, und er könnte durch das dann wohl unvermeidliche Hinzutreten des Irans, Pakistans und womöglich sogar Indonesiens irgendwann auch eine atomare weltvernichtende Dimension annehmen. Entsprechende Planspiele existieren bereits in allen beteiligten und interessierten Geheimdiensten und Generalstäben. Sind sie das Szenario für einen Weltuntergang »durch die Hintertür«?

Der Judenstaat, wie Theodor Herzl ihn erträumte, war eines der seltenen gerechten Vorhaben der Weltgeschichte. Der Judenstaat, wie er sich heute darstellt, ist nicht mehr der Staat des gegen jedermann gerechten politischen Zionismus. Ist Israel auf dem selbstgerechten Abweg zum religiösen Sparta der Juden? Manche Anzeichen scheinen dafür zu sprechen, und die nächtlichen Fackeln bei der Rekrutenvereidigung auf den Überresten der Zelotenfestung Massada am Toten Meer und bei der Vierzig-Jahr-Feier der Staatsgründung in Jerusalem werfen unübersehbar die uralte Flammenschrift beim Gastmahl des babylonischen Königs Belsazar an die Mauern: »Mene Tekel Upharsin.« Es gibt dafür zwei Deutungen aus dem Aramäischen: Die eine lautet »Er hat gezählt, gewogen und zerteilt«, die andere heißt »Gezählt, eine Mine und ein Schekel« oder »Gewogen und zu leicht befunden!«

Israel hatte und hat keine überzeugenden Gründe gegen die Entstehung eines arabischen Staates in dem jetzt von ihm besetzten Ostpalästina. Sie entspräche erstens den ursprünglichen Beschlüssen der Vereinten Nationen von 1947. Sie beruht zweitens auf dem erkennbaren Willen der überwältigenden Mehrheit der Palästinaaraber. Sie wäre drittens keine wirkliche Gefahr für den jüdischen Staat.

»Palästina«, existierte es denn endlich, befreite die übrigen Araberstaaten von der ihnen längst lästig gewordenen Verantwortung für die Palästinaaraber. Diese müßten erstmals endlich für sich selbst sorgen, und sie könnten das – nach Lage der Dinge – wohl nur mit arabischer finanzieller und mit israelischer technischer Hilfe. Nicht nach der Einwohnerzahl, wohl aber nach der territorialen Ausdehnung verhielte sich ein solcher Kleinstaat zu dem nahöstlichen militärischen, technologischen, wirtschaftlichen Riesen Israel nicht viel anders als etwa Luxemburg gegenüber seinen Nachbarn Belgien, Frankreich und Deutschland. Infrage käme zudem eine zeitweilige vollständige oder teilweise Entmilitarisierung.

Warum hat Israel, in fünf Kriegen Sieger über fünf arabische Feinde, scheinbar panische Angst vor einem solchen Rumpfstaat? Eine Antwort darauf gibt vielleicht der zunehmende religiöse Fanatismus. Doch er wächst auf beiden Seiten. Israel als moderner Staat berief sich niemals auf einen religiösen Auserwähltheitsanspruch. Doch Juden, die in ihm leben, tun das mit immer lauterer Stimme. Der Staat tritt ihnen kaum noch glaubhaft entgegen. Dieser Umstand bestärkt auch auf der anderen Seite den religiösen Fanatismus. Und er kann nur für alle tödlich enden.

Gottvertrauen, gepaart mit Vernunft und Menschenliebe, ist gut. Gottvertrauen, gepaart mit einer radikalen politischen Doktrin und allein vertrauend auf jenseitige Heilserwartungen, ist lebensfeindlich und mörderisch. Die Kinderkreuzzüge des Mittelalters wie die Kinderfeldzüge der sogenannten Postmoderne am Golfkrieg sprechen da eine abschreckende Sprache. Und der Krieg der (arabischen) Kinder gegen die (israelischen) Kindsoldaten diesseits des Jordans sind die Steine und Gewehrkugeln gewordene Lebensunfähigkeit.

David besiegte Goliath, gewiß, doch heute ist Israel der unbewegliche Goliath, und die Palästinaaraber sind David. David Jassir Arafat sagte damals in New York, er trage in der einen

Hand die Kalaschnikow, also die zeitgemäße Schleuder, und in der anderen Hand den Ölzweig. Die Kalaschnikow braucht er nicht zu fürchten, der Goliath Israel, doch warum fürchtet er sich so panisch vor dem Ölzweig?

Wenige Tage nach dem 8. Mai 1988, dem dreiundvierzigsten Jahrestag der vernichtenden Niederlage des Judenmörders Adolf Hitler und der Deutschen im Zweiten Weltkrieg, ankerte das deutsche Marineschulschiff »Gorch Fock« an der Reede von Haifa. Die Soldaten aus dem Land der Verfolger waren Freunde im Land der Verfolgten. Ist Versöhnung so undenkbar auch zwischen Israel und Palästina? Wäre, wenn Streit ansteht, nicht ein Ortsgespräch zwischen Präsident und Präsident die gerechteste und vor allem anderen die sicherste Lösung – ein Ortsgespräch zwischen Jerusalem und Jerusalem?

Israel hat, wie es scheint, nur eine Wahl: zwischen dieser Lösung und einem Kampf bis zum Tod, dem Untergang beider, Juden wie Muslime. Mohammed steht nicht wieder vor Wien, aber doch vor Jerusalem. Und gegen ihn hat der jüdische Staat vielleicht keinen besseren Verbündeten als Jassir Arafat.

EINFÜHRUNG
Die schwere Geburt einer Nation

Theodor Herzl stiftete für das Volk ohne Land einen Staat –, und er schuf, freilich ohne es zu wissen und zu wollen, in einem Land ohne Staat eine Nation: Palästina. Israel gäbe es kaum ohne die Judenverfolgung Hitlers; die Palästinenser gäbe es nicht ohne die Zionsvision Herzls. Zwei Adoptivsöhne des Wiener fin de siècle also waren die Ziehväter der beiden einzigen authentischen Nationalismen des Nahen Ostens. Denkt man in historischen Kategorien, gewinnen sie leicht diese Substanz, und so drangen sie auch in das arabische Bewußtsein, als Exponenten einer späten Rache des Okzidents für die um Haaresbreite tödliche Herausforderung durch den Orient.

Der Orient entwickelte die ihm gemäße soziomorphe und sozioökonomische Verfassung in der im großen und ganzen bis heute gültigen universalen Gottesstaatsidee. Einen Sonderfall bildet allein das aus geopolitischen und daraus abzuleitenden kulturhistorischen Gründen isolierte Ägypten. Nur dieses ist – nach unserer Auffassung und in seinem Selbstverständnis –, eine natürlich gewachsene Nation. Das Koordinatensystem der abendländischen Geschichte wurde bis zum Verlöschen der amputierten habsburgischen Doppelmonarchie im Ersten Weltkrieg geprägt vom Dualismus zwischen dem römisch-deutschen Reichsgedanken und den um ihre partikularistische Identität ringenden europäischen Nationalitäten. Das Morgenland kennt diesen Gegensatz nur als verhältnismäßig milde Bewußtseinsspaltung in der ägyptischen Psyche. Sie personifizierte sich in zwei epochalen Staatsmännern: Gamal Abdel Nasser, dem aus einer zentralarabischen Einwandererfamilie hervorgegangenen Panarabisten, und dem aus dem Nildelta stammenden ägyptischen Nationalisten Mohammed Anwar as-Sadat. Dessen Verständigungspolitik im Palästinakonflikt lag subjektiv im Interesse des Nillandes, in arabischen Augen war sie objektiver Verrat.

Von Ägypten abgesehen, erzwangen erst die europäischen Kolonialmächte im vorigen und diesem Jahrhundert die Bildung künstlicher Nationalstaaten in Arabien. Die Duodezdynastien Zentralarabiens und des Maghreb empfanden sich traditionell lediglich als örtliche Satrapen des allislamischen und später des osmanischen Kalifates.

Palästina ist eine historische Landschaft ohne Grenzen und mit dem falschen Namen. Israel ist der einzige heutzutage existierende Staat ohne völkerrechtlich verbindlich definierte und international akzeptierte Grenzen. Die Diskrepanz zwischen Medinath (= Staat) Israel, der offiziellen Bezeichnung, und Erez (= Land) Israel, der unaufhörlich beschworenen historischen Reminiszenz, und die optische Signalwirkung der – angeblich oder tatsächlich? – die zionistischen Gebietsforderungen (zwischen Euphrat und Nil) symbolisierenden beiden Streifen auf der Davidsflagge provozieren dauernde arabische Verlustängste.

Israel: Ist es das Israel der zionistischen Siedlungen von 1947? Ist es das Israel des UN-Teilungsplanes von 1948? Ist es das Israel der Waffenstillstandsverträge von 1949? Ist es das Israel der Demarkationslinien von 1967? Ist es schließlich gar das Israel des Vormarsches im Libanon von 1982?

Die Palästinafrage ist, wie man sieht, zuerst einmal eine »Israel-Frage«. Doch Israel steht keineswegs allein mit seiner ungeklärten territorialen Identität. Was ist, so muß gleichfalls gefragt werden, was ist »Palästina«? Der Landesname leitet sich her von den Philistern, von denen niemand genau weiß, woher sie kamen, doch die nisteten fast ausschließlich in ihrer an der Mittelmeerküste gelegenen Pentapolis. Sie ist heute, was sie vordem nie war, israelisch. Kanaan, wie es ursprünglich genannt wurde, ist auf- und untergegangen in den klassischen Hebräerkönigreichen Israel und Juda. Es bestand zudem lediglich aus miteinander konkurrierenden Stadtstaaten ohne übergreifende gemeinsame Interessenlage. Dieser Zustand erklärt übrigens sowohl die erfolgreiche hebräische Landnahme in der Antike als auch die zionistische Kolonialisierung der Neuzeit. Die Verhältnisse im Kanaan um 1900 und 1250 vor unserer Zeitrechnung, also während der Einwanderung Abrahams und dem Exodus Moses und

der Eroberung durch Josua, entsprachen verblüffend genau denjenigen im Südsyrien des 19. und 20. Jahrhunderts nach Christus, also zwischen dem zionistischen Kolonisationsbeginn und der Gründung Israels. Beide Male gab es keine oder nur eine schwache abwehrbereite Gebietsautorität.
Nicht allein Israel verweigert sich also, wie gesagt, einer korrekten Grenzdefinition, sondern auch Palästina und die Palästinenser. Die wissen bis heute nicht einmal zuverlässig, woher sie kommen und wer sie sind. Palästinenser nennen sie sich, weil man sich überall angewöhnt hat, sie so zu nennen, aber sie sind mitnichten Nachkommen allein der Philister. Kanaanitisches Blut wie das anderer durchziehender Räuber- und Erobererstämme pulsiert ebenso in ihren Adern wie das von Arabern und – last but not least – Juden, aber auch das der erst von dem durch die zionistische Kolonisation ausgelösten Wirtschaftsaufschwung angelockten Zuwanderer aus den angrenzenden Provinzen des Osmanischen Reiches.
Rassengenealogische Rabulistik ist ihnen gegenüber genauso fehl am Platz wie als Rechtfertigung des europäischen Antisemitismus. Weder Juden noch Araber – und schon gar nicht die Araber Palästinas – sind eine Rasse. Gerecht wird man den Palästinensern nur, wenn man anzuerkennen bereit ist, daß es sie gibt und daß sie dort leben wollen, wo sie zweifelsohne immer gelebt haben. Israel empfindet schon diesen Wunsch allein als Existenzbedrohung. Die Palästinenser vermeiden nämlich ebenfalls strikt jegliche klare Selbstdefinition. Sie verlangen das nationale Selbstbestimmungsrecht, und dies ist ein allgemein anerkanntes natürliches kollektives Menschenrecht in völkerrechtlich festgelegten Grenzen. Doch wo verlaufen diese Grenzen?
Die PLO hatte ursprünglich die Revision der seit 1948 geschaffenen vollendeten Tatsachen durch die Auflösung des »Zionistischen Gebildes« und die Gründung eines binationalen und trireligiösen laizistischen Staates für Araber und Israelis, Juden, Christen und Muslime zum Hauptziel erklärt. Juden, die dort geboren worden waren, sollten auch bleiben können. Dieses Recht ist angesichts der bitteren Erfahrungen anderer rassischer, nationaler und religiöser Minderheiten in der ganzen Welt und der

gesamten Weltgeschichte ein sehr zweifelhaftes. Auch blieb unklar, ob es lediglich für die mehr oder weniger ununterbrochen hier siedelnden oder unter osmanischer Herrschaft wieder zugewanderten sephardischen Juden gelten sollte oder auch für die Sabras, die Nachkommen der Zionisten?
1974 beschloß der zwölfte »Palästinensische Nationalrat« in Kairo eine höchst widersprüchliche Programmänderung: Einerseits widersprach er »jeder Teilstaatslösung um den Verzicht auf das historische Recht und die Entziehung des Rechtes unseres Volkes auf die Rückkehr und auf Selbstbestimmung in seinem Land«. Andererseits erklärte er sich bereit »zur Errichtung einer kämpfenden unabhängigen nationalen Volksadministration in jedem befreiten Teil Palästinas«. Im Klartext kann das nur heißen, das eine zu nehmen und das andere nicht zu lassen. Kein Wunder, daß man sich israelischerseits darauf nicht einläßt. Die Zionisten verhalten sich allerdings, was leicht vergessen gemacht wird, keineswegs anders.
Ein Staat Palästina hätte darüber hinaus noch eine andere und gewiß nicht weniger explosionsträchtige terra irredenta. Palästina als historischer Landschaft eigentümlich waren nämlich fließende Grenzen sowohl gegenüber den nördlich und nordöstlich benachbarten Phöniziern und Kern-Syrien als auch zu den östlich und südlich angrenzenden Transjordanien und Ägypten. Israel betrachtet beispielsweise das Haschimitische Königreich Jordanien (Palästinensische Bevölkerungsmehrheit: Achtzig Prozent in Amman, sechzig Prozent im ganzen Land) ohnehin als real existierenden und ausreichenden Staat der Palästinenser. Er ist eine künstliche Schöpfung der zwanziger Jahre, war in biblischer Zeit mindestens periodisch Bestandteil des heutigen Palästinas und gehörte im übrigen ebenfalls zu Syrien.
Würden die Palästinenser, die heute dort leben, tatsächlich alle in ein unabhängiges Palästina zurückkehren? Erhöbe ein Staat Palästina nicht viel eher den Anspruch auf dieses mehrheitlich von den eigenen Landsleuten bewohnte Land? Für König Husseins Dynastie ist diese Überlegung ebenso eine Überlebensfrage wie für die von ihr regierten und den Palästinensern naturgemäß zivilisatorisch unterlegenen Beduinen.

Alle Araberstaaten – mehr oder weniger rückständig, wie sie heute sind – fürchten zu guter Letzt das zwangsläufig aus der revolutionären Vorgeschichte erwachsene revolutionäre Potential eines souveränen Palästinenserstaates. Die Palästinenser gelten als die geistig regsamsten und politisch, wirtschaftlich, sozial und kulturell modernsten Araber. Linksgerichtete Palästinenserführer reklamieren folgerichtig ganz offen die unbestreitbare verbale Einigungssehnsucht aller Araber für ihre Revolution. Die »Palästinafrage« ist, wie sie glauben, nur zu lösen innerhalb einer Wiederherstellung der panarabischen Einheit, und Arabien könne nur geeinigt werden durch die arabische Revolution.

Palästina war also nie ein unabhängiger Staat, geschweige denn ein souveräner Nationalstaat, und die Palästinenser fühlten sich traditionell als Bestandteil des syrischen Zentrums der arabischen Welt. Ohne Israel wäre das für sie ein Glück; mit Israel ist es ein Unglück. Denn sie wissen auf diese Weise nicht nur nicht, wer sie sind, sondern können sich auch nicht darauf einigen, was sie wollen. Der Zionismus machte sie trotz seiner aggressiven Exklusivitäts- und Exkretionspolitik noch keineswegs zur Nation, und ihr Widerstand dagegen ist nur wenig jünger als die jüdische Kolonisierung, wenn er auch zunächst weitgehend unorganisiert blieb, und kulminierte erst seit 1920 zum permanenten Massenwiderstand.

Rettung erwarteten sie sich indessen, wie wir erlebt haben, lange von den arabischen Brüdern. Diese erwiesen sich jedoch nicht nur als zu schwach, um ihnen wirkungsvoll helfen zu können, sondern benutzten sie auch als wehrlosen Spielball ihrer eigenen Interessen. Man stelle sich einmal vor, Israel wäre irgendwann besiegt worden. Dann hätten Jordanien kraft des 1950 von ihm formell annektierten Jordan-Westufers, Ägypten via Gaza-Streifen und Syrien mit historisch gewachsenen Ansprüchen um die Beute gekämpft. Dieses vorhersehbare Pokerspiel wurde wegen des israelischen Sieges im Sechs-Tage-Feldzug auf unbestimmte Zeit verschoben.

Verdankt Israel seine Existenz Hitler, so verdankt Palästina sie Israel. Keine Nation wie diese, die ihre Identität noch nicht gefunden hat, kennt so genau ihren Geburtstag: Es war der 9. Juni 1967.

An diesem Tag starb der Traum von der gewaltsamen Zerstörung des Zionistenstaates durch die arabische Welt, und begraben wurde er durch den »historischen Friedensflug« des ägyptischen Präsidenten Mohammed Anwar as-Sadat nach Jerusalem am 17. November 1977.

Die Palästinenser mußten einsehen, daß sie alleinstanden. Sie hatten auf sich zu nehmen und dagegen anzukämpfen, was man jüdischerseits solange erlitten hatte: das Dasein heimatloser, ausgestoßener, gehaßter, verfolgter, umgebrachter Parias. Bei ihnen weckte das kein Mitleid mit den einstigen Opfern und bei den Juden ebensowenig Mitgefühl mit ihren eigenen Opfern. Eine Folge waren die gegen die ganze westliche Zivilisation gerichteten Terrorwellen – Mordanschläge, Bombenattentate, Flugzeugentführungen –, eine andere Enttäuschung über und Haß auf die treulosen arabischen Brüder. Mit dem schwierigen und noch lange nicht abgeschlossenen Selbstfindungsprozeß zu einer eigenständigen nationalen Identität einher ging die Revitalisierung eines revolutionären Potentials, das sich gegen die in den arabischen Gastländern herrschenden politischen Verhältnisse richtet. Die Flüchtlinge wurden im »Schwarzen September« von 1970 für Jordanien, im Bürgerkrieg seit 1975 für den Libanon zur Existenzbedrohung. In beiden Fällen hieß der Retter – gegenüber Jordanien durch bloßes Säbelrasseln und im Libanon mittels mehrfacher und zuletzt militärischer Intervention – Israel.

Für die Palästinenser typisch ist ein kollektiver Realitätsverlust. Sie fühlen sich als Speerspitze der panarabischen Revolution. Doch sind die drei bis viereinhalb Millionen Menschen dieser entrechteten und vertriebenen Flüchtlingsgesellschaft natürlich viel zu schwach gegen die kontrarevolutionäre Grundstimmung in den arabischen Staaten und deren Quasi-Koalition mit dem Zionismus. Betrachten sie ihre Revolution weiter als interarabischen Exportartikel, so funktioniert auch diese insgeheime arabisch-israelische Interessengemeinschaft.

Es ist ebenso oft wie falsch behauptet worden, eine Ansiedlung der palästinensischen Flüchtlinge in den arabischen Gastländern

und deren Integration in die dortige Gesellschaft hätte das Palästinaproblem auf die gleiche Art und Weise lösen können wie das der deutschem Heimatvertriebenen aus den verlorenen Ostgebieten nach dem Zweiten Weltkrieg in der Bundesrepublik gelöst wurde. Gewiß behielt man die Palästinenser auch als Rachepotential für die unverhofften Niederlagen in ihren menschenunwürdigen Lagern. Ihre Assimilation scheiterte aber nicht nur an fehlenden oder unzureichenden internationalen Hilfsprogrammen und der mangelhaften wirtschaftlichen Integrationsfähigkeit der Aufnahmeländer – er scheiterte hauptsächlich am Widerstand der Flüchtlinge selbst.
Das nicht verstanden zu haben, obwohl es allem so sehr entsprach, was sie selbst fühlten, dachten und taten, ist die historische Schuld der Zionisten. Herzls »Land ohne Volk für das Volk ohne Land« war, als er es zum erstenmal sah, ein zwar armes, aber besiedeltes Land. »Mein Gott, hier leben ja Araber«, lautete der bezeichnende Stoßseufzer eines seiner Mitkämpfer. Neunzig Jahre danach äußerte ein Siedler der maximalistischen Gusch Emunim: »Gäbe es nicht das Gelöbnis Gottes, wäre das, was wir hier tun, ein Verbrechen!«
Zwischen dem Juden mit dem zweitausendjährigen Gebet »Lechonoh haboh jeruschojailim« (»Nächstes Jahr in Jerusalem«) auf den Lippen und dem Palästinenserflüchtling mit der vierzigjährigen Sehnsucht nach seiner einfachen Hütte und seinem steinigen Acker im Herzen gibt es nur einen quantitativen Unterschied: die Zeit. Im Juden weckte die dauernde Verfolgung seine verschüttete Erinnerung an die in grauer Vorzeit verlorene oder aufgegebene Heimstatt der Seinen, im Araber, der um ihretwillen vertrieben wurde, weckt die Erinnerung an das ihm in seinem eigenen Leben zugefügte Unrecht, der Blick auf seinen jenseits des Stacheldrahtes gelegenen Boden und der in seiner Hosentasche rostende Hausschlüssel tagtäglich aufs neue die unstillbare Heimatliebe.
Das Drama eines palästinensischen Dichters, lange verboten und dann nur zensiert zugelassen, schildert die Ausweglosigkeit des palästinensischen Schicksales: Ein Jüngling, geboren im Flüchtlingslager, macht sich auf die Flucht vor diesem Schicksal. Er

wandert aus nach Amerika. Das verweigert ihm die Arbeitserlaubnis, und er heiratet die Freiheitsstatue. Sie bereitet ihm die Hölle, und er flieht wieder, diesmal nach Israel. Er spielt Israeli, wird Zionist und trägt stolz die blau-weißen Farben mit dem Davidschild. Die Juden verprügeln ihn als Palästinenser, die Palästinenser als Israeli. So zieht er in die Golfemirate, wird wohlhabend und verliebt sich in die Tochter eines Scheichs. Man verjagt ihn wegen palästinensischer Unterwanderung. Daraufhin flüchtet er zurück, wohin er zu gehören glaubt, in die Arme der Revolution. Doch die erweist sich als hinkender, kraftloser Haufen, und so schleicht er zuletzt achselzuckend von der Bühne.
Über Palästina sprechen, heißt immer wieder über Israel sprechen. Der Judenstaat wurde nicht, was die Zionisten hofften, der jüdische Staat, sondern er entwickelte sich in den vierzig Jahren seines Bestehens zu einer eigenständigen und eigenwilligen Nation. Die Juden blieben mehrheitlich in ihrer jeweiligen Wahlheimat. In New York leben mehr Juden als in Israel, in Paris gibt es mehr Juden als in Jerusalem, und aus der Sowjetunion gehen mehr Juden nach Amerika als in den Judenstaat. Die Juden der Welt haben zu Israel kein anderes Verhältnis als die Katholiken der Welt zum Vatikan oder die Muslime der Welt zu Mekka. Die Existenz Israels war infolgedessen nicht geeignet, den Judenhaß abzubauen, sie hat ihn im Gegenteil manchmal sogar forciert. Antisemiten haben, wenn sie sich heute antijüdisch gebärden, zum erstenmal einen konkreten Grund: Israels permanente Aggressivität gegenüber den Arabern!
Der Weg, den die Palästinenser, unselig fixiert auf die Fata Morgana der arabischen Einigung wie die frühen Zionisten auf das Trugbild der Heimkehr aller Diasporajuden nach Zion, noch vor sich haben, gleicht spiegelbildlich dem gerade hundertjährigen Weg des Zionismus. Diesen Weg haben sie denn auch eingeschlagen: Jassir Arafat gebot, ganz wie Theodor Herzls Erben, längst über alle äußeren Attribute eines Staates: Die PLO stützte sich auf ein drei bis viereinhalb Millionen Seelen zählendes Staatsvolk. Sie verfügte – in Gestalt der in die arabischen Länder emigrierten Landsleute – über ansehnlichen internationalen Einfluß, in den Insassen der Flüchtlingslager über ein explosives

Verfügungspotential und in den etwa sechshunderttausend Landsleuten in Kern-Israel über eine immer selbstbewußter werdende »Fünfte Kolonne«. Der »Palästinensische Nationalrat« fungierte mit dreihundertundein Mitgliedern aus allen Widerstandsorganisationen, sozialen Gruppen und Schichten als Parlament, der »Zentralrat« aus sechzig Mitgliedern als Kontrollorgan und das aus fünfzehn Mitgliedern bestehende »Exekutivkomitee« als Regierung. Dieser unterstellt waren Abteilungen für Inneres und Äußeres und zwölf weitere für alle Bereiche des sozialen Zusammenlebens. Man besaß eine eigene Armee, Milizen, Polizei, Gerichtsbarkeit und Gefängnisse, Geheimdienst, Rundfunkstation, Nachrichtenagentur, Zeitungen und Zeitschriften, die humanitäre Hilfsorganisation »Palästinensischer Roter Halbmond/Rotes Kreuz« mit eigenen Krankenhäusern, Kindergärten, Schulen, ein Sozialhilfesystem und Fabrikationsstätten aller Art bis hin zu Rüstungsfabriken sowie, zur Finanzierung, den aus eigenen Steuern und interarabischen Spenden gespeisten »Palästinensischen Nationalfonds«. Es gab sowohl eine eigene Flagge als auch eine eigene Hymne. Die PLO war Vollmitglied der Arabischen Liga, unterhielt de jure oder de facto diplomatische Beziehungen mit über hundert Staaten und hatte Beobachterstatus bei den Vereinten Nationen. In den Gebieten westlich des Jordans und von Gasa stand ihr ungeachtet der wiederholt als völkerrechtswidrig verurteilten jüdischen Siedlungspolitik heute schon etwas zu, was ihr nicht nur immer gehörte, sondern international verbrieft ist: ein eigenes Territorium.

Den Palästinensern fehlte zu diesem Haus lediglich das Dach: Dies wäre die territoriale Selbstdefinierung, die derzeit nur möglich zu sein scheint durch kompromißbereite Selbstbeschränkung. Jassir Arafat aber drückte sich vor der Proklamation einer offiziellen Exilregierung – wie man sagte aus Furcht, direkt verantwortlich gemacht zu werden für den Terror und aus Angst vor dem Zerfall der PLO. Die Verantwortung für den Terror traf so, wie es war, alle Palästinenser. Allen Palästinensern vorenthalten wurde so, wie es war, auch die Heimat und das Selbstbestimmungsrecht. So, wie es war, bestehen blieb vor allem die Quasi-

Koalition zwischen Israel und den sich von der »palästinensischen Revolution«, was immer sie sich darunter vorstellen mochten, bedroht fühlenden Araberstaaten.
Die Weltpolitik verlief gegenüber den Palästinensern zudem weniger günstig, als es manchmal auszusehen schien. Der Ostblock unterstützte sie zwar, ebenso wie die Neutralen, vorbehaltlos, und im Westen wuchs das Verständnis für ihre Selbstbestimmungsforderung. Die Vereinigten Staaten wie die Sowjetunion beharrten aber gleichfalls – letztere nach entschiedenem Eintreten ihres heutigen Staatspräsidenten Andrej Gromyko – für den UN-Teilungsbeschluß und die jüdische Staatsgründung von 1947 und 1948 und, trotz des Fehlens diplomatischer Beziehungen seit 1967, auf der Existenzberechtigung Israels.
Diese Konstellation konnte sich nur insofern ändern, als sich prinzipiell alles ändern kann, aber es schien denkbar unwahrscheinlich, daß sie sich ändern würde. Nach menschlichem Ermessen zu ändern wäre sie allenfalls durch einen Dritten Weltkrieg. Israel zu provozieren zu jenem regionalen atomaren »Holocaust«, der ihn auslösen müßte, erschien zuweilen als das aberwitzige Ziel mancher Araber. Chomeini oder al-Gaddafi würden, wäre es ihnen möglich, so etwas riskieren. Al-Gaddafi unterstützte bekanntlich seit längerem den Bau einer pakistanischen »islamischen Bombe«.
Sir Herbert Samuel, dem ersten britischen (und jüdischen) Generalgouverneur des Völkerbundsmandates Palästina, wird folgender Stoßseufzer zugeschrieben: »Mit *einem* auserwählten Volk umzugehen, ist schwierig genug, mit *zweien,* die sich für auserwählt halten, ist unmöglich!« Die Palästinenser sind, so ihr Nationalratsmitglied Edward W. Said, nichtsdestoweniger, ebenso wie die Juden »ein besonderes Volk«. Der Zionismus brachte sie um ihre Häuser, ihre Äcker und ihren Broterwerb, sie verloren ihre Heimat und vegetieren seit über einer Generation in Flüchtlingslagern oder leben als mißtrauisch kontrollierte Asylanten in fremden Ländern. Es gibt sie nicht nur in der arabischen Welt, sondern auch im Ostblock, in Westeuropa wie beiden Amerika. Die Palästinenser sind heute, ebenso wie damals die Juden, »zerstreut unter alle Völker«.

Golda Meir behauptete, es gebe keine Palästinenser. Und tatsächlich unterscheiden sich die Palästinaaraber von den übrigen Arabern weder durch ihre Herkunft noch durch ihr Aussehen noch durch ihre Sprache noch durch ihre Religion, sondern nur dadurch, daß sie in Palästina daheim sind und nicht in Transjordanien oder Syrien, im Libanon, in Ägypten oder in Zentralarabien. Es gibt keine palästinensische Kultur, keine palästinensische Dichtung, Musik, Bildende Kunst, sondern nur eine arabische Kultur, arabische Dichtung, Musik und Bildende Kunst in Palästina.

Die Palästinaaraber wurden, und dies kann nicht oft genug festgestellt werden, nur durch äußeren Druck, an dem sie unschuldig waren, zu Palästinensern. Tatsache ist aber, sagt Edward W. Said, »daß es in dem Territorium seit Jahrhunderten ein Volk überwiegend bäuerlicher Struktur gab, das sozial, kulturell, politisch und ökonomisch eine Identität besaß; ein Volk, dessen Sprache arabisch und dessen Religion der Islam war. Dieses Volk, oder, wenn man seine Selbsteinschätzung als Volk ablehnt, diese ethnische Gruppe, identifizierte sich mit dem Land, das sie bebaute und auf dem sie lebte (ob ärmlich oder nicht, ist irrelevant). Das Gefühl des dort Zuhauseseins verstärkte sich noch, nachdem Europa beschlossen hatte, dieses Land zurückzugewinnen, es unter anderen Vorzeichen zu konstituieren und einer Neubesiedlung zu öffnen – für Juden aus allen Teilen der Welt. Bisher ist es niemandem gelungen, auch nur eine Geste der Palästinenser auszumachen, aus der die Bereitwilligkeit abzulesen wäre, dieser modernen Rückeroberung zuzustimmen oder dem Zionismus die endgültige Vertreibung der Palästinenser aus Palästina zuzugestehen.«

Die Juden waren beinahe zweitausend Jahre lang wehrlose Opfer abendländischer Verfolgungen. Das Dritte Reich hat Millionen von ihnen ermordet. Dieser Leidensweg zwingt zur unaufhörlichen Erinnerung an den Judenhaß und die Judenmorde. Es gibt heute noch (oder wieder) Antisemitismus sowohl in Deutschland als auch im übrigen Europa. In Deutschland freilich löst jedes antisemitische Augenzwinkern eine Lawine von Mißtrauen und Ablehnung gegen die Deutschen in der zivilisierten Welt aus.

Der Juden »Schuld« bestand für die Nazis und andere Antisemiten einfach darin, nicht verschwinden zu wollen. Die Palästinenser bleiben »ein doch so besonderes Volk, daß sie im wesentlichen als Synonym für unbegründete, sinnlose Schwierigkeiten herhalten müssen. Sie verschwinden einfach nicht, wie vorgesehen, von der Bildfläche, sie akzeptieren ihr Flüchtlingsschicksal nicht wie andere (die sich doch schlichtweg damit abgefunden haben, Flüchtlinge zu sein) – »sie bringen Unruhe« (Edward W. Said).

Die Duplizität der Schicksale von Juden und Palästinensern ist eine unbestreitbare Tatsache. Die Palästinafrage so zu lösen, wie sie es sich vorstellen, wäre für die Zionisten nur um den Preis eines anderen »Holocaust« möglich. Die Menschheit ist, so unzulänglich, ja amoralisch zu handeln sie fähig sein mag, nicht mehr bereit, so etwas zuzulassen. Will Israel hervorrufen, was es bis heute niemals gab, den ersten *begründeten* Judenhaß der Welt und der Weltgeschichte?

Die Palästinenser werden zweifelsohne weiterkämpfen. Doch Jassir Arafat und diejenigen, die ihm folgen, müßten sich fragen lassen: Welches Ziel rechtfertigt Generationen und Millionen von toten, verkrüppelten, seelisch gebrochenen Opfern? Es scheint hohe Zeit für den Frieden. Und nichts wäre für Israel so unüberwindlich wie eine Selbstbescheidung und Kompromißbereitschaft einschließende nationale Eigendefinition der Palästinaaraber. Nationen haben alle etwas gemeinsam – eine schwere Geburt!

In Palästina gab es kanaanitische Stadtstaaten, israelitische Königreiche und christliche Fürstentümer; die Palästinenser fühlten sich seit der islamischen Eroberung als Araber und dachten bis in die Gegenwart hinein nicht daran, eine Nation zu werden. Heute freilich scheint allenfalls noch ein palästinensischer Rumpfstaat neben Israel vorstellbar.

Über anderthalb Millionen Palästinaaraber leben im Exil in den arabischen Staaten. Als Lagerinsassen bedrohen sie permanent die ohnedies fragile innerpolitische Stabilität feudalistischer oder militärdiktatorischer Regimes. Die »Gastarbeiter« hingegen schätzt man zwar als Handwerker, Techniker, Ingenieure, Lehrer, Ärzte und Unternehmer, keineswegs aber als politisch aufgeweckte und kritische Mitbürger. Die Palästinenser sind, mit einem Wort, die Deutschen Arabiens. Man fürchtet oder bewundert sie – aber man liebt sie nicht ...

Um Palästina kam es, als Folge der Gründung Israels, zu einem etwa zur gleichen Zeit auch in Mitteleuropa und auf dem Indischen Subkontinent erzwungenen Bevölkerungsaustausch. Ein multilateraler Friedensvertrag zwischen allen ursprünglich kriegführenden Parteien müßte folglich auch die Entschädigung für verlorene Vermögenswerte in den Ursprungsländern der jüdischen und arabischen Flüchtlinge regeln. Bei den aus Israel geflohenen Arabern handelte es sich vorwiegend um besitzlose Landpächter; die Juden aus den arabischen Staaten hingegen waren meistens verhältnismäßig wohlhabende Handwerker oder Angehörige des gewerblichen Mittelstandes. Ihr Grund- und Sachbesitzwert übersteigt sicher den des von Israel beschlagnahmten und genutzten arabischen Bodens.

1948 brachte die Gründung Israels zwischen sechshunderttausend und siebenhunderttausend arabische Einwohner um ihre Heimat; etwa die gleiche Anzahl *arabischer* Juden kamen in den neuen Staat. Dieser Bevölkerungsaustausch, der nicht mehr rückgängig zu machen ist, blieb allerdings einseitig. Der Judenstaat integrierte seine Glaubensgenossen, und sie bilden heute sogar dessen politisch tonangebende Schicht und bald wohl auch seine zahlenmäßige Mehrheit. Die Araberstaaten behielten die Flüchtlinge hingegen in Massenquartieren und verweigerten ihnen, mit Ausnahme Transjordaniens, die eigene Staatsbürgerschaft.

Zweifelsohne sah man in ihnen das Instrument einer späteren Rache an dem zunächst unbesiegbaren Zionismus. Als Vergleichsmaßstab jedoch nur bedingt tauglich ist in diesem Fall das deutsche oder das indisch-pakistanische oder auch das israelische Beispiel. Vergleichbar wäre eher eine erzwungene Verpflanzung der Flamen in die Niederlande oder der Deutschen nach Österreich oder in die Schweiz. Die Völker, die davon betroffen wären, sind klein und würden hoffnungslos überfremdet und das trotz der Artverwandtschaft der Nachbarn. 1948 waren die arabischen Nachbarstaaten Palästinas infolge ihrer sozialen, wirtschaftlichen und politischen Unterentwicklung zur Integration der Flüchtlinge nicht imstande. Die Ölförderung produzierte noch nicht den heute gewohnten explodierenden Wohlstand. In Transjordanien, Syrien und dem Libanon gab und gibt es ohnehin keine nennenswerten Bodenschätze. Viele Araberstaaten lagen außerdem noch in mehr oder weniger drückenden kolonialen Fesseln. Die Kolonialmächte, konfrontiert mit dem sich verstärkenden Unabhängigkeitsdrang ihrer Schützlinge, konnten nichts weniger brauchen als den zusätzlichen Unruhefaktor schwer kontrollierbarer Flüchtlingsmassen.

Die Flüchtlinge waren vor allem aber nicht das Resultat eines verlorenen Krieges, sondern das Ergebnis einer fremden Kolonialisierung. Die Araber Palästinas sind seit rund hundert Jahren Opfer einer angriffslustigen Kolonialisierungsgesellschaft; seit vierzig Jahren erleidet eine immer größere Mehrheit von ihnen ein hoffnungslos scheinendes Flüchtlingsschicksal.

Die Palästinaaraber sind, wie es einmal ausgedrückt wurde, die »neuen Juden«. Den Juden hingegen widerfuhr nach fast zweitausendjähriger Zerstreuung und Verfolgung scheinbar Gerechtigkeit. Israels verbliebene muslimische und christliche arabische Minderheit ist benachteiligt im eigenen Land. Die Araber im seit 1967 besetzten Cisjordanien, dem israelischen »Judäa und Samaria«, macht eine völkerrechtswidrige zionistische Siedlungspolitik und die drückende Besatzungsherrschaft zu bloßen Geduldeten und Gedemütigten in der eigenen Heimat. Zwei Millionen vegetieren in den Flüchtlingslagern der arabischen Nachbarstaaten; hunderttausende in dem über die ganze arabische und übrige Welt verstreuten Exil.

Diese Folgen hatte offenkundig niemand hinreichend bedacht. Sie störten weder die Vereinigten Staaten und die Sowjetunion, beide Paten der zionistischen Staatsgründung in den Vereinten Nationen, noch – in den davorliegenden drei Jahrfünften – die Nationalsozialisten. Adolf Eichmanns Judenreferat IV B 4 im »Reichssicherheitshauptamt« unterhielt nicht nur mehr oder weniger offene Beziehungen zu den zionistischen Organisationen im Reichsgebiet, sondern gewährte ihnen lange und kaum zu unter-

schätzende praktische Hilfestellung. Beide Seiten schweigen heute, so gut sie können, über diesen Sachverhalt. Eichmann schilderte ihn allerdings in seinen Erinnerungen.
Hitler selbst war wohl gegen die Juden, mitnichten aber notwendigerweise für die Araber. Hadsch Mohammed Amin al-Husseini, der Großmufti von Jerusalem, bat ihn, auf dem Höhepunkt der deutschen Weltkriegssiege in Südosteuropa und Nordafrika, vergeblich um eine öffentliche Festlegung auf die arabische Unabhängigkeit.
Die NS-Unterstützung für den Zionismus und Adenauers Wiedergutmachungswerk belasten – in arabischen Augen – auch heute noch das deutsch-arabische Verhältnis. Doch die Geschichte ist – trotz des biblischen »Sündenfalles« und des an ihrem Ende drohenden »Jüngsten Gerichtes« – kein Strafprozeß. Was Geschichte sein sollte, wäre vielmehr ein Lernprozeß. Geschichte lehrt aber nur, wie man manchmal glauben könnte, daß niemand etwas aus ihr lernt. Doch Völker, die sich weigern, aus ihr zu lernen, sind dazu verdammt, ihre Fehler zu wiederholen. In Israels Geschichte erscheint, nach schon fünf Kriegen in nur vierzig Jahren, unübersehbar das gleiche schreckliche Menetekel. Die Kinder Israels finden dort, wo sie unterdessen seßhaft geworden sind, nicht Ruhe noch Frieden. Ahasvers Söhne wurden, nach ihrer ewigen Wanderschaft, von Verfolgten zu Verfolgern.
Die Juden ergaben sich fast zweitausend Jahre lang mehr oder weniger widerstandslos in das ihnen auferlegte Schicksal. Die Palästinaaraber kämpfen schon seit hundert Jahren einen verzweifelten Kampf. Die Außenwelt nahm davon lange keine Notiz. Die Palästinaaraber blieben Unpersonen. Ihr Terror gegen die Weltluftfahrt erst machte sie endlich auch für die Welt zum Thema. Seitdem spricht man über den langen Krieg zwischen Juden und Arabern um das Heilige Land der drei monotheistischen Weltreligionen Islam, Christenheit und Judentum – und über die Palästinenser. Doch immer noch herrscht Verwirrung über ihre wahren Ziele und Unkenntnis über ihren bislang größten Mann: »Abu Ammar« alias Jassir Arafat, den »Vater Palästinas« und »Mann gegen Israel«.

Der Mann

Wer ist Jassir Arafat?

Ein Staatsmann – das klingt zugegebenermaßen wie eine Binsenweisheit – ist ein Mann von Staat. Er gehört der Öffentlichkeit, der Gesellschaft, eben dem Staat. Die Menschen brauchen Vorbilder, und Staatsmänner gelten als Vorbilder. Ihr Verhalten unterliegt strengen Urteilen. Die Maßstäbe, die man ihnen anlegt, verlangen Übermenschliches, Unmenschliches. Ihr Privatleben ist ein öffentliches Leben. Sie leben im Glashaus. Was man sich selbst an Schwächen zugesteht, verzeiht man ihnen nie. Politische Fehler hingegen, und hätten sie auch katastrophale Folgen, vergibt man dem Staatsmann. Kriege anzuzetteln, Länder zu zerstören, Völker zu vernichten, die Wirtschaft zu ruinieren – das alles gehört zu seinen läßlichen Sünden. Doch sollte er es wagen, zu trinken, Drogen zu nehmen, sich eine Freundin zu halten, in Scheidung zu leben, das wären Todsünden. Der Verzicht auf ein normales Privatleben ist der Preis der Politik. Doch Politik ist, sonst würden sich ihr dessen ungeachtet nicht so viele verschreiben, Politik ist wohl die stärkste Droge. Warum sonst wären trotz allem so viele süchtig nach ihr?
Diese Umstände machen alle, die Politik treiben, zu merkwürdig keimfreien Menschen. Sie erscheinen häufig wie Kunstfiguren, Roboter. Politiker haben keine Fehler; sie dürfen keine haben. Politiker haben keine Leidenschaften; ihre einzige Leidenschaft ist die Politik.
Jassir Arafat war, so gesehen, schon immer ein Staatsmann. Er war ein Mann ohne Leidenschaften. Schon als Knabe und Jüngling galt er als Einzelgänger. Er benahm sich anders als seine Altersgenossen, hielt sich abseits von ihnen, hatte keine Freunde. Schon damals schien er der geborene Anführer. Seine Karriere in den ägyptischen Streitkräften bestätigte, ebenso wie diejenige als Studentenführer, diese Eigenschaft. Äußerlich eher unvorteilhaft, zog er alle, die er dazu bringen konnte, ihm zuzu-

hören, durch das Feuer seiner Rede, seine Bestimmtheit und seine Überzeugungskraft in den Bann. Ein Europäer, der zufällig mit ihm zusammentraf, als er noch ganz unbekannt war, hielt ihn für einen verwirrten Spinner. Er sprach nur von Politik, dachte nur an Politik, lebte nur für die Politik. Die Politik war seine Leidenschaft; seine einzige Leidenschaft hieß Palästina.

Arafats politische Begabung dürfte angeboren sein; sie stand stets außer Zweifel. Dabei hatte er wenig von dem ebenso mitreißenden wie unfruchtbaren und zerstörerischen demagogischen Talent seines berühmten Oheims, des Großmuftis Hadsch Mohammed Amin al-Husseini. Er glaubte auch keineswegs, wie die weitaus meisten seiner Mitkämpfer, allein an die Macht der Gewalt. Der Krieg, den er führte, war für ihn nur das Mittel zum Zweck der Politik. Das Schlagwort von der politischen Lösung der Palästinafrage, das für ihn mehr war als bloß ein Schlagwort, bestimmte schon sehr frühzeitig seine Überlegungen. In Israel fand er indessen nie jemand, der mit ihm darüber zu verhandeln bereit gewesen wäre. Das war sein Unglück. Das Pech so manchen Staatsmannes liegt darin, daß er auf der jeweiligen Gegenseite keinen kongenialen Partner findet.

Als Leutnant besaß Arafat auch eine hinreichende militärische Vorbildung. Sie und die Erfahrungen in der Guerilla gaben ihm einen ziemlich sicheren Blick für Taktik und Strategie. Dennoch bemühte er sich kaum um größeren Einfluß auf den von ihm verantworteten Kleinkrieg. Dieser blieb die Sache der militärischen Unterführer. Auch war er mitnichten ein »Terrorist«. Wer ihn als solchen einstufte, verriet blinde Voreingenommenheit. Arafat war Politiker, sonst nichts, und er wurde einer der erfolgreichsten Diplomaten der Nachkriegszeit. Das beweist die eindrucksvolle Liste seiner Erfolge. Bevor er auftrat, gab es nur eine palästinensische Flüchtlingsfrage, keine Palästinafrage. Dazwischen lag die praktisch weltweite Anerkennung des Selbstbestimmungsrechtes der Araber Palästinas.

Arafats Bild als Politiker deckt ihn als Menschen vollkommen zu. Die dahinterstehende Persönlichkeit bleibt eine seltsam verschwommene, blutleer scheinende Figur. Wenn man sich an ihn erinnert, denkt man an einen blassen, unrasierten, dicklichen,

kleinen Mann mit riesigen Augen und vollen Lippen. Ungewöhnlich wirkt nur der arabische Kopfschmuck über dem kahlen Haupt und die um die schlechtsitzende und verwaschene Khakiuniform geschnallte Pistole. Für Araber ist auch das kein ungewohnter Anblick. Im Straßenanzug freilich ist Arafat schlechterdings unvorstellbar. Man würde ihn einfach übersehen.
Was steckt hinter seiner sicher absichtsvollen Maskerade? Ist es weniger, als man vermuten sollte? Politiker sind, wie festgestellt, Leute ohne Leidenschaften. Wer Millionen gefallen muß und keinem einzigen mißfallen will, entwickelt kaum ausgeprägte Persönlichkeitsmerkmale oder verleugnet sein wahres Ich. Tat und tut das Jassir Arafat?
Sicher ist, er hatte weder Liebschaften noch Liebhabereien. Freundschaften privater Natur ging er offensichtlich aus dem Weg. Frauen spielten nie eine erkennbare Rolle in seinem Leben. Mit Kindern ließ er sich zwar nicht ungern staatsmännisch ablichten, aber sie schienen ihn nicht ernsthaft zu interessieren. Nikotin, Alkohol, Drogen kamen für ihn nicht in Betracht. Er machte sich nichts aus gutem Essen und bevorzugte ein fast spartanisches Dasein. Seine Lektüre beschränkte sich auf für ihn beispielhaft scheinende Lebensbeschreibungen und Erinnerungen großer Männer. Er reiste oft, doch sah er kaum viel von den besuchten Orten. Wenn er irgend etwas besichtigte, wirkte er meistens wie geistig abwesend, sah durch alles hindurch und richtete den Blick in eine für die anderen unerreichbare Ferne.
Wer ihn kennenlernen konnte, erinnert sich vor allem an die endlosen und aufwühlenden Gespräche. Sie drehten sich ausschließlich um die Politik. Arafat hatte stets ein erstaunlich offenes, vorurteilsloses, sicheres und nicht selten zutreffendes Urteil in weltpolitischen Fragen. Es gab wenig, worüber er nicht recht genau unterrichtet war. Auch war er ein guter Zuhörer.
Akten dagegen liebt er nicht. Dafür verfügt er über ein beneidenswertes Gedächtnis. Die UN-Beschlüsse über Palästina, die PLO-Charta, seine früheren Reden genauso wie diejenigen israelischer Politiker zitiert er aus dem Stegreif, und er zitiert sie richtig. Wen er einmal getroffen hat, den erkennt er wieder, solange es auch her ist und wo immer es gewesen sein mag.

Staatsmänner, mit denen er verhandelte, lobten seine Bereitschaft, sich überzeugen zu lassen, und seine Einsichtsfähigkeit. Er versteht sich aber durchaus darauf, zu blenden, zu manövrieren und fintenreich zu täuschen. Auffällig sind seine Bescheidenheit, Höflichkeit und Ruhe. Das sprichwörtliche überschäumende Temperament der Araber weiß er gut zu bezähmen oder es brennt in ihm auf kleiner Flamme. Seine Stimme hört sich so angenehm an, als erzähle er eine Gutenachtgeschichte. Als Volksredner steigert er sie nur selten zu einem gutturalen Stakkato, sondern bevorzugt die beschwörende Überredung. Als Schlichter und Vermittler entwickelt er unendliche Geduld. Dabei wußte er stets genau, was er wollte, und dachte unaufhörlich an sein Ziel. Wenn es darauf ankam, ließ er die einen reden und die anderen schießen; er handelte.
Ein Jude, ein jüdischer Politiker, der ihn achtete und zu verstehen suchte und sich leider vergeblich darum bemühte, mit ihm zusammenzutreffen, war Nahum Goldmann. Doch Goldmann war genau wie Jassir Arafat ein, wie er sich einmal selbst nannte, »Staatsmann ohne Staat«. Auch Arafat bekam nicht, was er sich am sehnlichsten gewünscht hatte: seinen Staat. Er erreichte aber immerhin, daß Israel nicht mehr allein war, sondern nur noch *ein* Staat in Palästina.
Jassir Arafat wurde *gegen* die Geschichte ein Staatsmann. Die meisten, die dies versuchten, scheiterten. Insofern ist er kein Gescheiterter. Als Verdienste wird man ihm die Kanalisierung des Terrors und der vagabundierenden Unzufriedenheit der Palästinaaraber anrechnen müssen. Den Flüchtlingen gab er endlich wieder ein Ziel, und dieses Ziel war mehr als die bloße Heimkehr. Es war die noch ungeborene Nation Palästina. Wie die Zionisten die Judenfrage, stellte er die Palästinafrage als *nationale* Frage. Der Zionismus machte aus den verachteten, gehaßten, unterdrückten, verfolgten, heimatlosen, wandernden Juden Israelis. Aus den in jeder Hinsicht »staatenlosen« Arabern Palästinas – und dieses Schicksal galt für die Zurückgebliebenen ebenso wie für die Geflohenen und Vertriebenen – schuf er Palästinenser. Als Staatsmann gehört Arafat als einer der Großen in das Pantheon der Gegenwart. Für die Seinen bleibt er ein

strahlender Märchenheld aus Tausendundeinernacht, ein tapferer Ritter, eine unsterbliche Legende!
Das zeigte sich erneut nach dem überraschenden Ausbruch des Kinderaufstands der »Intifada« am 8. Dezember 1987. Arafat, von dem bis dahin kaum noch gesprochen worden war, meldete sich sogleich zu Wort. Die PLO geriet wieder in aller Mund. Dabei hatten beide so gut wie gar nichts zu tun mit den tragischen Auseinandersetzungen in den besetzten Gebieten. Doch Westen und Osten, gemäßigte Araberstaaten wie gemäßigte Palästinenser und gemäßigte Israelis begannen endlich einzusehen, daß Jassin Arafat und seine PLO nichts Geringeres waren als das »kleinere Übel«. Nährboden der »Intifada« waren die Moscheen. Die Alternative hieß auf einmal: Chomeini oder Arafat...

Palästina 1929

1929 war eines der folgenschwersten Jahre des 20. Jahrhunderts. Der New Yorker Börsenkrach vom 24. Oktober 1929 vernichtete riesige private Vermögen und führte zu einer lange nicht abebbenden Welle von Selbstmorden. Ganze Währungssysteme gerieten durcheinander. Die Volkswirtschaften der meisten Staaten erlitten nicht wiedergutzumachende Schäden. Überall grassierten Depression, Inflation, Arbeitslosigkeit.

Dies war die bittere Spätfolge des Ersten Weltkrieges. Die Völker hatten sich in vierjährigem erbittertem Ringen sinnlos zerfleischt und waren noch völlig erschöpft. Kein Problem, das den Krieg ausgelöst hatte, war durch den Krieg gelöst worden. Die Sieger erwiesen sich als unfähig zu einem Vernunftfrieden. Das Versailler Diktat trug die Handschrift des Teufels. Das Deutsche Reich war nicht schuldiger als die anderen Kriegsteilnehmer. Es wurde amputiert und zum Paria der Völkergemeinschaft. Österreich-Ungarn war vollends untergegangen.

Die Deutschen erschienen indessen nicht als die einzigen Betrogenen. Wilsons berühmte »Vierzehn Punkte« waren nicht nur auf sie nicht angewendet worden. Den Arabern, den einstigen Alliierten gegen das Osmanische Reich, verweigerte man gleichfalls das ihnen vorher zugesprochene Selbstbestimmungsrecht. Prinz Feisal, dem Vertreter des Hidschas-Königs Hussein im Spiegelsaal des Château de Versailles, zeigten Briten und Franzosen die kalte Schulter, und der idealistische Amerikaner Wilson, der sich nicht durchsetzen konnte, zuckte mit den Achseln.

Die Araber wurden die wehrlosen Opfer eines womöglich noch abscheuerregenderen Verrates. Die Deutschen hatten kapituliert nur im ahnungslosen Vertrauen auf die hochherzigen »Vierzehn Punkte« Wilsons; jene aber gehörten zu den Siegern!

Am 14. Juli 1915 begann ein heute britischerseits am liebsten totgeschwiegener Briefwechsel zwischen Sir Henry McMahon,

Seiner Majestät Hochkommissar in Ägypten, und Hussein, Scherif von Mekka. Der Monarch verlangte als Gegenleistung für die militärische Unterstützung der Araber im Krieg der Engländer gegen die Türken die Anerkennung als Kalif des Islams und die Unabhängigkeit für Zentralarabien, Mesopotamien und Syrien unter Einschluß des Libanons sowie Trans- und Cisjordaniens (Palästina).
Im März 1916 gab der britische Diplomat, sicher nicht ohne ausdrückliche Zustimmung Whitehalls, diese Zusicherungen – mit Ausnahme der »beiden Distrikte Messina und Alexandrette und Teile von Syrien, westlich der Städte Damaskus, Homs, Hama und Aleppo«. Sie »können nicht als rein arabisch bezeichnet werden und sind deshalb aus den geforderten Grenzen auszuschließen. Mit dieser Einschränkung und unbeschadet bereits bestehender Verträge mit arabischen Fürsten akzeptieren wir die Grenzen dieses Gebietes«. Dieses Gebiet schien für jeden, der sich geographisch einigermaßen auskannte, ohne weiteres identisch mit dem heutigen Libanon, keinesfalls aber mit dem weiter südlich gelegenen späteren britischen Völkerbundsmandat Palästina.
Es kam daraufhin zu dem legendären »Aufstand in der Wüste«. Die Briten bestritten später dessen strategischen Wert. Tatsache blieb aber, daß sie niemals daran dachten, zu halten, was sie versprochen hatten. Die Araber hingegen hielten getreulich ihr Versprechen. Am 15. Juni 1916 ergriffen sie die Waffen gegen die Türken. Drei Wochen später eroberten die Beduinentruppen unter dem Befehl Prinz Feisals Akaba. Die Briten überschritten den Suezkanal. Feisal marschierte, beraten von dem englischen Geheimdienstoffizier T. E. Lawrence, auf Damaskus.
Die Araber wußten nichts von dem, was inzwischen geschehen war. Seit 16. Mai 1916 verhandelten Sir Mark Sykes für Großbritannien und François Georges-Picot für Frankreich insgeheim über die Aufteilung der arabischen Gebiete des Osmanischen Reiches zwischen ihren beiden Ländern und dem zaristischen Rußland. Kern-Syrien und der Libanon wurden französische und der Irak sowie beide Jordanien britische »Einflußsphären«. Im Mittelpunkt des im Herbst 1916 unterzeichneten perfiden Ge-

heimabkommens stand Palästina. Den Abmachungen zufolge wurde nach Kriegsende die nördliche Hälfte des Gebietes westlich des Jordans eine internationalisierte Zone unter gemeinsamer britischer, französischer und russischer Kontrolle. Die Enklave um die nordpalästinensischen Hafenstädte Akko und Haifa wurde britische Einflußzone. Das gleiche galt für den Süden einschließlich Rafah, Beerscheba und den Negev. Den Juden versprach man innerhalb dieser völlig willkürlich gezogenen Grenzen religiöse und politische Gleichstellung.

Der Sturz des letzten Zaren enthob die beiden hinterhältigen Verschwörerregierungen der ärgerlichen Notwendigkeit zur Beteiligung der Russen an der zu erwartenden Kriegsbeute. Die Sowjetunion rächte sich nach der Oktoberrevolution von 1917 durch die Veröffentlichung dieses in den zaristischen Archiven aufgefundenen sogenannten »Sykes-Picot-Abkommens«. Scherif Hussein befragte daraufhin beunruhigt die Engländer. Diese nahmen Zuflucht zu einer neuen Lüge und bezeichneten das sowjetische Vorgehen lächerlicherweise als »türkische Kriegspropaganda«.

Dieser Schritt der jungen bolschewistischen Revolutionsregierung begründete die später so erfolgreiche sowjetische Nahostpolitik. Die Sowjetunion verhielt sich damals – als einzige fremde Macht – ehrlich und anständig gegenüber den Arabern. Diese Tatsache und mitnichten etwa ideologische Sympathie oder gar Übereinstimmung begründete das bis heute anhaltende gute arabische Verhältnis zu Moskau. Der Kreml hielt sich im Gegensatz zu den westlichen Kolonialmächten stets an die abgeschlossenen Verträge. Er tat dies sogar bei deren Bruch durch die Araber. Auf diese Weise verlor er in den letzten Jahren nacheinander rascher, als er sie errungen hatte, nach großen Opfern nacheinander seine Vormachtstellung in Ägypten, Sudan, Somalia und dem Irak.

Im Ersten Weltkrieg, der damals noch keineswegs eindeutig entschieden war, bedeutete die Veröffentlichung des Sykes-Picot-Abkommens durch die Sowjetregierung einen ernsten Rückschlag für die britischen und französischen Pläne. Die Lüge des »perfiden Albions«, weltpolitische Unerfahrenheit des Scherifen

Hussein und das Vertrauen des aus der Familie des Propheten stammenden Beduinenfürsten in die Engländer verhinderten einen rechtzeitigen Bruch des Bündnisses. Wäre es dazu gekommen, hätte sich womöglich vieles anders entwickelt.
»In den entscheidenden Wochen, während denen Allenbys Schlag vorbereitet und durchgeführt wurde«, schrieb der international anerkannte britische Militärexperte Liddell Hart, »wurde annähernd die Hälfte der türkischen Streitkräfte von arabischen Truppen zerstreut.« »Der Verschleiß, die körperliche und geistige Anstrengung, der Einsatz von Menschen und Material seitens der Araber«, ergänzte später der zeitweilige UN-Befehlshaber und schwedische General Carl von Horn, »bereitete den Weg zum Sieg über die Türken.«
Großbritannien mußte also außerordentlich erschrocken sein über den Querschuß aus Petersburg. Die Deutschen waren schließlich auch noch keineswegs geschlagen. Ein Sieg der Mittelmächte schien noch ebenso möglich wie der Zwang zu einem Verständigungsfrieden. In dieser Situation brauchten die Engländer vordringlich neue verläßliche Bundesgenossen. Was für sie auf dem Spiel stand, war schließlich nichts weniger als eine sichere Landverbindung zu ihren Kolonialbesitzungen »östlich von Suez«. Den Zionisten und ihren Bestrebungen zur Konstitutionalisierung einer territorialen Heimat in Palästina für die insbesondere in Osteuropa barbarisch verfolgten und unterdrückten Juden brachten sie bis dahin begreiflicherweise recht wenig Sympathie entgegen. Der Zionismus störte, wie sich später rasch gezeigt hat, mit Sicherheit die britischen Vormachtpläne im Vorderen Orient, und die Araber waren, sobald es erst einmal soweit war, ja auch noch zu beschwichtigen. Mit ihnen allein konnte man möglicherweise fertigwerden, aber die Zionisten würden sich wohl nicht so leicht geschlagen geben.
Diese Befürchtung erfüllte sich denn auch auf Punkt und Komma. Großbritannien herrschte genau dreißig Jahre über Palästina. Zwanzig Jahre davon waren ein endloser Kleinkrieg, die letzten zehn eine irdische Hölle. Am Ende standen die Gründung des Judenstaates und die Abdankung des Inselreiches als vorderorientalische Kolonialmacht.

1917 war es, wie es damals schien, allerdings noch lange nicht soweit. Seiner Majestät Regierung dachte ausschließlich in imperialen Größen. Palästina sah man als willkommene Kriegsbeute und unverzichtbaren Bestandteil des britischen Weltreiches. Die Araber – waren sie nicht doch mißtrauisch gemacht worden? Die Zionisten – wären sie nicht willkommene Bundesgenossen gegen die unausbleibliche arabische Enttäuschung über den doppelten britischen Wortbruch? Wenn man denn schon zweimal erfolgreich betrogen hatte, konnte man das nicht auch ein drittes Mal ungestraft wagen?

Die Briten hatten offenkundig keine ins Gewicht fallenden moralischen Bedenken. Recht war – was sie allen anderen so leichtfertig abzusprechen verstanden – Recht war für sie nur der Nutzen ihres Weltreiches. Allein daran ist es schließlich auch zugrunde gegangen!

Albion zu Hilfe kam im entscheidenden Augenblick ein Zufall von ungeheurer historischer Tragweite. Der Zufall war eine ziemlich ungewöhnliche menschliche Erscheinung, hieß Chaim Weizmann und war ein aus Russisch-Polen über Deutschland zugewanderter naturalisierter britischer Chemiker. Als Wissenschaftler genial, war er zugleich eine ungewöhnliche staatsmännische Begabung. Der Erste Weltkrieg befand sich an allen Fronten in einer äußerst kritischen Phase, da wandte sich der nämliche Chemiker mit einer sicher kriegswichtigen und vielleicht sogar – wer konnte das wissen? – kriegsentscheidenden Erfindung an das Londoner War Office.

Die Briten griffen natürlich erfreut zu. Weizmann war aber, wie gesagt, nicht nur Chemiker. Als Präsident der Zionistischen Weltorganisation, also einer der Nachfolger Theodor Herzls, war er auch Politiker. Der Jude aus Pinsk dachte bei allem, was er tat, auch an die unsäglichen Leiden seiner immer noch zunehmend verfolgten Glaubensgenossen im zaristischen Rußland. Sie bedurften dringend einer neuen Heimat. Für ihn, den überzeugten Zionisten, konnte das nur die alte sein: »Erez Israel«. Nur genau zwanzig Jahre nach dem Erscheinen von Herzls visionärem Programm über den »Judenstaat« sah er eine realistisch scheinende Chance zur Rückkehr der zerstreuten Juden in ihr historisches

»Altneuland«. Nicht Herzl, sondern erst Weizmann gründete damals Israel. Es dauerte zwar noch weitere dreißig Jahre, bis es verwirklicht werden konnte, aber Weizmann schuf dafür das Fundament und wurde Israels erster Staatspräsident.
Der Chemiker leitete damals die Forschungslaboratorien der britischen Admiralität. Das gab ihm sicher Zugang zu manchen Staatsgeheimnissen. Als Zionistenführer stand er zudem auf vertrautem Fuß mit vielen führenden Politikern. Deren Überlegungen, die bereits geschildert wurden, trafen sich glücklich mit seinen eigenen Gedanken. Man wurde handelseinig und machte ein, wie gehofft werden konnte, für beide Beteiligten vorteilhaftes Geschäft.
Die Briten konnten allerdings auch dabei das Betrügen noch nicht lassen. Doch Weizmann gab sich mit dem zufrieden, was er bekommen konnte und vertraute – woran er gut tat – auf die Kraft seiner Idee und der in Palästina freizusetzenden, so lange unterdrückten zivilisatorischen Talente der Juden.
Am 2. November 1917 schrieb der damalige britische Außenminister Arthur James Lord Balfour seinen berühmt gewordenen Brief an den gleichfalls vorwiegend als Wissenschaftler bekanntgewordenen Walter Rothschild. Der jüdische Lord machte für einen Augenblick, die Balfour-Declaration wurde Geschichte: »Die Regierung seiner Majestät sieht mit Wohlwollen die Etablierung einer nationalen Heimstätte für das jüdische Volk in Palästina und wird die größten Anstrengungen unternehmen, um die Verwirklichung dieses Zieles zu erleichtern. Wobei selbstverständlich ist, daß nichts getan werden darf, was die bürgerlichen und die religiösen Rechte der vorhandenen nichtjüdischen Gruppen in Palästina beschneidet oder die Rechte und den politischen Status, den Juden in irgendeinem Land genießen.«
Großbritannien verfügte dergestalt über Territorien einer Macht, gegen die es Krieg führte, und zwar lange vor dem noch gar nicht absehbaren Friedensschluß. Großbritannien versprach den Zionisten ein Gebiet, das er gerade erst als Bestandteil des von den Arabern erhofften unabhängigen Staates anerkannt hatte, und Großbritannien verschenkte etwas, das ihm doppelt nicht gehörte und das es dennoch längst für sich selbst reserviert hatte.

Das Opfer waren die Araber. Die Betrüger, allen voran die Engländer, hatten denn auch ein denkbar schlechtes Gewissen. Palästina wurde ihr Kolonialbesitz, und die den Zionisten zugestandenen Vorrechte wurden Bestandteil des Völkerbundsmandates. Die Balfour-Declaration wurde jedoch zunächst geheimgehalten; nach Palästina drang sie erst 1920.
Jüdische Kolonisten gab es dort schon seit Beginn der achtziger Jahre des vorigen Jahrhunderts. Sie leisteten zunächst nicht unerhebliche Beiträge zur agrarischen und wirtschaftlichen Entwicklung. Viele Araber fanden durch sie ein besseres Auskommen. Reibereien mit arabischen Nachbarn waren eher die Ausnahme. Die Übergriffe halbkrimineller, marodisierender arabischer Banden hatten kaum einen politischen Hintergrund. Die Juden, die hier ansässig geworden waren, gelüstete es noch nicht nach einem eigenen Staat – oder sie schwiegen über dieses ohnehin noch in nebelhafter Ferne liegende Ziel.
Zu dieser Zeit gab es keinerlei Anzeichen für einen spezifischen palästinensischen Nationalismus. Palästina war damals ein – zudem verwaltungstechnisch aufgesplitterter – Bestandteil des südlichen Syriens und dieses wiederum eine Provinz des Osmanischen Reiches. Was Palästina genannt werden konnte, und zwar ausschließlich in Gestalt einer historischen Landschaft mit fließenden Grenzen, dieses Palästina war eine der abgelegensten und politisch, wirtschaftlich und sozial vernachlässigtsten osmanischen Provinzen. Seine Gesellschaftsordnung konnte als typisch gelten für den ganzen sogenannten »Fruchtbaren Halbmond«. Es war eine urban-agrarische Gesellschaft. In den Städten dominierten Kleinhandwerk und kleiner Handel, in den Dörfern die Landwirtschaft, und es gab nur geringfügige beduinische Nomadeneinflüsse. Die Notabeln kamen aus wenigen tonangebenden Grundbesitzerfamilien, was bis heute bestimmend blieb für den Fortgang der palästinensischen Geschichte, vorwiegend aus denen der al-Husseini und an-Naschaschibi. Sie werden uns noch oft begegnen.
In Palästina dachte jedenfalls niemand, was festgehalten zu werden verdient, in »nationalen« Kategorien, sondern man bewegte sich politisch fast nur im lokalen Bezugsfeld. Einen Staat hatte es

hierzulande nie gegeben: Warum sollte man ihn sich jetzt plötzlich wünschen? Palästinensische Unabhängigkeitshoffnungen, wenn sie damals schon vorhanden gewesen sein sollten, richteten sich auf Syrien. Ihm fühlte man sich zugehörig, und man orientierte sich politisch nach Damaskus, der Hauptstadt des Araberreiches nach dem Ausbruch aus der Wüste.
Die Palästinaaraber lagen also durchaus nicht, wie man israelischerseits unermüdlich nachzuweisen versuchte, in einem politischen Dornröschenschlaf. Im Gegenteil! Man muß nur einen Unterschied machen zwischen dem erst wesentlich später gezwungenermaßen aufgekommenen palästinensischen und dem ursprünglichen arabischen Nationalismus.
Syrien – und mit ihm Palästina – waren panarabisch gesinnt lange vor dem Aufkommen des ägyptischen Panarabismus unter Gamal Abdel Nasser. Die Palästinaaraber besaßen bei diesen frühen nationalen Bestrebungen sogar besonderes Gewicht. Lange vor dem »Aufstand in der Wüste« unter Scherif Hussein von Mekka existierten in Syrien mehrere arabisch-nationalistische Vereinigungen, viele von ihnen geheim und geführt von teilweise im Westen erzogenen Intellektuellen. Britische Arabienexperten schätzten ihre Mitgliederzahl auf einhundertsechsundzwanzig Personen, darunter sechsundzwanzig Palästinaaraber. Die Gesamtzahl mag nicht sehr hoch erscheinen; bemerkenswert groß ist jedoch der palästinensische Anteil.
Die Palästinaaraber – und wir nennen sie deshalb hier vorwiegend so und nicht »Palästinenser« – blieben lange und teils bis heute bei ihrer panarabischen Orientierung. Einerseits ging es ihnen dabei natürlich auch um die Mobilisierung interarabischer Hilfsquellen gegen den übermächtigen Zionismus; andererseits entsprach diese Haltung besser als die erst gegen Ende der Vierzigerjahre unseres Jahrhunderts von Großbritannien und den Vereinten Nationen ins Gespräch gebrachte Eigenstaatlichkeit ihrer eigentlichen politisch-nationalen Grundstimmung. Hier lag auch einer der Gründe für die Ablehnung des UN-Teilungsplanes von 1947. Eine eigene Staatsbildung entsprach zwar dem erklärten Willen der zionistischen Juden, keineswegs aber dem der Palästinaaraber.

Das Fehlen nationaler Regungen unter den Palästinaarabern in der Frühzeit der jüdischen Kolonisierung war ebenso wie das angebliche Ausbleiben palästinensischen Widerstandes eine absichtsvolle zionistische Legende. Zionistische Geschichtsbücher straften sie denn auch selbst Lügen! Sie alle sangen wahre Hohelieder auf den schon verhältnismäßig früh notwendig gewordenen jüdischen Selbstschutz! Schützen mußte man sich aber doch wohl nur gegen vorhandene Gefahren.
Die Scharmützel zwischen jüdischen Siedlern und arabischen Räubern waren in der Frühzeit mindestens teilweise noch unpolitischer Natur. Bereits 1920 änderte sich jedoch dieses Bild. Das Bekanntwerden der Balfour-Declaration enthüllte erst das ganze Ausmaß des britischen Falschspieles. Ostern 1920 versammelten sich christliche, muslimische und jüdische Pilger zur gleichen Zeit an ihren heiligen Stätten in Jerusalem. Die »nationalistischen Clubs« betrachteten das Auftreten der Juden zum erstenmal als unerträgliche Herausforderung.
Die Briten hatten dabei allerdings selbstverständlich wieder einmal die Hände im schmutzigen Spiel. Vielleicht bereuten sie, nachdem ihnen zugefallen war, was sie erstrebt hatten, schon ihre Zusagen an die Juden? Vielleicht folgten ihre vor Ort stationierten Vertreter auch bloß ihren antijüdischen Vorurteilen? Ihr Militärgouverneur wußte jedenfalls, Augenzeugenberichten zufolge, von den arabischen Vorbereitungen. Trotzdem verringerte er die Truppenstärke in Jerusalem.
Es kam, wie es kommen sollte: Blutige Ausschreitungen forderten neun Menschenleben und zweihundert Verletzte. Die Juden waren daran keineswegs unschuldig. Sie begnügten sich nicht mit rituellen Handlungen und Gebeten an der Klagemauer, sondern hißten dort, im Schatten des muslimischen Heiligtums al-Haram asch-Scherif, die Zionistenflagge und sangen die Zionistenhymne Hatikwa (hebräisch für »Hoffnung«).
Arabische Anführer der Unruhen, die von nun an nicht mehr aufhörten, waren die Brüder Arif al-Arif und Hadsch Mohammed Amin al-Husseini.
Der letztere war damals ein fünfundzwanzigjähriger junger Mann. Er übernahm in den folgenden Jahrzehnten die politische

Führungsrolle unter den Palästinaarabern. Dazu brachte er die denkbar besten Voraussetzungen mit. Er war gebürtiger Jerusalemer und stammte aus einer der angesehensten muslimischen und größten grundbesitzenden Familie. Seine Familienangehörigen besetzten traditionell viele der wichtigsten religiösen und politischen Posten. Der Onkel Musa Kasim al-Husseini amtierte damals als Bürgermeister von Jerusalem. Der Großvater, der Vater und ein älterer Bruder fungierten nacheinander als Muftis.
Der Dar al-Islam oder die Umma, also die Gesellschaftsordnung des Islam, kennt keine klare Trennung zwischen Religion und Politik. Hadsch Mohammed Amin sehr zustatten kam daher außerdem seine nachweisliche Abstammung von Hussein Ibn Ali, dem zweiten Sohn Fatimas, der Tochter des Propheten Mohammed.
Sir Herbert Samuel, der erste britische Hochkommissar des neuen Völkerbundsmandates Palästina, selbst jüdischer Herkunft, erkannte erstaunlich schnell den auf der geschilderten Eigenart des muslimischen Staats- und Gesellschaftsideals fußenden Einfluß der islamischen Geistlichkeit auf das öffentliche Leben. Ihn gedachte er mäßigend zu nutzen. Hadsch Mohammed Amin wurde Mufti von Jerusalem und blieb es zunächst bis 1926.
Der Mufti (arabisch für »Entscheider«) ist Rechtsgelehrter in Fragen der Scharia, des religiösen und bürgerlichen muslimischen Rechtes. Er entscheidet sie durch die sowohl in religiösen als auch in öffentlichen und zivilen Streitfällen verbindliche Fatwa (arabisch für »Gutachten«). Für die Kadis, die islamischen Richter, haben sie ebenso Verbindlichkeit wie für die weltlichen Regierungen. Im Osmanischen Reich gab es eine mindestens ansatzweise Trennung zwischen religiöser und öffentlicher Gewalt. Der Scheich ül-Islam (türkisch für »Großmufti«) war die oberste geistliche Autorität; für die weltlichen Angelegenheiten zuständig war der Großwesir.
Dieser Hintergrund erklärt das, was nun folgte. Samuel schien zunächst ziemlich lange richtig gehandelt zu haben. Die Zwischenfälle häuften sich zwar, blieben aber – scheinbar vor allem infolge des mäßigenden Einflusses des neuen Muftis, einigerma-

ßen unter Kontrolle. Hadsch Mohammed Amin war offenkundig ein unübertrefflicher Verstellungskünstler. 1926 ernannten ihn die Engländer – unter Rückgriff auf die hierzulande bislang unbekannte frühere türkische Einrichtung des Scheich ül-Islam – zum Großmufti von Jersualem und machten ihn damit zur höchsten geistlichen und weltlichen Autorität für die arabischen Muslime in ganz Palästina.

Zwischen Winter 1920 und Frühsommer 1923 kam es in Haifa, Nablus und Jerusalem zu vier Arabisch-Palästinensischen Kongressen. Der Mufti war dort die tonangebende Persönlichkeit, wirkte zunächst jedoch tatsächlich eher mäßigend und blieb selbst im Hintergrund. Im Sommer 1921 reiste eine von diesen Kongressen gewählte Delegation muslimischer und christlicher Würdenträger aus Palästina nach London und unterbreitete die Befürchtungen und Forderungen der Araber dem Colonial Office. Erfolg hatten sie, wie sich rasch herausstellte, damit nicht. Damals zeigte sich bereits das bis heute nicht überwundene doppelte Dilemma der arabisch-palästinensischen Nationalbewegung: Eine gemeinsame politische Willensbildung scheiterte am unüberwindlichen Dualismus zwischen den großen und einflußreichen Familienclans, insbesondere der al-Husseini und der an-Naschaschibi. Die al-Husseini waren mehr panarabisch-prosyrisch eingestellt, die an-Naschaschibi empfanden sich eher als partikularistisch-palästinensische Nationalisten. Erstere bekämpften daher jegliche, letztere hingegen entschlossen sich zu einer wenigstens partiellen Zusammenarbeit mit der britischen Kolonialmacht. Für diese tonangebend wurde der langjährige Nachfolger von Musa Kasim al-Husseini als Bürgermeister Jerusalems, Raghib Bey an-Naschaschibi.

Die Araber beharrten zudem, womit sie natürlich recht hatten, auf ihrer Ablehnung der widerrechtlichen Kolonialherrschaft. Sie verzichteten dadurch aber gleichzeitig auf die Verbesserung ihrer Lage durch Verhandlungen mit den nun einmal anwesenden fremden Machthabern.

1947 und nach dem ersten arabisch-israelischen Waffengang bis 1949 unterlief ihnen wieder der gleiche Fehler: Sie wollten sich keinesfalls mit dem begnügen, was sie vorerst einmal bekommen konnten, weil ihnen gerechterweise alles gehörte. Selbst heute noch erklären sie nur sehr verklausuliert ihre Bereitschaft zu einer mindestens vorläufigen Staatsgründung »in befreiten Gebieten Palästinas«.

Die Engländer trieben unterdessen wieder ihr sattsam bekanntes Doppel- und Dreifachspiel. Der Sturz der Zarenherrschaft und die Festigung des Sowjetsystems in Rußland führten zu einer neuen großen jüdischen Einwanderungswelle. Whitehall kam sie gerade recht als Zuchtmittel gegen die zunehmende arabische Aufsässigkeit. Das Colonial Office reagierte, wie schon erwähnt, mitnichten auf die muslimisch-christlichen Vorstellungen. Die Kolonialbürokratie vor Ort sah aber gerade in der wachsenden zionistischen Zuwanderung die Hauptursache für die arabische Unruhe. Die Juden waren nicht aufzuhalten; also ermunterte man versteckt oder ganz offen den Widerstand der Araber. »Doleh ma'ana« (arabisch für »Die Regierung ist mit uns!«) lautete damals der bezeichnende Schlachtruf der arabischen Aufrührer.

Drei Umstände verhinderten deren Erfolg: Die Briten blieben gleichgültig, denn die Widerstände kamen ihnen eher gelegen, richteten sie sich doch anfangs so gut wie ausschließlich gegen die ihnen gleichfalls immer lästiger werdenden Zionisten. Die Araber wären auch viel zu schwach gewesen für einen aussichtsreichen Abwehrkampf gegen die fremde Kolonialmacht. Die Araberstaaten blieben gleichgültig: Im Libanon empfanden die dort dominierenden Christen keine Sympathie für die Palästinaaraber, in Syrien hatten die Franzosen das Heft fest in der Hand, im Irak beschränkte sich der von Damaskus nach Bagdad abgeschobene und mit der neugeschaffenen Zweistrommonarchie abgefundene resignierte König Feisal auf die Festigung seiner Herrschaft über Mesopotamien, in Transjordanien erfreute sich sein Bruder Abdullah des ihm großzügig geschenkten Wüstenemirates, und der einstige Kalif und Araberkönig Hussein von Mekka kämpfte und unterlag schließlich im Hidschas dem Gründer des späteren Saudiarabien, Abdel Asis Ibn Saud.

Eine Lösung wäre höchstens im Bündnis zwischen Arabern und Zionisten denkbar gewesen. Letztere wären zu diesem Zeitpunkt möglicherweise sogar darauf eingegangen. Denn damals waren sie noch verhältnismäßig schwach. Doch sie setzten in erster Linie auf die verbrieften Versprechungen der Engländer, und sie spekulierten auf das, was man sich arabischerseits ebenso erhoffte: das ganze Palästina.

Hadsch Mohammed Amins Aufwertung zum Großmufti und Oberhaupt des Obersten Islamischen Rates erwies sich spätestens jetzt als schwerer Fehler. Die Unruhen nahmen immer mehr zu und wurden fortwährend heftiger. Die Araber in den anderen ehemaligen türkischen Gebieten, die unter kolonialer Vormundschaft nominell selbständig geworden waren, nahmen davon allerdings kaum Notiz. 1929 war für sie scheinbar kein herausragendes Jahr ihrer modernen Geschichte. Die Weltwirtschaftskrise, die sich gerade ankündigte, zeitigte hierzulande keine erkennbaren Auswirkungen.

Und doch kam es in diesem Jahr zu einem außerordentlich folgenschweren Ereignis für die arabische Welt. Man gründete – im Zusammenhang mit einer grundlegenden Neuordnung der internationalen Erdölinteressen im Nahen Osten – die Iraq Petroleum Company (IPC) und intensivierte Suche und Förderung unter anderem in Mesopotamien. Politische Hauptfolge dieser scheinbar rein wirtschaftlichen Entwicklung wurde eine nie wieder überwundene Zurückdrängung der panarabischen Einheitsbestrebungen zugunsten eigensüchtiger wirtschaftlicher Partikularinteressen der eben erst gegründeten arabischen Teilstaaten.

Frisches Reis grünt am alten Stamm

Die Geschichte – ist sie eine Heilige ohne irdische Leidenschaften? Eine Hure, die sich denen hingibt, die sie am großzügigsten entlohnen? Oder kennt sie eine den Sterblichen verborgene höhere Gerechtigkeit?
Gerechtigkeitsliebe gehört zu den sprichwörtlichen Charakterzügen der Araber. Dieser Gerechtigkeitssinn macht sie für alle anderen zu so schwer erträglichen Genossen der Weltgeschichte. Wem Gerechtigkeit nicht zuteil wird, obwohl sie ihm offenkundig zuzustehen scheint, der verwandelt sich in seiner Verzweiflung leicht zum Amokläufer. Diese Erfahrung gilt für Menschen wie Völker. Hitler verdankte ihr seinen Aufstieg. Die Palästinaaraber erscheinen in ihrem Licht als unberechenbar gefährliche Zeitgenossen. Das Blut, das sie vergießen, macht vergessen, warum und worum es vergossen wird.
1929 war Palästina ein brodelnder Hexenkessel. Der Zionismus gewann immer herausforderndere politische Züge, vorangetrieben vornehmlich von den meistens aus dem russischen und polnischen jüdischen Kleinbürgertum stammenden und sowohl fundamentalistisch-religiös eingestellten als auch zeitmodisch faschistisch-nationalistisch gesinnten angriffslustigen Parteigängern des »revisionistischen« Zionisten Wladimir »Zeev« Jabotinsky. Parallel dazu formierte sich immer stärker der sie so verzweifelt wie gewalttätig abwehrende arabische Nationalismus.
Die Betar, die Jugendbewegung der Revisionisten, war dabei die rücksichtsloseste zionistische Kampfgruppe. Ihren Namen hatte sie von der sogenannten »zweiten Alijah« (hebräisch für »Aufzug« im Sinn von Einwanderung oder Heimkehr). Die erste Alijah bestand überwiegend aus idealistischen jüdischen Sozialisten, die zweite spülte vorwiegend Angehörige des vor dem Bolschewismus fliehenden kleinen jüdischen Besitzbürgertums ins Land.

Die Betarim – bei ihnen begann bezeichnenderweise später auch die politische Karriere des Menachem Begin – sammelten sich im Spätsommer 1929 unter der Parole, »zu erwachen und sich zu vereinigen« und formulierten den die arabischen Leidenschaften naturgemäß aufs äußerste erhitzenden Schlachtruf: »Die Mauer gehört uns!« Die Klage- oder Westmauer des in der Antike zweimal zerstörten jüdischen Tempels bildet nämlich das Fundament des muslimischen Felsendomes. Der Prophet Mohammed fuhr, nach der religiösen Überlieferung, von hier aus gen Himmel. Nach Mekka und Medina ist dies die drittheiligste Stätte des Islams.

Die Juden feierten am 15. August jenes Jahres – dem neunten Aw ihres Kalenders – das zur Erinnerung an die Tempelzerstörung begangene Trauerfest Tischa be'Aw. Sie hißten wieder die weiße Fahne mit dem blauen Davidschild und sangen die Hatikwa. Die Muslime waren starr vor Wut. Ihre Gegendemonstration verlief am darauffolgenden Tag noch in einiger Ruhe. Doch dann entlud sich die mutwillig erzeugte Spannung in blutigen Pogromen in ganz Palästina.

Großmufti Hadsch Mohammed Amin stand bereits seit Ende des Vorjahres an der Spitze eines arabischen Komitees zur Verteidigung von al-Burak asch-Scharif, der islamischen heiligen Stätten in Jerusalem. Seine Hand witterte man britischer- und jüdischerseits denn auch hinter dem, was jetzt losbrach.

Am 23. August 1929 erstürmten an die tausend muslimische Fanatiker die Wohnviertel der orthodoxen Juden in der Altstadt und die jüdischen Vorstädte. In Matza, an der alten Pilgerstraße von Jaffa nach Jerusalem, starben sechs Juden, davon zwei Kinder und ein Rabbiner. Der Pogrom sprang wie ein Flächenbrand sogleich über auf den ganzen Jischuw, die jüdischen Siedlungsgebiete. In Hebron (hebräisch für »Bündnisort«), dem arabischen al-Khalil, befand sich ein besonders empfindlicher traditioneller Kampfplatz. Dort verehrten Juden wie Muslime die Grabstätte ihres gemeinsamen Stammvaters Abraham. Hier fanden sechzig jüdische Männer, Frauen und Kinder den Tod. In Safed, einem der wenigen seit der Antike fast ununterbrochen jüdisch besiedelten Orte Galiläas, ließen zwanzig orthodoxe Gläubige, darunter viele Kinder und Greise, ihr Leben. Am Ende des viertägigen Massakers zählte man einhundertunddreiunddreißig tote und dreihundertundneununddreißig verletzte Juden. Die Mandatstruppen, die schließlich eingeschritten waren, erschossen einhundertsechzehn Araber. Das Strafgericht der Kolonialbehörden verhängte in der Folge noch sechsundzwanzig Todesurteile. Drei davon wurden vollstreckt.

Die Rache der Muslime für die überflüssige zionistisch-nationalistische Herausforderung durch die Betarim traf tragischerweise hauptsächlich viele der schon immer im Land befindlichen orthodoxen und in der überwiegenden Mehrheit nicht zionistisch gesinnten Juden.

Die Zusammenstöße brachten zwar eine kurzlebige panarabisch-panislamische Solidaritätswelle zustande, hatten aber noch lange keinen nachhaltigen Einfluß auf die interarabische Haltung gegenüber der Palästinafrage. Die Palästinaaraber blieben weiter auf sich allein gestellt. Im Inneren schwächte sie zusätzlich auch das latente Mißtrauen zwischen Muslimen und Christen. Die Muslime setzten – und sie tun es im großen und ganzen bis heute – vornehmlich auf die panarabische Solidarität. Die Christen bildeten hierzulande traditionell eine starke Minderheit von zehn bis fünfzehn Prozent der Gesamtbevölkerung. In ihnen sah man zuweilen Parteigänger des (christlichen) Abendlandes und damit naturgemäß der britischen Mandatsmacht. Bestärkt wurde man darin muslimischerseits durch die profranzösische Haltung der christlichen Maroniten im benachbarten Libanon. Deren Westorientierung wurde der tiefere Grund für die inneren Probleme des unter französischem Schutz entstandenen und von Syrien, zu dem es ursprünglich ebenso gehörte wie Palästina, nie formell anerkannten Levantestaates.

Die Palästinachristen zeigten ihrerseits begreiflicherweise wenig Neigung für die panarabische Orientierung ihrer muslimischen Landsleute. Im untergegangenen Vielvölkerstaat der Osmanen hatten sie ein verhältnismäßig ungestörtes Dasein genossen. Wer konnte wissen, ob das in dem von den Muslimen erhofften panarabischen Großstaat nach dem Vorbild des mittelalterlichen Kalifenreiches so bleiben würde.

Wie schon erwähnt, war die Politik im Palästina dieser Zeit vor allem auch Interessenpolitik einiger weniger großer Familien. Der Familiengegensatz führte schon in der Endphase des Osmanischen Reiches zur Bildung verschiedener und miteinander wetteifernder nationaler Clubs unter dem Patronat der jeweiligen »großen Familien«. In der Mandatszeit verschärften sich noch diese Gegensätze. Die al-Husseini setzten auf die panarabische Einigung, also verständigten sich die an-Naschaschibi mit den Engländern. Dabei handelte es sich zwar nur um ein Zweckbündnis, aber es erleichterte wesentlich die britische Teile-und-herrsche-Politik. Die Christen hielten sich aus den geschilderten Gründen vornehmlich an die an-Naschaschibi.
Nach 1948 stellten die Christen eine ganze Reihe hervorragender Freischärlerführer, darunter den griechisch-orthodoxen ehemaligen Kinderarzt Dr. George Habasch aus Lydda, dem israelischen Lod, und den cisjordanischen Katholiken Nedschif Hauetmah. Beide und viele andere ihrer Glaubensgenossen wurden Marxisten. Dabei spielten gewiß auch ähnliche Beweggründe mit wie bei den palästinensischen Christen der Mandatszeit. Diese sahen ihren Schutz in ihrer gesicherten Minderheitenposition in dem abgegrenzten und gemischt-religiösen Palästina, jene sehen ihn möglicherweise in der Anlehnung an den Weltkommunismus.
In Palästina befand sich zu Beginn der Mandatsperiode etwa die Hälfte des gesamten Grundbesitzes unter der Kontrolle von rund zweihundertundfünfzig Familien. Einige davon lebten im Ausland wie die Beiruter Bankiersfamilie Soursouk. Diese erleichterte durch riesige Landverkäufe an die Jewish Agency wesentlich die zionistischen Siedlungs- und Staatsgründungspläne.
Leider beteiligten sich auch viele ortsansässige Großgrundbesitzer an diesen Landverkäufen. Die Pächter zahlten wenig und erwirtschafteten nur geringfügige Erträge. Bargeld war folglich knapp, die Bodenverkäufe beschränkten sich vielfach auf weniger wertvolles, brachliegendes und scheinbar unfruchtbares Gelände, sie erbrachten außerdem sogleich flüssige Mittel.
Der Grundbesitz war in Palästina nicht so sehr ein wirtschaftlicher denn ein politischer Machtfaktor. Der Boden gehörte ja nicht einer Person, sondern jeweils der gesamten Großfamilie.

Aus ihr kamen die Pächter oder sie hatten Anrechte auf die Pachtgebühren oder die Ernteerträge. Es handelte sich also um Gemeinschaftsbesitz ohne ins Gewicht fallende Gewinnmöglichkeiten für den Einzelnen. Von dem im Besitz solcher Großfamilien befindlichen Grund und Boden von 4143000 Dunam (ein Dunam hat zehn Ar oder eintausend Quadratmeter) gehörten den al-Husseini fünfzigtausend Dunam, also etwas über ein Prozent. Das war bei weitem nicht der größte Einzelbesitz. Die Familie asch-Schawa, in Gasa beheimatet, besaß sogar rund hunderttausend Dunam.

Die Mitglieder der Großfamilien waren in der Regel vom Familienrat abhängig und bildeten auch politisch die sozusagen naturgegebene Machtbasis der jeweiligen Familienoberhäupter. Verstärkt wurde diese durch die Landpächter und eine mehr oder weniger umfangreiche Anzahl von durch wirtschaftliche oder politische Vergünstigungen verpflichteten Sympathisanten. Religiöse und weltliche Ämter wurden auf diese Weise meist einträgliche Familienerbpfründe. Die al-Husseini besetzten folglich, wie geschildert, schon in osmanischer Zeit die Positionen sowohl des Muftis als auch des Bürgermeisters von Jerusalem. Die Engländer wiederum beteiligten aus den erwähnten durchsichtigen Gründen bald nach dem Beginn ihrer Mandatsherrschaft auch die an-Naschaschibi an der Macht. Sie machten Raghib Bey an-Naschaschibi als Nachfolger eines al-Husseini zum Jerusalemer Bürgermeister. Die Berufung Hadsch Mohammed Amins zum Mufti folgte hingegen der Landestradition.

1919 war Hadsch Mohammed Amin im Inneren und für die arabische Außenwelt der praktisch unumstrittene religiöse wie politische Wortführer der Palästinaaraber. Der Einfluß, der ihm zugefallen war und den er, politisch talentiert, demagogisch nicht unbegabt, dazu keineswegs unintrigant und durchaus machtbewußt, persönlich zielstrebig auszubauen verstand, warf seinen Abglanz auch auf die übrigen Familienmitglieder der al-Husseini.

Nicht alle waren gleich begütert. Manche galten sogar als verarmt. Auch sie wärmten sich jedoch an der Sonne des Ruhmes eines der Ihren, und der enge Familienzusammenhalt bewahrte

sie vor wirklicher Not. Unter ihnen befand sich ein kleiner Händler namens Abd ar-Rauf al-Husseini. Als Geschäftsmann scheint er nicht besonders erfolgreich gewesen zu sein, wohl aber – und dies in jeder Beziehung – als Familienvater. Er gebot über eine große Kinderschar, darunter die erwünschte Zahl von Söhnen, die Allah wohlgefällig sind, aber auch hübsche Töchter. Die meisten seiner Nachkommen, davon mindestens eine Tochter, lebten später in Kairo und führten dort ein verhältnismäßig unauffälliges bürgerliches Leben. Abd ar-Rauf galt für diejenigen, die ihn kannten, als zärtlicher Ehemann und liebevoller Vater. Seine Söhne waren sein ganzer Stolz und er ihnen das verehrte Vorbild. Allen Söhnen, die sich begabt genug zeigten, ermöglichte er eine hervorragende Schul- und Universitätsbildung.
Dieser Mann bekam ausgerechnet zur gleichen Zeit, als sich die Gegensätze zwischen Juden und Muslimen in Jerusalem und dem übrigen Palästina zum erstenmal in einem offenkundig systematisch vorbereiteten und durchgeführten Pogrom entluden, wieder einen Sohn. Fest steht dessen Name: Abd ar-Rahman Abd ar-Rauf Jassir Arafat al Kuds al-Husseini. Abd ar-Rahman ist sein eigentlicher Eigenname, Abd ar-Rauf der seines Vaters, Arafat heißt der für die islamische Religionsgeschichte und die allen Muslimen mindestens einmal in ihrem Erdenleben vorgeschriebene Pilgerfahrt zu den heiligen Stätten von Mekka und Medina in Zentralarabien wichtige und etwa zwanzig Kilometer nordöstlich von Mekka gelegene kleine Dschebel (arabisch für »Hügel«) ar-Rahman, der »Berg der Gnade«. Al-Kuds bezieht sich auf Jerusalem (arabisch »Die Heilige«), und al-Husseini bezeichnet die Familienzugehörigkeit. Im Namen des neugeborenen Knaben erscheint also zweimal der Begriff der Gnade. Man wird sehen, ob das für ihn bestimmend wurde.
Sicher ist auch der Geburtstag: 4. August 1929. Dieser Tag fällt nach der Astrologie unter das Tierkreiszeichen des Löwen. Wurde auch dies schicksalhaft für den Säugling?
Die Sterndeutung versucht die Auslegung von Wesen und Schicksal der Menschen durch die Konstellation der Gestirne. Dabei handelt es sich um eine mythisch-symbolische Annahme im Vorfeld der Wissenschaft. Sie stammt aus Babylonien und

Assyrien, unmittelbaren Nachbarländern des historischen Palästinas. Dort gab es in der Antike auch eine Gestirnsreligion, und die Astrologie war das Vorrecht der Priester. Sie diente ursprünglich ausschließlich der Schicksalserforschung von König und Reich, und ihre erste urkundliche Erwähnung fand sich auf den Keilschrifttafeln Assurbanipals (um 640 vor Christus). Ihre Geschichte reicht aber, wie man aus diesen entnehmen kann, zurück bis zu den schon im dritten vorchristlichen Jahrtausend im Zweistromland aufgetretenen Sumerern. Die Astrologie ist also so alt wie die ältesten menschlichen Hochkulturen.
Jassir Arafat, wie er sich später zu nennen pflegte, hatte also, nach diesem altorientalischen Brauch, das Sternbild des Löwen. Der Löwe gilt für die Sterndeutung als königlicher Charakter. Sie kennzeichnet ihn als großzügig, geduldig, zugänglich und als aufmerksamen Zuhörer. Wittert er Gefahr, zeigt er die Krallen, und in Auseinandersetzungen bleibt er meistens Sieger. Notfalls verschmäht er auch nicht die verschlungensten Schleichpfade und einfallsreiche Listen.
Nicht alle, die sich, ob sie wollten oder nicht, mit Jassir Arafat befassen mußten, werden dem beipflichten. Die Astrologie führt, wie wir zugeben wollen, allzu leicht auf das weite Feld der Spekulation. Die Spekulation beginnt, soweit sie ihn angeht, ohnedies schon beim Geburtsort.
Um zu erläutern, was hier zu schildern ist, bedarf es eines Beispieles. Es gibt bislang keine einheitliche oder auch nur teilweise übereinstimmende und daher für alle Länder international rechtsverbindliche Staatsbürgerschaftsregelung. Manche Staaten gewähren ihre Staatsbürgerschaft allen innerhalb ihrer nationalen Grenzen geborenen Personen. Andere knüpfen sie an diejenige des Vaters oder der Mutter oder beider Eltern, unabhängig vom Geburtsort. Einige erlauben ihre Annahme auch den im Inland geborenen Kindern ausländischer Eltern nach Erreichen des Volljährigkeitsalters. In der Regel haben auch die mehr oder weniger zufällig im Ausland geborenen Kinder zuerst einmal die Staatsangehörigkeit der Eltern, ungeachtet möglicher anderer Vorschriften des Geburtslandes und damit der späteren Gelegenheit zur Annahme der fremden oder mehrerer Staatsbürgerschaf-

ten. Ein Kind deutscher Eltern ist also, trotz eines etwaigen Geburtsortes in einem fremden Land, naturgemäß Deutscher.
Arafat war vor diesem einigermaßen verworrenen staatsrechtlichen Hintergrund also unbestreitbar Palästinenser. Das ist, wie man sehen wird, außerordentlich wichtig für unsere Geschichte und für die politische Stellung des späteren Chefs der Palästinensischen Befreiungs-Organisation (PLO). Der PLO-Chef schwieg gern über seinen familiären Hintergrund. Er nahm damit Rücksicht auf die kollektive Führungspraxis seiner Widerstandsbewegung und bestritt, das zu sein, was er naturgemäß dennoch geworden war, nämlich deren Anführer. Es war daher unendlich schwierig, ihm beispielsweise zu entlocken, wo er geboren ist. Schließlich nannte er als seinen Geburtsort Jerusalem.
Für Arafats selbstgenannten Geburtsort spricht mindestens die über Jahrhunderte hinweg nachweisbare Herkunft seiner ja nun nicht gerade namenlosen Familie aus dieser Stadt. Folglich müßte sich das leicht nachweisen lassen. Bei den Osmanen waren die Standesamtsregister, wie noch heute in manchen weniger entwickelten arabischen Gebieten, vielleicht manchmal nicht so ganz in Ordnung. Mit der Türkei gibt es noch heute gewisse Meinungsverschiedenheiten etwa über die Richtigkeit der Altersangaben und den Verwandtschaftsgrad jugendlicher Familienangehöriger von Gastarbeitern. 1929 stand Palästina indessen bereits fast ein Jahrzehnt unter britischer Herrschaft. Die Bürokratie achtete auf die Einhaltung der standesamtlichen Vorschriften und die Weiterführung der Geburts- und Sterberegister – schon wegen der zunehmenden arabischen Widerstände gegen die anhaltende jüdische Zuwanderung, die unaufhaltsam die demographischen Mehrheits- und Minderheitsverhältnisse in ihrem unruhigen Mandatsgebiet veränderte.
Tatsächlich fanden die israelischen nachrichtendienstlichen Ermittlungsbeamten in dem bis dahin jordanisch verwalteten Ostteil der Stadt nach deren Eroberung im Sechs-Tage-Feldzug vom Juni 1967 in den Standesamtsunterlagen, die ihnen vollständig in die Hände gefallen waren, angeblich keinerlei entsprechende Eintragung.
Das mochte an sich noch nicht viel besagen. Der Mossad, Israels

gewöhnlich wohlinformierter Geheimdienst, wußte damals mit Sicherheit schon sehr viel mehr über diesen »Mann gegen Israel« als die arabische Öffentlichkeit. Israels Interesse konnte es nur sein, ihn möglichst früh genug, bevor er erst richtig gefährlich werden würde, und möglichst nachhaltig abzuwerten. Der Mossad enthüllte beispielsweise auch die von Arafat selbst ziemlich lange verschwiegene Verwandtschaft mit dem umstrittenen ehemaligen Großmufti Hadsch Mohammed Amin al–Husseini. Entfernte er vielleicht auch Arafats Geburtsurkunde aus den Akten? Arafat hätte, was er behauptete, dennoch leicht nachweisen können. Mag sein, daß er dies nicht für notwendig hielt. Jedenfalls hat er es nie getan.
Vergegenwärtigen wir uns daher noch einmal die Lage im Palästina von 1929. Das Mandatsgebiet stand in hellem Aufruhr. Ausgerechnet Arafats Geburtsmonat August war der Höhepunkt gut vorbereiteter und bewußter zionistischer Provokationen und der blutigen Rache der Muslime. Sein Vater wußte als Angehöriger des al-Husseini-Clans sicher einiges über die Pläne von Hadsch Mohammed Amin. Er mußte sich Sorgen machen über den ungewissen Ausgang der zu erwartenden Zusammenstöße; denn er hatte eine schwangere Frau, liebte die Seinen und war als al-Husseini möglicherweise besonders gefährdet. Die bewaffneten jüdischen Selbstschutzorgane standen nicht gerade im Ruf der Zimperlichkeit.
Aus diesem Grunde könnte er sich und die Seinen durchaus in Sicherheit gebracht haben. Seine Familie besaß Grund und Boden und einen gewissen Einfluß auch in Gasa. Das war damals allerdings noch eine ganz normale Küstenstadt in Palästina und noch lange nicht Teil eines von ausländischen Truppen besetzten und abgetrennten Gebietsstreifens. Jerusalem war die Hochburg der al-Husseini, in Gasa war seine Sicherheit womöglich noch weniger gewährleistet.
Gasa spielt jedoch eine gewisse Rolle beim Fortgang unserer Geschichte. 1949 führte Abd ar-Rauf, Jassirs Vater, dort angeblich eine palästinensische Untergrundgruppe. Die Stadt gehörte damals schon den Ägyptern, und Hadsch Mohammed Amin bildete dort eine kurzlebige und einflußlos gebliebene Exilregie-

rung. Die Mitteilung hat also vielleicht einen gewissen Wahrheitsgehalt. Bestätigt wird sie zudem durch Aussagen von Augenzeugen gegenüber ausländischen Beobachtern. Die israelischen Besatzungsbehörden, und das zwingt wiederum zu einem gewissen Mißtrauen, präsentierten sie nach 1967 den interessierten Besuchern. Araber neigen ohnehin dazu, was sie erzählen, so phantasievoll auszuschmücken, daß es ziemlich genau das besagt, was zu hören gewünscht wird. Würden sie nicht auch dazu neigen zu sagen, was man israelischerseits wünschte? Schon aus Angst vor Repressalien?

Wie dem auch sei, Arafat lebte, wie zu vermuten ist, Mitte bis Ende der vierziger Jahre in Gasa. Der Vater eines gewissen Anwar as-Saijigh gehörte angeblich zur Untergrundgruppe von Abd ar-Rauf.

Unklar blieben bis heute Schulzeit und Schulort des damals schon zwanzigjährigen Jassir. Möglicherweise war es Jerusalem, und er verließ nach der israelischen Staatsgründung und im Zug der daraufhin ausbrechenden Kampfhandlungen die Stadt. Sehr wahrscheinlich ist das allerdings nicht. Jerusalem stand zwar im Mittelpunkt schwerer Kämpfe zwischen der Haganah, den jüdischen Selbstverteidigungskräften, und der transjordanischen »Arabischen Legion« unter dem Befehl des britischen Generales Sir John Bagot Glubb Pascha. Die Juden hielten nur mit großer Mühe die überwiegend von ihnen bevölkerte Neustadt. Ihre Viertel inmitten der arabischen Altstadt waren umzingelt vom Feind. Die »Arabische Legion« sorgte zudem praktisch ununterbrochen für offene Verbindungen zwischen Altstadt und arabischem Hinterland. Abd ar-Raufs Platz wäre also tatsächlich eher in Jerusalem gewesen, und von dort hätte er sich bei nahender Gefahr auch viel leichter absetzen können, etwa nach Transjordanien. Viel wahrscheinlicher ist daher, daß er sich schon vorher gar nicht mehr in Jerusalem befand.

Die Israelis verhielten sich sicherlich nicht gleichgültig gegenüber den Aussagen angeblicher oder tatsächlicher Zeit- und Augenzeugen in Gasa. Manche Bemerkungen dieser Leute über den jungen Jassir hatten denn auch einen deutlich abwertenden Unterton. Mohammed al-Alami stammte aus einer in Gasa traditionell sehr einflußreichen Politikerfamilie – sie konkurrierte früher mit den al-Husseini – und war anscheinend ein Schulkamerad Arafats. Er schilderte ihn als dick, schüchtern und launisch. Die anderen hätten sich vor ihm geängstigt, und wenn sie ihm zu nahe getreten seien und er sich angegriffen gefühlt habe, hätte er sie durchdringend angeblickt, als wolle er sie hypnotisieren. Hassan al-Fahum, ein anderer Altersgenosse, schilderte die typischen knabenhaften Bandenbildungen und Bandenkämpfe. Jassir habe sie zwar ausgeheckt und angeführt, sich aber nie selbst daran beteiligt.

Die spielerischen Kindheitskämpfe gewannen nach diesen Zeugnissen bei dem ungefähr Siebzehnjährigen, also etwa 1946, allmählich einen politischen Hintergrund. Er organisierte eine Kampfgruppe von zunächst an die fünfundvierzig Halbwüchsigen, unterteilte sie in Fünferriegen und sorgte nach dem Schneeballsystem für den Nachwuchs. Die Riegen suchten ständig nach geeigneten neuen Gefolgsleuten und brachten sie durch Überredung oder Drohungen zur Mitarbeit. So scharte er schließlich rund dreihundert militante Jugendliche um sich. Den inneren Führungskreis bildeten zehn besonders ausgewählte enge Gefolgsleute des jugendlichen Bandenhäuptlings. Sie brachten, wie behauptet wurde, gelegentlich unbotmäßige Mitglieder zur Raison.

Diese Mitteilung stammte von dem damals gleichfalls in Gasa ansässigen Neffen Taisir des zu seiner Zeit hochangesehenen palästinensischen Gelehrten Arif al-Arif. Er machte sie 1970 in Kairo. Arif al-Arif war einer der palästinensischen »Politiker der ersten Stunde« nach Beginn der britischen Mandatsherrschaft und der ältere Bruder von Hadsch Mohammed Amin. Die Äußerungen seines Neffen Taisir verrieten aber auch neidvolles Unbehagen des Sohnes einer »großen Familie« über die erstaunliche Karriere des entfernten Verwandten aus einem eher verachteten Familienzweig der al-Husseini.

Taisir zufolge wuchsen mit Arafats Vertrauen in die eigenen Führerqualitäten auch sein Fanatismus und seine Grausamkeit. Amin al-Hidschub, ein anderer mutmaßlicher Augenzeuge, verwies gleichfalls auf diesen angeblichen Charakterzug Jassirs. Er berichtete von der Niederlage der Arafat-Anhänger gegen eine andere örtliche Jugendbande. Jassir habe die Schlappe zurückgeführt auf die Unzuverlässigkeit eines gewissen Hamid. Dieser sei als einziger unverletzt zurückgekommen. Arafat bezichtigte ihn daraufhin, so behauptete unser Zeuge, des Verrates. Dann zog er, immer nach dem zitierten Gewährsmann, seine Pistole und schoß dem Verräter in den Kopf. Dies sei eine Warnung, soll er dann gesagt haben, für alle Verräter.

Hamid war, wie sich später herausgestellt haben soll, unschuldig. »Ein Agent von Hadsch Mohammed Amin«, so al-Hidschub, »verriet die Arafat-Bande an ihre Feinde.«

Hatte das einen wahren Kern oder war es bloßer Pubertätsklatsch inzwischen senil gewordener alter Männer? Gerechtigkeitssinn und Großzügigkeit gehören ebenso zum arabischen Charakter wie Rachsucht und Grausamkeit. Im Krieg sind sie überall an der Tagesordnung, und das gilt wohl für alle in Ausnahmesituationen gedrängte Völker. Um richtig beurteilen zu können, was damals geschehen ist oder später hinzuerfunden wurde, bedarf es eines Blickes auf den Hintergrund dieser Geschichte: Israel war gerade erst gegründet worden, hinter ihm lag sein erster Krieg, und es verhandelte auf der griechischen Mittelmeerinsel Rhodos über einen Waffenstillstand mit den arabischen Gegnern. Die Araber standen noch unter dem Schock der Niederlage. Es gab keinerlei organisierten Widerstand mehr gegen den siegreichen Feind. Gasa stand unter ägyptischer Besatzungsherrschaft. Die Ägypter hatten vorderhand keinerlei Interesse an neuen kriegerischen Verwicklungen mit dem Judenstaat. Ihre Militärbehörden und Sicherheitsdienste verhinderten jegliche Guerillatätigkeit durch die in ihren militärisch leicht verletzlichen Machtbereich geflohenen Palästinaaraber. Arafat und seine Freunde waren Kinder und Halbwüchsige. Die Jugendbanden, in denen sie sich zusammenfanden, kämpften wohl, wie die meisten Knaben in diesem Alter, gegen andere Banden, keinesfalls aber gegen Israel.

In Gasa genauso wie in dem nun nicht mehr existierenden alten Palästina blieb der schon erwähnte familiäre und politische Gegensatz zwischen den an-Naschaschibi und den al-Husseini bestimmend. Er beschäftigte natürlich auch den Nachwuchs. So ging es bei diesen »Kämpfen«, wenn es schlimm kam, um ein paar angeschlagene Bubenschädel oder einen verwüsteten Acker des »Feindes«. Der »Verrat« eines der erwachsenen Mitglieder des al-Husseini-Clans galt also höchstens der Verhütung von Streit zwischen den Familien. Ein Mord paßt schlecht in dieses Bild. Die Angehörigen wären alarmiert worden, die Zeitungen hätten darüber berichtet, die Militärbehörden wären eingeschritten. Tatsächlich fand sich nie ein Beweis für diese angebliche Greueltat.

Mit Arafat am häufigsten zusammen war in dieser Periode sein Bruder Fathi. Er wurde später Arzt und leitete den »Palästinensischen Roten Halbmond/Rotes Kreuz«. Walid Dschirjis, ein weiterer damals anscheinend engerer Freund – er wurde später ein angesehener Ölingenieur – erzählte eine ganz ähnliche Geschichte. Sie spielt um das Jahr 1953 und bezeugt, was wohl beabsichtigt war, nicht nur abermals die persönliche Grausamkeit Arafats, sondern steht auch in einem auffälligen Zusammenhang zu dessen eigenem unklaren Geburtsort: Ein Jüngling aus seiner Bande, der wohl gebürtiger Palästinenser gewesen, aber in Kairo geboren worden sei, habe diesen Umstand schamhaft verschwiegen. Als man es dennoch herausgefunden habe, sei er öffentlich entmannt worden, und zwar auf Geheiß Arafats. Der Entehrte habe sich daraufhin nächtens umgebracht.

Auch das wäre zweifellos nicht unbemerkt geblieben. Die Araber haben einen sehr ausgeprägten Sinn für ihre Familienehre. Wer sie angreift, muß damit rechnen, daß man sich an ihm rächt. Arafat, der nichts besaß und noch nichts war, hätte sich wohl kaum dagegen wehren können, vor allem auch nicht gegen den Zugriff der Obrigkeit. Seine Landsleute waren zwar starr vor Entsetzen über ihre unverhoffte Niederlage gegen die vorher maßlos unterschätzten Zionisten. Gasa war überfüllt von Palästinaflüchtlingen. Die Ägypter, die mit ihnen fertigwerden mußten, duldeten jedoch nichts weniger als eine solche Anarchie – schon gar nicht von Halbwüchsigen!

John Laffin, ein britischer Nahostexperte, schließt aus diesen vielgeschilderten und von ihm noch einmal zusammengefaßten

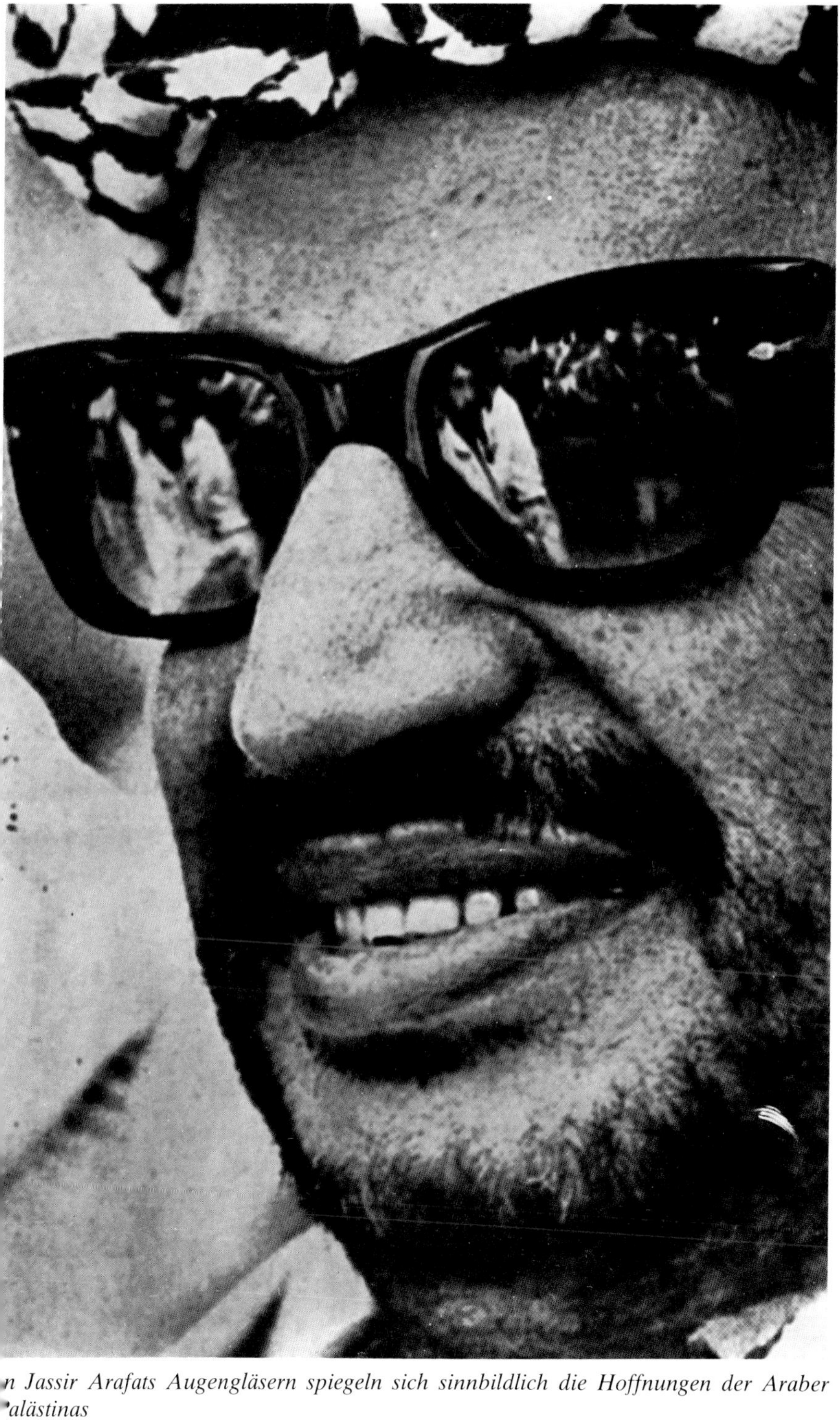

n Jassir Arafats Augengläsern spiegeln sich sinnbildlich die Hoffnungen der Araber
'alästinas

David Ben-Gurion erhoffte sich ein »mit der arabischen Umwelt im Einklang stehende Israel«. Der Judenstaat ist heute jedoch eher ein modernes Sparta

Natürlicher Reichtum . . .

. . und künstliche Armut: Marktstand und ausländische Hilfsgüter

Der Autor auf einem palästinensischen Zeitungsbild an der früheren Grenze zwischen dem Gasa-Streifen und Israel

nicht ganz unfragwürdigen Jugenderinnerungen aus Gasa auf den Geburtsort Arafats. Jerusalem war es mit einiger Sicherheit nicht, also war es Gasa, so folgert der Verfasser einer kritischen Darstellung der PLO. Laffin nennt dafür auch einen Beweis: Im ägyptischen Innenministerium, dem Kairoer Mogamma, verwahre man noch seine Geburtsurkunde.

In Gasa verbrachte Arafat, wie man aus allem folgern kann, seine Kindheit, Schul- und Jugendzeit. Gasa ist jedoch bestimmt nicht sein Geburtsort.

Abd ar-Rauf al-Husseini, der Vater, war, daran sei hier erinnert, wie viele Angehörige seines Clans Kaufmann. Seine Handelsbeziehungen erstreckten sich, sicher gefördert durch den guten Ruf der Großfamilie, über ganz Palästina. Im arabischen Ausland reichten sie bis nach Transjordanien und Ägypten. Beide Länder standen unter britischem Einfluß, und das erleichterte beträchtlich den Güteraustausch. Nach 1920 reiste Abd ar-Rauf häufig zwischen Jerusalem und Amman und zwischen Jerusalem und Kairo. In Gasa besaß sein Clan ausgedehnten Grundbesitz und großen politischen Einfluß. Außerdem eignete es sich geographisch hervorragend als fester Stützpunkt seiner kaufmännischen Interessen. In Jerusalem gab es wesentlich stärkere Konkurrenz, und der zunehmende Gegensatz zwischen Arabern und Juden machte die Stadt zu einem immer unsichereren Pflaster.

Kairo war damals schon die größte Stadt Afrikas und der arabischen Welt und eine geistig, politisch, wirtschaftlich, kulturell und religiös ungemein rege internationale Metropole. Es war überdies Sitz der al-Ashar, der ältesten und angesehensten Medrese, also einer geistlichen und weltlichen Hochschule des Islams. Ihr Sûk, die arabische Entsprechung des türkisch-persischen Basars, war ein wichtiges regionales Handelszentrum. Es lag ziemlich genau auf der geographischen Mitte zwischen dem Maschrik, also Zentralarabien und dem Fruchtbaren Halbmond, und dem Maghrib, dem arabischen Westen. Zu seinem Einzugsgebiet gehörte ferner der angloägyptische Sudan. Kairo war also ein anziehender Platz für Geschäfte.

Abd ar-Rauf hielt sich infolgedessen häufig hier auf, und einige seiner Nachkommen lebten auch später noch in der ägyptischen

Hauptstadt. Als seine Frau wieder einmal niederkam, schien dies die bestmögliche Lösung. Jerusalem schien unruhiger als je zuvor, und das kleine Gasa war nicht gerade berühmt für seine Kliniken. Jassir Arafat blinzelte an jenem bewußten 4. August 1929 zum erstenmal in das strahlende Sommersonnenlicht an den Pyramiden.

Der Großmufti von Jerusalem und Adolf Hitler

Fatimas Stamm trug frisches Reis. Hadsch Mohammed Amin al-Husseini, der spätere Großmufti von Jerusalem, befand sich noch auf dem Höhepunkt seiner Macht, da krähte in einer Kairoer Wiege schon sein späterer Nachfolger. Jassir Arafat schwieg stets auch über diese wahrhaft imponierende Verwandtschaft. War die nachweisliche Abkunft von der Tochter Fatima des Propheten Mohammed, die Zugehörigkeit zur Familie des ersten bedeutenden Araberführers seiner Heimat, nicht der beste Befähigungsnachweis für den palästinensischen Nationalisten? Kritiker Arafats aus dem Westen und aus Israel unterstellten ihm deshalb wiederholt so etwas wie ein schlechtes Gewissen wegen der »zwielichtigen Rolle«, die Hadsch Mohammed Amin gegenüber Adolf Hitler spielte.

Der PLO-Chef verschwieg die illustre Anciennität in Wahrheit aber aus viel einfacheren Gründen. Zum einen war er begreiflicherweise sicher stolz auf den aus eigener Kraft bewerkstelligten Aufstieg, zum anderen mußte er Rücksicht nehmen auf die religiösen, ideologischen und politischen Empfindungen der unterschiedlichen Gruppen innerhalb der »Palästinensischen Befreiungs-Organisation«. In ihr schlossen Anhänger der al-Husseini wie der an-Naschaschibi, sunnitische und schiitische Muslime und Christen unterschiedlicher Konfessionen, Bürgerliche und Marxisten, palästinensische Partikularisten und panarabische Revolutionäre ein ständig gefährdetes, zerbrechliches Zweckbündnis gegen den gemeinsamen Feind. Bei allem Familienstolz wäre die Aufgabe, sie zusammenzuhalten, für einen erklärten al-Husseini noch schwieriger, vielleicht unlösbar gewesen. Heute kämpfen die Seinen Seite an Seite mit den an-Naschaschibi. Hätte Arafat kein anderes Verdienst, bliebe ihm mindestens die Überwindung dieser bei der Vorgeschichte der zionistischen Staatsgründung so nachteiligen palästinensischen Familienfehde.

Der geschilderte Pogrom von 1929 war nur der Auftakt zur Radikalisierung des arabischen Widerstandes gegen den Zionismus. Hadsch Mohammed Amin gelangte dadurch kraft Amt wie Neigung an die Spitze der palästinensischen Nationalbewegung. Diese wurde allerdings stark geschwächt durch den bereits mehrfach erwähnten unseligen Dualismus vornehmlich zwischen den al-Husseini und den an-Naschaschibi. Die Letzteren mißbilligten eher die blutigen Zusammenstöße von 1929; sei es aus echtem Abscheu vor den Untaten des entmenschten Mobs gegen meist unschuldige palästinensische Juden, sei es aus politische bedingtem Widerspruchsgeist.
Die Mandatsbehörden spielten damals mit dem Gedanken an die Berufung eines »Gesetzgebenden Rates« aus allen Bevölkerungsgruppen. 1933, im Jahr der nationalsozialistischen Machtergreifung im Deutschen Reich, erlebte die jüdische Einwandererzahl einen für die Zionisten besorgniserregenden Rückgang. Die Juden sperrten sich – wegen ihrer zu erwartenden Minderheitenposition gegenüber Christen und Muslimen – folgerichtig gegen den »Gesetzgebenden Rat«. Damit aber vertaten sie für immer die Gelegenheit zu einem friedlichen Interessenausgleich mit den anderen Gemeinschaften – und sie arbeiteten den radikalen arabischen Nationalisten und Antizionisten in die Hände.
Der Großmufti gehört zu den meistgeschmähten Persönlichkeiten der Zeitgeschichte. Die Historiker haben selten eine davon ungerechter beurteilt. Erst in David Th. Schillers umfassender Schilderung von »Terrorismus und Diplomatie der Palästinenser« widerfährt ihm späte Gerechtigkeit. Schiller lobt ausdrücklich die hervorragenden diplomatischen Fähigkeiten dieses Mannes, dessen Unglück es war, daß er damals wie später, als die Katastrophe schon hereingebrochen war, unlösbar gefangen blieb im traditionellen Clan-Denken seiner Heimat. In der Periode zwischen dem unglücklichen Scherifen Hussein von Mekka und dem ägyptischen »Rais« – arabisch für »Chef« oder auch »Führer« – Gamal Abdel Nasser entwickelte er sich zu einer politischen Figur von wahrhaft panarabischer Größe. Im Irak beispielsweise beteiligte er sich aktiv an dem gescheiterten Aufstand gegen die Kolonialherrschaft unter Raschid Ali al-Gailani.

1933 kam es zum ersten Generalstreik in der Mandatsgeschichte. Er war, so urteilt unter anderen David Th. Schiller, auch Ausdruck eines Generationskonfliktes in den Familien der palästinensisch-arabischen Konnetable-Clans. Die Älteren, die naturgemäß müde geworden waren, neigten zu einem friedlichen Nebeneinander. Die Zionisten waren denn auch noch nicht stark genug, um erzwingen zu können, was sie erhofften. Die Kolonialbehörden neigten zudem mehr auf die Seite der Araber. Die Jungen drängten, wie es überall zu sein pflegt, ungestüm nach vorn und wollten kämpfen. Anfang 1934 starb der frühere Jerusalemer Bürgermeister Musa Kasim al-Husseini, der Onkel des Großmuftis, und mit ihm verschwand der mäßigende Einfluß des hochangesehenen und einflußreichen alten Mannes. Hadsch Mohammed Amin stand von da ab unangefochten an der Spitze der Nationalbewegung der Palästinaaraber.

Der Großmufti erkannte trotz seines ausgeprägten Familiendenkens rasch die Begrenztheit seines zunächst hauptsächlich auf den eigenen Clan und dessen Klientel gestützten politischen Einflusses. Durchsetzen würde er sich nur können, wenn es ihm gelang, diesen darüber hinaus auszudehnen. Wie er das bewerkstelligen sollte, war nicht zweifelhaft. Die Juden machten es ihm erfolgreich vor. Der Zionismus blieb am Leben nur durch den unermüdlichen Appell an das religiöse Gemeinschaftsgefühl des Weltjudentums. Das ist auch heute noch so. Israel ist denkbar vielleicht sogar ohne die unverzichtbar scheinende amerikanische Unterstützung, keinesfalls aber ohne die jüdische Diaspora.

Hadsch Mohammed Amin war nicht von ungefähr das geistliche Oberhaupt der muslimischen Palästinaaraber. Also lag nichts näher als die Mobilisierung der religiösen Leidenschaften gegen die jüdisch-zionistischen Ansprüche. Der Pogrom von 1929 entstand bereits aus dieser Motivation. Ihr Glaube verpflichtete auch die bis dahin wenig oder überhaupt nicht betroffenen Fellachen, die arabischen Bauern und Landarbeiter, zu antizionistischen Taten.

Abendländer mögen das beklagen. Aber sie übersehen dabei das unauflöslichc Mitcinander von Religion und Politik im Islam. Und sie berücksichtigen nicht die überflüssigen Provokationen

insbesondere durch die radikalen jüdischen Betarim, Lechi und Irgun Zwai Leumi. Den Palästinaarabern jagte in den dreißiger Jahren schon der bloße Klang dieser Namen Schreckensschauer über den Rücken.
Die politische Entwicklung unter den palästinensischen Muslimen nahm damals einen ganz ähnlichen Verlauf wie wesentlich später die Rebellion gegen den schließlich gestürzten Schah Mohammed Resa Pahlewi in Persien durch die Ajatollahs unter Ruhollah Chomeini. Der Großmufti mobilisierte zunächst die Mullahs, und diese predigten den Fellachen den Aufruhr. Die Araber wandten sich diesmal allerdings nicht mehr allein gegen die Juden, sondern auch gegen die britische Kolonialmacht.
1935 bekam der muslimisch-arabische Widerstand seinen ersten Märtyrer. Der Scheich Issedin al-Kassam zog zu dieser Zeit als Wanderprediger mit großem Zulauf durch die Fellachendörfer von Galiläa und Samaria. Er organisierte zunächst paramilitärische Untergrundverbände und schwor sie ein auf den Dschihad, den heiligen Krieg für den Islam. Nach Mosche Dajan nannten sie sich »Bärtige Scheichs« oder, nach ihrem Anführer, Al-Kassamiah. Der Scheich knüpfte auch geheime Beziehungen zu italienischen Agenten. Möglicherweise kamen von ihnen die Waffen. Hadsch Mohammed Amin verhandelte auch, wie man heute weiß, schon 1933 erstmals mit Vertretern des deutschen Generalkonsulates in Jerusalem.
Im Winter 1935 entwickelte sich ein bewaffneter Zusammenstoß mit der jüdischen Hilfspolizei und danach den eigens aufgebotenen Mandatstruppen. Drei Fedaijin wurden getötet, darunter der Scheich. Die Bevölkerung verehrte die Todesopfer als Mudschahiddin, heilige Krieger, und bereitete dem Scheich ein zur antijüdischen und antibritischen Demonstration gestaltetes riesiges Leichenbegängnis in Haifa.
Die Niederlage dämpfte keineswegs, sondern verstärkte noch die Kampflust der Araber. Dazu bedurfte es allerdings auch der Ermutigung aus der arabischen Außenwelt. Hadsch Mohammed Amin unterhielt enge Beziehungen zu den Muslimen in den umliegenden arabischen Gebieten und bis nach Britisch-Indien. Dort sammelte er Spenden und mobilisierte Sympathien.

Zum Geschenk Allahs wurden ihm aber vor allem die Vorgänge im nähergelegenen Ägypten. Das Jahr 1936 stand dort im Zeichen der Thronbesteigung des zunächst hoffnungsvoll begrüßten und in der Bevölkerung ungewöhnlich beliebten jungen Königs Faruk. Seine Krönung erschien als Anbruch einer neuen, glücklicheren Zeit, verstärkte gewaltig die Hoffnungen auf eine baldige Befreiung von dem als zunehmend drückender empfundenen kolonialen Joch und brachte die nationalen Gemüter in Wallung. Antibritische Massendemonstrationen, blutige Straßenschlachten und gewalttätige Ausschreitungen waren an der Tagesordnung.
Damals geriet auch ein unbekannter junger Mann aus einfachen Verhältnissen zum erstenmal in die Schlagzeilen der Presse. Die Zeitungen berichteten über die Verletzung und zeitweilige Verhaftung eines gewissen Gamal Abdel Nasser. Der gehörte kurz darauf zur ägyptischen Mannschaft bei der Berliner Olympiade von 1936, wurde Mitglied der nationalistischen Widerstandspartei Misr al-Fatat (arabisch für »Junges Mädchen Ägypten«) und Offizier, gründete den Geheimbund der Reinen, der Freien Offiziere und stürzte endlich den fett und korrupt gewordenen, unfähigen letzten König vom Thron der Dynastie des ehemaligen albanischen Tabakhändlers Mohammed Ali.
Im Ägypten des Jahres 1936 führten diese Unruhen zu einem neuen britisch-ägyptischen Abkommen und, wenigstens dem Namen nach, zu größerer Unabhängigkeit für das Nilland. Dieser Erfolg der ägyptischen Nationalisten hatte natürlich ermutigende Auswirkungen auch auf die Palästinaaraber. In Kairo tobten noch die Unruhen, da ermordeten unpolitische Straßenräuber oder versprengte Kassamiten – wer es war, konnte nie herausgefunden werden – zwei jüdische Reisende an der Straße von Nablus nach Tulkarem. In der Nacht darauf starben zwei unbeteiligte Araber bei Petach Tikwa (hebräisch für »Tor der Hoffnung«), einer der ältesten zionistischen Siedlungen. Gegenseitige Vergeltungsaktionen folgten in Jaffa, Tel-Aviv, dem israelischen »Frühlingshügel«, und Jerusalem. Am 20. April 1936 begann daraufhin im ganzen Land der Streik gegen Juden und Engländer. Er dauerte bis Mitte Oktober des gleichen Jahres.

Tragischerweise verfehlten die Araber nicht nur ihr Ziel, sondern schnitten sich wirtschaftlich gesehen auch noch empfindlich ins eigene Fleisch. Die Streiks konzentrierten sich zwar vornehmlich auf die Zeit zwischen den Ernteperioden. Handel und Gewerbe erlitten aber große Schäden, und wo sie nur konnten, traten die Juden in die Bresche, löschten die ankommenden Schiffsladungen und verhinderten eine Versorgungskrise. Dadurch stärkten sie nicht nur die Unnachgiebigkeit der Briten, sondern beschleunigten enorm auch den Aufbau ihrer eigenen und von der arabischen getrennten Wirtschaftsstruktur. Damals schon legten sie die ökonomischen Grundlagen für ihre Staatsgründung.
Die Unruhen währten diesmal – mit Unterbrechungen – volle drei Jahre. Die Religion erwies sich als unerschütterliches Fundament der arabischen Revolution. Doch das hatte auch Nachteile. Die Führungsrolle der Scheichs und Mullahs drängte die sich ohnedies nur zaghaft entwickelnden weltlichen politischen Parteien in den Hintergrund. Der Aufstandsbewegung fehlte daher eine breite politische Basis. Das ist übrigens noch heute das größte Manko der PLO. Sie besteht ausschließlich aus mehr oder weniger kleinen Freischärlergruppen. Um Sympathien und Geld zu bekommen, neigen sie zu häufig zu ziellos verpuffendem terroristischem Aktionismus. Von ihnen ständig wachgehalten wird zwar der verbale antizionistische Fanatismus der Flüchtlingsgesellschaft. Was jedoch völlig fehlt, ist eine politisch organisierte Massenbasis.
Die Rebellion kostete schon in der ersten Phase Hunderte von Menschenleben und Millionenverluste in Sachwerten. 1938, auf dem Höhepunkt der bürgerkriegsähnlichen Zusammenstöße, zählte man achthundertfünfunddreißig Todesopfer. Großbritannien sah sich immerhin gezwungen zu neuen Überlegungen über die innere Zukunft seines Mandatsgebietes. Es berief eine neue Untersuchungskommission und erließ das »Weißbuch« von 1939. Dieses beschränkte die jüdische Einwanderung innerhalb der kommenden fünf Jahre auf jährlich fünfundsiebzigtausend Personen. Der Aufstand selbst allerdings verlief zu dieser Zeit buchstäblich im Sand. Hauptursache dafür war wohl das erzwungene Ausscheiden von Hadsch Mohammed Amin.

Der Großmufti spielte bis zuletzt eine wichtige Rolle in den britischen Plänen. Anfang 1937 sah man in ihm noch das mögliche Oberhaupt eines künftigen arabischen Teilstaates. Sich mindestens zunächst mit ihm abzufinden, war auch der Rat der an-Naschaschibi und des angesehenen Jerusalemer Notablen Musa al-Alami. Doch 1939, als darüber verhandelt wurde, war es schon zu spät. Hadsch Mohammed Amin befand sich bereits im Exil; doch er hatte unverändert starken Einfluß auf die Haltung der Palästinaaraber. Und er bestand darauf, alles zu bekommen, was ihnen und ihm zustand, nicht bloß einen Teil.

Schon 1937 war er abgesetzt worden. Verkleidet floh er zuerst in den Libanon. Die Franzosen rückten durch den drohenden Zweiten Weltkrieg wieder näher an ihre britischen Alliierten heran und beabsichtigten seine Auslieferung an die Mandatsbehörden. Denen lag vermutlich aber wenig an einem aufsehenerregenden Prozeß und der Deportation dieses gefährlichen Mannes. Die Leidenschaften wären nur wieder unnötig hochgeputscht worden. Dem Großmufti gelang infolgedessen die erneute Flucht, diesmal in den Irak. Mesoptamien gehörte zwar gleichfalls zum Einflußbereich Großbritanniens. Das Zweistromland entwickelte sich damals aber vorübergehend zum neuralgischen Punkt des Empires. König Feisal war längst gestorben, und Emir Abd ul-Illah fungierte als »starker Mann« hinter dem Nachfolger Ghasi. 1939 verunglückte dieser tödlich, und Abd ul-Illah wurde für den erst 1935 geborenen und 1958 ermordeten Thronfolger Feisal II. fortan offizieller Regent.

Hadsch Mohammed Amin gelangte über Damaskus nach Bagdad. Die Engländer mochten glauben, sie hätten ihn dort sowohl weit vom Schuß als auch einigermaßen unter Kontrolle. Sein Ruhm als legendärer Widersacher der Kolonialherrschaft in Palästina machte ihn jedoch auch in den überkochenden irakischen nationalistischen Leidenschaften unvermittelt zu einer überragenden Figur.

Die Araber blickten in dieser Situation verständlicherweise aufmerksam nach Berlin. Sie erkannten natürlich frühzeitig die zunehmende Brüchigkeit des britischen Weltreiches. Ein Weltkrieg würde ihm, wie sie hofften, unweigerlich den Todesstoß verset-

zen. Darin behielten sie zwar recht, nicht aber mit ihrer zweiten Spekulation. Hitlers Judenpolitik deckte sich nämlich nur scheinbar mit den antizionistischen Bestrebungen der Araber. Die Nationalsozialisten drängten noch bis zum Kriegsausbruch und darüber hinaus lediglich auf die Auswanderung der Juden. Viele Nationalsozialisten, unter ihnen auch der durchaus prozionistisch eingestellte Judenreferent Adolf Eichmann, sah deren natürliches Auffangbecken in Palästina. Zionisten wie Nationalsozialisten leiteten dabei die gleichen »Ideale«: Nationalismus und, wenn man so will, Rassismus.
Das Dritte Reich hatte außerdem noch einen der späteren sowjetischen Unterstützung für die Gründung Israels entsprechenden Hintergedanken: Ein Judenstaat in Palästina wäre ein nicht zu unterschätzender Störfaktor gegen die britische Vormachtstellung im Nahen Osten und ein möglicher Bundesgenosse. Dafür sprach unter anderem die intensive nationalsozialistisch-zionistische Zusammenarbeit auf deutschem Boden.
Die Araber setzten dessen ungeachtet große Hoffnungen auf die Deutschen, sei es, daß sie über deren wahre Absichten zu wenig wußten; sei es, daß sie hofften, sie beeinflussen zu können. In Bagdad residierte in dieser Periode jedenfalls ein damals schon legendärer, außerordentlich geschickter und mit der arabischen Mentalität gut vertrauter deutscher Diplomat: Der Gesandte Fritz Grobba galt seit seiner abenteuerlichen Tätigkeit in deutschen Diensten in Afghanistan als so etwas wie ein »deutscher T. E. Lawrence«. Dieser Mann knüpfte vertrauliche Fäden zu dem irakischen Nationalisten Raschid Ali al-Gailani. 1933 Regierungschef gewesen, wurde dieser 1940 erneut Premierminister. Die Engländer mochten rechnen, ihn damit kaufen zu können, doch er erwies sich als unbestechlicher arabischer Patriot. Fritz Grobba gewann auch das Vertrauen von Hadsch Mohammed Amin.
Der Großmufti wurde so unversehens zu einer Schlüsselfigur der deutschen Orientpolitik. Nur: Das Auswärtige Amt hatte in Wahrheit überhaupt keine planvolle Orientpolitik. Hitler hatte zunächst ganz andere Sorgen. Sein Bagdader Gesandter bekam deshalb zu wenig Rückhalt aus Berlin. Fritz Grobba ermunterte

trotzdem unermüdlich die geheimen irakischen Widerstandskräfte gegen die britische Vorherrschaft. Raschid Ali al-Gailani bildete daraufhin im Mai 1941 eine deutschlandfreundliche Regierung und begann einen Aufstand gegen die Engländer.
Die Deutschen siegten damals an allen Fronten und standen tief in Rußland. Mesopotamien mit seiner wichtigen geostrategischen Grenzlage zwischen Türkei und Iran sowie Ost- und Zentralarabien mit seinen großen Ölvorkommen kam durchaus als künftiger Bündnispartner der Achse in Betracht. Sein Abfall von Großbritannien, wäre er geglückt, hätte möglicherweise der zündende Funke sein können für den Zusammenbruch der britischen Vormachtstellung in ganz Arabien und Ägypten.
Man darf nicht vergessen: Rommels Afrikakorps befand sich damals in Libyen und gelangte schließlich bis in das ägyptische al-Alamein. Syrien und der Libanon, die französischen Einflußgebiete in Ostarabien, bekannten sich nicht zu der Londoner Exilregierung unter General de Gaulle, sondern zum Vichy-Regime unter dem Marschall Pétain. Die Briten waren in einer aussichtslos scheinenden Verteidigungsposition.
Berlins Zögern und Halbherzigkeit in dieser Frage gehört zu den möglicherweise kriegsentscheidenden Fehlern der deutschen Außenpolitik im Zweiten Weltkrieg. Das Reich gewährte den neuen Herren in Bagdad keine nennenswerte militärische Unterstützung. Die Engländer besetzten handstreichartig die Tigrishauptstadt. Der Aufstand brach in sich zusammen. Raschid Ali al-Gailani floh nach Persien, und mit ihm flüchtete der Großmufti.
Hadsch Mohammed Amin gab sich keineswegs geschlagen und vorerst stand das Kriegsglück weiter auf Seiten der Achsenmächte. Der Duce dachte durchaus in langfristigen geopolitischen und geostrategischen Maßstäben. Mussolini lieh seinem vornehmen arabischen Gast Gehör. Doch Italien war allein zu schwach, ihn hinreichend zu unterstützen. Rom und Berlin hatten sicher auch unterschiedliche Vorstellungen über die nahöstliche Zukunft nach einem damals noch erreichbar scheinenden Sieg.
Der Gesandte Grobba öffnete Raschid Ali al-Gailani und dem Großmufti in Berlin die Türen zur Reichskanzlei. Hitler gab sich

bestrickend liebenswürdig, hütete sich aber vor irgendwelchen bindenden Zusagen an das Haupt des arabischen Nationalismus. Dabei hätten sie ihn nicht das mindeste gekostet. Hadsch Mohammed Amin und sein irakischer Mitkämpfer blieben fast bis zum bitteren Ende in Berlin. Nützlich waren sie nur noch als antibritische Radiopropagandisten. Über Ätherwellen drang ihre beschwörende Stimme nach Arabien.

Die Briten freilich saßen dort längst wieder fest im Sattel. In Kairo erzwang der Botschafter Seiner Majestät mit vorgehaltener Pistole von dem hilflosen König Faruk in dem von Panzern umstellten Abdin-Palast die Berufung einer englandfreundlichen ägyptischen Regierung. Gamal Abdel Nasser und seine schon zu dieser Zeit sehr aktiven Freien Offizieren haben ihrem letzten Monarchen diese Kapitulation nie verziehen. (Verbindungsoffizier zu den deutschen Agenten am Nil war damals niemand anderer als der Mitkämpfer des späteren »Rais« und dessen Nachfolger als Präsident, Mohammed Anwar as-Sadat.) Doch das Blatt wendete sich. In Nordafrika siegte der britische Feldmarschall Montgomery über den »Wüstenfuchs« Rommel.

1945 gelang dem unglücklichen Großmufti an Bord eines von Hanna Reitsch gesteuerten kleinen Flugzeuges die Flucht aus dem belagerten Berlin.

Asyl fand der zu Unrecht Verfolgte zunächst in dem mit Großbritannien verbündeten Nachkriegsfrankreich. Paris verweigerte die Auslieferung und ermöglichte Hadsch Mohammed Amin die Flucht nach Ägypten. 1946 stellte ihn König Faruk dort, gleichfalls nach britischen Vorstellungen, unter Internierung. 1949 sprach er vor der Palästina-Kommission der Vereinten Nationen in New York für die Palästinaaraber. Doch politisch war er gescheitert.

Hadsch Mohammed Amin bildete noch eine ebenso kurzlebige wie einflußlose palästinensische Exilregierung in Gasa. Dort erlebten wir bereits die Anfänge des blutjungen Jassir Arafat aus dem Stamm der al-Husseini. Kannte dieser persönlich seinen großen Verwandten? Es läßt sich nicht nachweisen, aber es dürfte wahrscheinlich sein. Der Großmufti war der erste und blieb für lange der unumstrittene Führer des arabischen Palästinas. Zwei Kriege später erst folgte ihm einer aus seinem Geblüt: Abd ar-Rachman Abd ar-Rauf Jassir Arafat als-Kuds al-Husseini. Der Kreis schloß sich ...

Bilden Charaktereigenschaften, Herkunft und Umwelteinflüsse die Hauptmerkmale einer Persönlichkeit, so gibt es dafür kaum einen treffenderen Beweis als den späteren Chef der PLO. In ihm, gleichsam wie in einem Brennglas, zeigen sich überdeutlich unbändiger Stolz wie grausame Demütigung, aber auch der dem Zionismus der geschichtsbewußten Juden durchaus entsprechende arabische Sinn für die Vergangenheit!

Spielball fremder Machtgelüste

1945 drangen die noch unter dem Schock ihrer beinahe gewaltsam beendeten nahöstlichen Vorherrschaft stehenden Engländer auf die Gründung der Arabischen Liga. In ihr sahen sie das Instrument zur dauerhaften Festigung ihrer Vormachtstellung. Die Araberliga erfüllte jedoch nicht die in sie gesetzten Erwartungen. Sie dämpfte zwar mitnichten den arabischen Freiheitswillen, der sich schließlich auch durchsetzte, verhinderte aber auch nicht die Gründung Israels und leistete keinerlei Beiträge zu der als Gegengewicht erhofften panarabischen Einigung. Palästina jedoch wurde durch sie immerhin zur Sache aller Araber.
Israels erster Krieg gegen die Araber endete 1949 mit einer unerwarteten arabischen Niederlage. Transjordanien annektierte – gegen den Willen der übrigen Araberstaaten wie der Palästinaaraber – nach dem Sieg des Judenstaates das übriggebliebene Restpalästina und vergrößerte sich zu dem Haschimitischen Königreich Jordanien. König Abdullah erfreute sich allerdings nicht lange der geraubten und ihm von den Zionisten zugeschanzten Krone. 1951 ermordete ihn ein mutmaßlicher Parteigänger von Hadsch Mohammed Amin al-Husseini beim Freitagsgebet in der Jerusalemer Moschee al-Aksa.
1956 überfiel Israel im Verein mit Großbritannien und Frankreich Ägypten. Der amerikanische Präsident Eisenhower fiel jedoch den Angreifern – im stillen Einverständnis mit KPdSU-Parteichef Chruschtschow – in den Arm und brachte Israel für einmal noch um den Gewinn der Halbinsel Sinai. Sieger war der ägyptische »Rais« Gamal Abdel Nasser. Als »Tiger von Faludscha«, Kommandant einer mitten in der nördlichen Wüste Negev gelegenen ägyptischen Festung, kam er als einziger höherer arabischer Offizier im Unglücksjahr 1949 ungeschlagen zurück nach Kairo. 1952 stürzte er dort die ägyptische Monarchie. 1956 wurde er endgültig zum panarabischen Heros. Auf ihn richteten sich

seitdem die nunmehr wieder auflebenden Hoffnungen der Palästinaaraber.
Die Abenddämmerung rötet den Horizont und vergoldet die Dächer, Türme und Kuppeln der Synagogen, Kirchen und Moscheen. Vom Minarett ruft die monotone Stimme des Muezzins zum Gebet. In die melodiösen Litaneien der Nonnen und Mönche mischt sich der eigentümliche rituelle Sprechgesang der frommen Juden an der Westmauer ihres zerstörten Tempels. Gott hat hier viele Namen.
In den Häusern aus grob behauenen elfenbeinfarbenen Steinen entzündet man die Lichter. Die Rabbis versenken sich aufs neue in das niemals zu erschöpfende Studium der Bibel. Die Christen brechen das Brot. Die Muslime greifen zur Nargileh, der kühlenden Wasserpfeife. Die Schatten der Nacht decken ihren barmherzigen Mantel über die verwitterten Steine auf den uralten Grabstätten, kriechen durch das Tal Kidron über die wuchtigen Mauern und senken sich auf die engen Gäßchen und die Via Dolorosa. Hier trug der Erlöser die Dornenkrone und das Kreuz aller Menschen. Golgatha, die Schädelstätte, versinkt im Dunkel.
Überall scheint es zu raunen und zu wispern. Geschichte und Glaube, diese ungleichen Geschwister, erzählen sich geheimnisvolle Legenden von Liebe, Tod und Auferstehung. Die Gebeine, die hier ruhen, weckt der Erzengel am Jüngsten Tag. Sie werden die ersten sein beim großen Endgericht. Dann spannen Isa Ben Mariam, Jesus der Mariensohn, und Mohammed der Prophet, ein Roßhaar aus dem Schweif der Stute des jüngsten Religionsgründers über das Tal Kidron. Die Gerechten, die es betreten, als sei es eine Brücke, erreichen unbeschadet die andere Seite. Ihnen winkt der Garten Eden. Die Ungerechten hält es nicht darauf. Sie verschlingt die Dschehenna, die Hölle.
Eine silberne Mondsichel hängt über dem Felsendom. Die Blüten auf dem steinübersäten Feld der Hirten und des Erscheinens der Engel verlieren ihren betörenden Duft und ihr strahlendes Leuchten und erwarten mit hängenden Köpfen den kräftigenden Nebeltau. Von den Bergen Judäas herüber weht ein erfrischender Windhauch. Kein Zweifel verstört mehr das unmerklich ge-

tröstete Herz. Die Menschen finden hier den Schöpfer als Vater. Diese Stadt ist ihre geliebte und beleidigte, gekränkte und gedemütigte, geschlagene und verwundete, duldsame und stumm anklagende und doch immer wieder verzeihende heilige Mutter. Sie ist der Vorhof des Paradieses, die irdische Schleuse zum Himmel. Keine Stadt bedarf so sehr des Friedens, und keine gebiert unaufhörlich so unversöhnlichen Haß. Jerusalem, die Ewige und ewig Friedlose, findet endlich ihre Ruhe.

Wer Jerusalem einmal gesehen hat, wird es zeitlebens nicht vergessen. Rom ist das steingewordene Monument der Christenheit. Mekka ist das Herzstück des Islams. Jerusalem gehört nicht einem einzigen Glauben. Jeder Lebendige hat eine doppelte Heimat auf Erden: die seiner Geburt und Jerusalem, die Stadt der Juden, Christen und Muslime.

Die Soldaten der »Zahal«, der israelischen Verteidigungsstreitkräfte, waren nicht die ersten Krieger auf dem geheiligten Boden Jerusalems. Am 9. Juni 1967 erstürmten sie die längst nicht mehr uneinnehmbaren Mauern und stürmten hinauf zum Tempelberg mit der Klagemauer und der goldenen Kuppel des Haram asch-Scharif. Mosche Dajan, der einäugige jüdische Held, steckte einen zusammengefalteten Zettel in eine Mauerritze: »Schenke Jerusalem Frieden!« Beim Gebet und beim Klang des Schofars, des rabbinischen Widderhorns, hatten viele der blutjungen Kämpfer Tränen in den Augen. Fast zweitausend Jahre nach der Zerstörung ihres Tempels standen sie wieder vor seinem gewaltigen Überrest. Fühlten sie sich wie die Heerscharen ihres großen gottesgeliebten Königs David?

Die Araber, die es über sich ergehen lassen mußten, verhüllten trauernd ihre Häupter. Ihr Unglück war vollkommen. Al-Kuds, *ihr* heiliges Jerusalem, weinte bittere Zähren.

Die Eroberung Jerusalems war der unwiderlegliche Beweis für die ungeheure zivilisatorische und militärische Überlegenheit des Judenstaates. Der Jischuw, die zionistische Siedlergemeinschaft, aus der er hervorgegangen war, war schon in der Mandatszeit wesentlich besser organisiert als der gegen ihn gerichtete arabische Widerstand. Die Juden hatten zwar unterschiedlich argumentierende politische Parteigruppierungen. Die Gegensätze etwa zwischen den sozialistischen Zionisten unter David Ben-Gurion und den zionistischen Revisionisten unter Menachem Begin verursachten mehr als eine innere Zerreißprobe, und zum Zeitpunkt der Ausrufung des Staates Israel drohte sogar vorübergehend die Gefahr eines innerjüdischen Bürgerkrieges. Die Meinungsverschiedenheiten konnten aber meistenteils intern beigelegt werden. Sie verursachten keine äußere Schwächung der Jischuws.

Im Gegenteil: Die Zionistenführung verurteilte zwar verbal die Terroranschläge auf das King-David-Hotel oder gegen das arabische Dorf Deir Jassin, beide hatten dessenungeachtet beträchtlichen Nutzen für die zionistische Politik im Vorfeld der Staatsgründung. Arabern und Briten gegenüber sprach man mit *einer* Stimme. Die Militärorganisation war strikt getrennt von den politischen Entscheidungsgremien, und sie unterstand, was noch wichtiger war, der politischen Führung.

In auffälligem Gegensatz dazu standen die chaotischen Verhältnisse bei den Arabern. Deren Widerstand war hervorgegangen aus den eher unpolitischen sporadischen Überfällen marodierender Banden auf jüdische Reisende oder Siedlungen. Darüber hinaus schwächte ihn ein anderer, bis heute nicht vollständig überwundener Umstand: Die militärische Taktik hatte Vorrang vor der ungenügend entwickelten politischen Strategie, und es gab keine gruppenübergreifende langfristige politische Planung. Die Führerpersönlichkeiten wachten eifersüchtig über ihre jeweilige mehr oder weniger kleine paramilitärische Hausmacht, und, was sich noch schlimmer auswirken mußte, sie verstrickten sich, statt gemeinsam zu kämpfen, häufig in kräftezehrende bewaffnete Auseinandersetzungen mit den Konkurrenten im eigenen Lager. Die PLO krankt heute noch an dem bislang nicht zureichend zu disziplinierenden blinden Aktionismus der einzelnen Gruppenchefs und der gemeinhin auf diese beschränkten Loyalität der Guerilleros.

Größter Nachteil des arabischen Widerstandes war zu britischer Zeit und ist gegenwärtig noch das Fehlen jeglicher Massenbasis bei den palästinensischen politischen Gruppierungen und Parteien.

Ende 1945 gründeten der Rechtsanwalt Mohammed al-Hauari und der Schuldirektor Raschid ad-Dabbach zusammen mit einigen anderen örtlichen Notabeln in Jaffa die paramilitärische Jugendorganisation An-Najjadah. Ihr Ziel war der Kampf für die Unabhängigkeit Palästinas. Als Ausbilder begegnen wir bei ihr zum erstenmal »Abu Ijad« alias Salach Chalaf, dem späteren engen Mitkämpfer Jassir Arafats.
Die al-Husseini belebten etwa gleichzeitig wieder ihre bereits in den dreißiger Jahren gegründete al-Futtuwa. Sie versammelte sich unter anderem am Märtyrergrab des von den Engländern erschossenen Scheichs al-Kassam, der schon mehrfach erwähnt wurde, und erneuerten so die alte Mischung von religiösem Fanatismus und nationalen Zielen. Ihr Oberhaupt wurde als Vertreter des in Frankreich internierten ehemaligen Großmuftis der aus der Verbannung zurückgekehrte Gamal al-Husseini. Diesem gelang kurz darauf die Einigung der militärischen Gefolgschaft der al-Husseini in der Gruppe ad-Dschihad al-Mukkadas.
Deren Chef war ursprünglich ein anderer Angehöriger dieses Clans, Abdel Kader al-Husseini, der Sohn von Musa Kasim, dem früheren Bürgermeister von Jerusalem. Ein Unterführer hieß Hassan Salamah, ebenfalls später einer der Parteigänger Arafats. Abdel Kader, ein Vetter des Großmuftis, genoß unter seinen Landsleuten womöglich noch größeres Ansehen als Hadsch Mohammed Amin. Er gewann den früheren arabischen Polizeioffizier in britischen Mandatsdiensten, Kamal Irekat, als militärischen Führer.
Doch von Kairo aus, wohin er inzwischen emigriert war, durchkreuzte der auf die Erneuerung seiner Machtposition pochende Großmufti viele der Ziele seiner »an der Front« befindlichen Parteigänger und Clan-Verbündeten. Das Bündnis zerfiel, und der militärische Widerstand erlebte ausgerechnet im entscheidenden Augenblick eine Schwächeperiode.
Die Palästinaaraber unterlagen bekanntlich schon den ersten Anstürmen der zionistischen Haganah nach der am 15. Mai 1948 erfolgten Staatsgründung. Arabische Streitkräfte kamen ihnen zwar zur Hilfe, aber es handelte sich dabei keineswegs um die regulären Armeen der Nachbarländer, sondern um schlecht aus-

gebildete, unzureichend bewaffnete und kaum organisierte, geschweige denn planvoll koordinierte Freischärler- und Freiwilligentrupps unter dem ehemaligen osmanischen Offizier Fausi ad-Din al-Kaukudschi. Ernsthafte Gefechte lieferten den Israelis nur die Transjordanier und die Ägypter. Von der mutigen Rolle des späteren ägyptischen Präsidenten Gamal Abdel Nasser war bereits die Rede. Die »Arabische Legion« des Emirs Abdullah in Amman beschränkte sich hingegen im geheimen Einvernehmen mit den Zionisten auf die Einnahme der von ihm später seinem Königreich einverleibten Gebiete.

Die Palästinaaraber spielten fortan, und dies für die nächsten rund zwanzig Jahre, eine passive Rolle in der arabisch-israelischen Auseinandersetzung um Palästina. Ihre Organisationen erschöpften sich in heillosen inneren Eifersüchteleien und Streitigkeiten, gerieten in die Abhängigkeit der sie finanziell aushaltenden arabischen Regierungen und wurden so zu Spielbällen fremder Machtgelüste.

Gasa war, dank des erwähnten militärischen Einsatzes der Ägypter, der klägliche und mit Flüchtlingen überfüllte Rest des einstigen arabischen Palästina. Zwischen Gasa und Kairo hin und her pendelte in den Jahren zwischen 1920 und 1939 im Auftrag einer Hamula, einer arabischen Kaufmannsgenossenschaft, jener Abd ar-Rauf al-Husseini. Der Vater Jassir Arafats – dieser war sein fünftes Kind – war auch ein tiefgläubiger Muslim. In Kairo wurde er damals Mitglied des Ichwan al-Muslimin, der muslimischen Brüderschaft des Scheichs Hassan al-Banna. Diese ebenso mächtige wie rücksichtslose Geheimorganisation kämpfte für eine arabische Renaissance durch die Rückkehr zu den religiösen Fundamenten des Islams. Abd ar-Rauf bildete bei Kriegsbeginn eine Zelle des Ichwan in Gasa. Dies war offenbar eine Art Bewährungsauftrag. In der Frühzeit der britischen Mandatsherrschaft verdächtigten ihn seine Landsleute nämlich mehrfach der geheimen Zusammenarbeit mit den Zionisten.

Damit sind wir wieder auf der Spur Jassir Arafats. Der niemals widerlegte Vorwurf, sein Vater sei ein Judenfreund, belastete sicher auch den Jungen, und nach Jungenart versuchte er ihn, wie wir sahen, wettzumachen. Seine angebliche Untat an dem Spielgefährten, der sich seines ausländischen Geburtsortes schämte, ist sicher eine Legende. Sie ist aber dennoch nicht ganz untypisch für Arafat. Der verschwieg ja auch lange seinen wahren Geburtsort Kairo, und noch heute nennen offizielle biographische Angaben über ihn als Geburtsort Jerusalem. Manche sprechen sogar von einem bestimmten Haus an der Klagemauer. Möglicherweise gab es dieses tatsächlich, und es gehörte der Familie Arafats. Später existierte davon jedenfalls nicht mehr die geringste Spur. Jassir Arafat machte also seine ersten spielerischen Erfahrungen als Häuptling einer Knabenbande. Der dickliche Junge hatte kein angenehmes Äußeres. Noch viel später kämpfte er ständig mit seinem Übergewicht. Zudem ist er eher kleinwüchsig. Wenn man ihn zum erstenmal sieht, ist man unwillkürlich enttäuscht. Dabei verraten seine vollen Lippen verborgene Sinnlichkeit, und er hat ungewöhnlich große und ausdrucksvolle Augen. Den Anblick, den er bietet, machte er unversehens wett durch seine bestrickende Liebenswürdigkeit im persönlichen Gespräch und durch sein großes rhetorisches Geschick bei öffentlichen Auftritten. Er war nie ein befehlsgewohnter Führer, liebt vielmehr erschöpfende Diskussionen und pflegt seine Entscheidungen erst nach sorgfältiger Abwägung aller dafür und dagegen ins Feld geführten Argumente zu treffen. Diese Fähigkeit zum Vermitteln zwischen scheinbar unvereinbaren gegensätzlichen Auffassungen und Zielen machte und macht ihn zum sozusagen »geborenen« Anführer der aus so unterschiedlichen Gruppen zusammengesetzten »Palästinensischen Befreiungs-Organisation«.

Eine gescheiterte Existenz?

»Große Männer« sind nicht selten gescheiterte Existenzen. Das Scheitern ihres privaten Lebensplanes erst macht sie zu Revolutionären. Die Biographie vieler Revolutionäre im Frankreich von 1789 bietet dafür ebenso wie das Leben von, sagen wir, Stalin, Herzl und Hitler aufschlußreiche Lehrbeispiele. Revolutionäre kommen zudem häufig aus der Oberschicht der von ihnen bekämpften Gesellschaft. Dies galt für Lenin und Molotow ebenso wie für manche Terroristen der »Baader-Meinhof-Gruppe«. Ist das Abgleiten solcher Abtrünniger in die Revolution vielleicht ein versteckter Machtbewahrungsversuch für die zum Untergang verurteilte, abgewirtschaftete eigene Klasse?

Jassir Arafats Herkunft, Leben und Karriere bestätigen jedenfalls beide Vermutungen. Der Palästinenserführer stammte aus einer der ältesten, vermögendsten und einflußreichsten »großen Familien« seiner Heimat, wenn auch aus einem ihrer ärmeren Zweige. Als Staatsmann, zu dem er sich zweifelsohne entwikkelte, war er der letzte und sicher bedeutendste Vertreter seiner durch die Herkunft von der Tochter Fatima des Propheten Mohammed geadelten arabischen Sippe. Dieser Familienhintergrund sicherte ihm durchaus einen sozusagen natürlichen Führungsanspruch.

Unbestreitbar war er ein Revolutionär. Seine Zielsetzung hatte aber eine nicht ungefährliche Doppelgesichtigkeit. Diese machte ihm immer wieder schwer zu schaffen, und zwar sowohl gegenüber seinen israelischen Feinden als auch gegenüber seinen arabischen Freunden. Ging es ihm *nur* um die Sicherung des nationalen Selbstbestimmungsrechtes in einem unabhängigen Staat Palästina *neben* Israel – oder sah er in einem solchen Staat, wenn es ihm denn gelänge, ihn sich zu erkämpfen, lediglich die Ausgangsposition für die *Zerstörung* Israels zugunsten eines arabischen Staates in *ganz* Palästina?

Einerseits sprach er oft von einem binationalen und trireligiösen Gesamtstaat für Araber und Israelis, Muslime, Christen und Juden. Andererseits erweckte er gegenüber nichtarabischen Gesprächspartnern wie dem europäischen Sozialistenchef Willy Brandt oder dem früheren österreichischen Bundeskanzler Bruno Kreisky gelegentlich den unbestimmten Eindruck, ihm gehe es lediglich um das Recht seines Volkes auf eine freie nationale Existenz in einem arabischen palästinensischen Teilstaat am Westufer des Jordans und im Streifen von Gasa. Diese Lösung wäre das, was derzeit und, soweit absehbar, auch künftig erreichbar sein könnte. Auch sie weckte und weckt schon israelische Ängste.

Die Araberstaaten dachten ähnlich widersprüchlich über die Palästinafrage. Das Haschimitische Königreich Jordanien war mittlerweile die Heimat des größten Teiles der Palästinaflüchtlinge. Sie gegebenenfalls zurückzuführen, böte einem neugegründeten Kleinstaat zwischen Israel und Transjordanien eine Fülle kaum ohne fremde Hilfe zu bewältigender Probleme. Transjordanien stünde über Nacht vor dem totalen Zusammenbruch seiner gesellschaftlichen Struktur. Schüfe Palästina, wenn es denn erst einmal entstanden wäre, hier nicht ebenfalls eine propalästinensische Irredenta – oder würde es nicht zwangsläufig zum Angriffsziel palästinensischer Vereinigungspläne? Das Wüstenkönigreich war schließlich zu seinem größten Teil ein natürlicher Bestandteil Palästinas. Dieses Palästina wiederum galt, von Damaskus aus gesehen, als »Südsyrien«. Die Syrer verzichteten nie auf die Wiedergewinnung dieses Gebietes einschließlich Israels, der israelisch besetzten Territorien, Transjordaniens und übrigens auch des Libanons.

Arafats wahre Zielsetzung war nie genau abzuschätzen, und sie hatte obendrein noch eine gefährliche panarabische Stoßrichtung. Der palästinensische Nationalismus war ja die bloße Nachgeburt der zionistischen Staatsgründung, und die Palästinaaraber fühlten sich bis zum Beginn der britischen Mandatsherrschaft – und fühlen sich eigentlich noch heute – vielfach eher als Angehörige der arabischen denn einer partikularistischen palästinensischen Nation. Die PLO ihrerseits empfand sich infolgedessen

auch als Speerspitze des Panarabertums im allgemeinen und im besonderen als Bannerträgerin der arabischen Revolution.
Die Araber hegten ihr gegenüber infolgedessen eine sehr zwiespältige Haltung. Keine Regierung sprach sich öffentlich gegen das Ziel einer palästinensischen arabischen Staatsbildung aus. Alle sahen in ihr ein legitimes Ziel ihrer palästinensischen Brüder. Die Ölstaaten unterstützten folglich die Freischärlerbewegung mit großen Finanzmitteln. Dadurch erkauften sie sich aber in erster Linie eine trügerische Neutralisierung etwaiger revolutionärer Umtriebe innerhalb ihres jeweiligen Machtbereiches. Dieser Kniff funktionierte allerdings, wie gesagt, nicht immer. In Saudiarabien wie in Kuweit und anderen Scheichtümern am Persisch-Arabischen Golf gab es immer wieder Beweise für eine Verstrickung der Palästinaguerilleros in den einheimischen revolutionären Untergrund. In Ägypten entdeckte man erst im Spätsommer 1983 eine regierungsfeindliche Verschwörung der Linken unter angeblicher Beteiligung von palästinensischen Widerstandsgruppen.
Die Araber fragten sich daher bang, ob eine Staatsbildung die revolutionäre Energie der Palästinenser auch wirklich absorbieren würde – oder ob sich ein Palästinastaat durch die ihn erwartenden großen politischen, wirtschaftlichen und sozialen Probleme nicht zwangsläufig gerade zu der jetzt noch fehlenden territorialen Basis einer panarabischen Revolution entwickeln würde?
Diese Frage erhielt noch einen zusätzlichen explosiven Aspekt durch die Einbindung der palästinensischen Revolutionsbewegung in gleich drei unterschiedliche, ja gegensätzliche internationale Bezugsfelder: Die Palästinensische Befreiungs-Organisation stützte sich sowohl hinsichtlich ihres Waffenlierungsreservoirs als auch mindestens teilweise ideologisch auf die Sowjetunion. Diese unterstützte zusammen mit den anderen Ostblockstaaten fast vorbehaltlos den Unabhängigkeitskampf der Palästinaaraber. Sie tat das allerdings mit einer grundlegenden Einschränkung: Die Zerstörung Israels war erklärtermaßen kein Ziel der sowjetischen Nahostpolitik.
Dieser Gegensatz hatte erstaunlicherweise keine erkennbar ne-

gativen Auswirkungen auf das Verhältnis zwischen der PLO und der Sowjetunion. Die PLO sah darin möglicherweise lediglich ein pragmatisches Bündnis, im Ernstfall ebenso leicht zu lösen wie seinerzeit durch Ägypten, Sudan, Somalia oder den Irak. Die Araberstaaten, Israel und der Westen mußten aber auch fürchten, ein Palästinenserstaat werde früher oder später die sichere Basis sowjetischer Einflußversuche im Vorderen Orient.
Diese Problematik korrespondierte unmittelbar mit der Schlüsselfrage nach Machtpotential und Durchsetzungsvermögen der Linksgruppen am Rand und außerhalb der PLO. Diese machten zwar durch ihren terroristischen Aktionismus häufiger als die größeren Gruppen von sich reden, bildeten aber ideologisch und personell eine Minderheit. Denkt man beispielsweise an die Vorgänge zwischen dem Sturz des letzten Zaren und der bolschewistischen Oktoberrevolution in Rußland oder der Machtergreifung durch die Kommunisten in der Tschechoslowakei der Nachkriegszeit, erscheint auch hier die Minderheitenposition der Linksextremisten nicht gerade als Garantie für deren dauerndes Wohlverhalten. Kommunisten und andere Linksgruppen verfügten zwar über keine ausreichend scheinende Machtbasis in der palästinensischen Bevölkerung oder auch nur in den Flüchtlingslagern. Auch in der Flüchtlingsgesellschaft bewahrte man im allgemeinen erstaunlicherweise die engen Bindungen innerhalb der jeweiligen Großfamilie. Die Linke besaß jedoch, im Gegensatz zu den vornehmlich national ausgerichteten und ideologisch entweder nicht festgelegten oder bürgerlich-bäuerlich ausgerichteten übrigen Gruppierungen, einen festen Kern zu allem entschlossener Kader. Sie erfreuten sich zweifellos des insgeheimen sowjetischen Wohlwollens und der offensiven Unterstützung durch die zahllosen linksrevolutionären Grüppchen im politischen Untergrund Westeuropas.
Von größerem Belang für das Gewicht der Palästinensischen Befreiungs-Organisation über den Palästinakonflikt hinaus und bis tief hinein in die religiösen, kulturellen, politischen, ökonomischen und sozialen Transformationsprobleme der ganzen arabisch-islamischen Welt war der Zusammenhang der Guerillaszene mit dem islamischen Fundamentalismus. Der PLO-Chef

war einer der frühesten außerpersischen Parteigänger des Ajatollahs Chomeini. Das lag in der Natur der Sache. Schah Mohammed Resa Pahlewi unterhielt nur offiziöse, aber nichtsdestoweniger sehr enge Beziehungen zu Israel. Chomeini hingegen unterstützte sofort nach seinem Machtantritt die Palästinaaraber und brach die Beziehungen zum Judenstaat ab.

Arafat hatte für seine entschlossene Option zugunsten der »islamischen Revolution« im Iran aber auch ganz persönliche sowie nationale und übernationale religiös-politische Beweggründe. In dieser Beziehung verleugnete er nicht die Herkunft aus dem Clan al-Husseini. Der Großmufti setzte bekanntlich von Anfang an auf die Mobilisation der religiösen Abwehrkräfte als Transmissionsriemen für den politischen und paramilitärischen Widerstand gegen die gleichfalls religiös motivierten zionistischen Ansprüche. Die Überlegung, die Palästinaaraber und vielleicht sogar die ganze arabische Welt könnten zu schwach sein für die Abwehr der Zionisten, stand hinter Hadsch Mohammed Amins Appellen an die panislamische Solidarität ebenso wie hinter den Sympathieerklärungen für den Ajatollah Chomeini durch Jassir Arafat.

Arafat begab sich damit aber auf ein noch schlüpfrigeres Pflaster als der Großmufti. Neben den traditionalistischen religiös-feudalen Beduinengesellschaften wie in Zentralarabien gab es inzwischen ja auch nationalistische Offiziersdiktaturen und laizistische Linksregierungen in der arabischen Welt. Für beide war eine religiöse Wiederbelebung des Islams mit ihrem unausweichlichen politischen Gestaltungsanspruch die größte denkbare Gefahr. Wie ernst man sie nehmen mußte, zeigten die Ermordung des ägyptischen Präsidenten Mohammed Anwar as-Sadat und die nur mit großer Mühe blutig niedergerungenen Aufstandsversuche gegen den syrischen Staatschef General Hafis al-Assad. Hinter beiden standen nachweislich religiöse Fundamentalisten.

Der Mord an as-Sadat lag natürlich im Sinn Arafats. Stand er womöglich auch auf Seiten der oppositionellen syrischen Muslimbrüder? Präsident al-Assad entschloß sich 1983 jedenfalls überraschend zur Ausweisung des PLO-Chefs. Als Begründung nannten beide Seiten eher unwichtige taktische Meinungsverschiedenheiten über den Widerstand gegen Israel und die Entwicklung im seit 1975 andauernden und durch den im Sommer 1982 erfolgten israelischen Einmarsch zusätzlich komplizierten Bürgerkrieg im Libanon. War Arafat insgeheim vielleicht auch in die religiös motivierte politische Wühltätigkeit gegen al-Assad verstrickt? Dies wäre jedenfalls ein überzeugender Grund gewesen für den aufsehenerregenden Ausweisungsbefehl.

Jassir Arafats Vater war nachweislich Muslim-Bruder. Präsident Gamal Abdel Nassers Geheimdienst Mocharabat entlarvte den Sohn um die Mitte der fünfziger Jahre – ebenfalls als Mitglied des inzwischen von seiner Regierung verbotenen und verfolgten Ichwan.

Der PLO-Chef sprach ungern über diese Seite seines Wesens. Er mußte Rücksicht nehmen sowohl auf die laizistische Linke als auch auf die Christen, und beide waren in seinem Lager bezeichnenderweise häufig identisch. Aus seiner tiefen Religiosität machte er dessenungeachtet kein Hehl. Sie entsprach der Tradition seiner Familie mit den vielen aus ihr hervorgegangenen geistlichen Führern ebenso wie seinen eigenen Lebenserfahrungen.

Um 1948, dem Zeitpunkt der israelischen Staatsgründung, benutzte der neunzehnjährige Jassir seine Familienbeziehungen zu den auch ohne den im ägyptischen Exil befindlichen Großmufti noch mächtigen al-Husseini zum Waffenschmuggel für seine jugendlichen Kampfgefährten. Die Waffenstillstandsabschlüsse zwischen den arabischen Kriegsgegnern und Israel zerschlugen endgültig deren enttäuschte Hoffnungen. Die meisten resignierten und widmeten sich von nun an ihrer zivilen Karriere.

Der Zwanzigjährige ging zunächst nach Jerusalem. 1949 ließ er sich dort nachweisen. Auch für ihn stellte sich jetzt die Frage der Berufswahl ...

Das Land

Ein ägyptischer Bürger

Jassir Arafat beendete seine jugendliche Abenteuerlaufbahn mit der für ihn typischen Zielstrebigkeit. Seine Lehrer erinnerten sich an ihn als einen ruhigen und wißbegierigen Schüler mit guter Auffassungsgabe. Was ihm nützlich erschien, lernte er mit Feuereifer. Und ihm schien vieles nützlich zu sein. Sein besonderes Interesse galt der Geschichte und allen technischen Vorgängen. So erwarb er mit Leichtigkeit die Universitätsreife. Gewährsleute, die ihn damals kannten, rühmten ihn als zurückhaltenden, ernsten, schweigsamen jungen Mann. Sein Verhalten stand in auffälligem Gegensatz zu der charakteristischen arabischen Lebhaftigkeit. Er mied engere Freundschaften, hielt sich meistens allein, war aber ein gern und oft angerufener unbestechlicher Vermittler bei Streitigkeiten unter den Altersgenossen.

Jerusalem, die den Arabern zugefallene Altstadt, bot zu dieser Zeit einem aufgeweckten jungen Mann keine ausreichenden Ausbildungschancen. Auf der Westbank, die nun von Transjordanien verwaltet und ihm bald darauf staatsrechtlich angegliedert wurde, war die Entwicklung noch zu sehr im Fluß. Amman war eine verschlafen wirkende, dörfliche Hauptstadt der in den Augen der nun in sie hineinströmenden urbanen Palästinaflüchtlinge unzivilisierten und rückständigen Beduinen. Auch das hatte also wenig Reiz für den Jüngling aus dem weltstädtischen Kairo. Dort lebten drei seiner Brüder und drei seiner Schwestern. Jassir wandte sich also nach Kairo.

Arafat besaß die Universitätsreife, und er war – als gebürtiger Kairoer – ägyptischer Staatsbürger. Das entsprach, wie schon geschildert, keineswegs der gängigen Praxis. Als Sohn eines Palästinensers war er ja trotz seines Geburtsortes nicht etwa automatisch Ägypter geworden. Warum also hatte er offensichtlich nicht die Staatsangehörigkeit des britischen Mandatsgebietes? Hätte er sie besessen, wäre er heute formell israelischer Staatsbürger ara-

bischer Nationalität oder königlich haschimitisch-jordanischer Untertan. Nur diese beiden Staaten gewähren den innerhalb ihrer Grenzen lebenden Palästinensern ihre Nationalität. In den anderen »arabischen« Aufnahmeländern gelten die Flüchtlinge normalerweise als staatenlose Ausländer.
Ägypter durch Geburt wird man nur beim Vorliegen zweier Voraussetzungen: Es bedarf eines ägyptischen Geburtsortes sowie mindestens eines Elternteiles mit ägyptischer Staatsbürgerschaft. Dies läßt nur einen Schluß zu: Schon Arafats Vater Abd ar-Rauf muß Anfang der zwanziger Jahre die ägyptische Nationalität erworben haben. In deren Besitz kamen denn auch dessen heute noch dort lebenden Nachkommen.
Was Arafat selbst angeht, so gibt es zwei weitere untrügliche Beweise für seinen ägyptischen Hintergrund: Er leistete während des Suezkonfliktes von 1956 seinen Wehrdienst in der ägyptischen Armee, und das verlangte man billigerweise nur von ägyptischen Staatsangehörigen, und er sprach nie die palästinensische Ausprägung des Arabischen, sondern fiel häufig in unverkennbar ägyptischen Dialekt.
Das änderte, wie gesagt, wenig an seiner palästinensischen Herkunft, verursachte in seinem Inneren offenbar jedoch einen tiefsitzenden Stachel. Als Jüngling schon machte er einem Altersgenossen den gleichen Makel zum Vorwurf. Später schwieg er, was ihn selbst anging, so lange und so gut wie möglich darüber. Man darf annehmen, daß es ihm auch von manchen, die mit ihm kämpften, insgeheim oder offen vorgeworfen wurde. Diese Herkunft mochte sich ungefähr so auswirken, als bemühe sich ein eben erst zum Judentum konvertierter Christ und Ausländer plötzlich um das Amt des israelischen Ministerpräsidenten! Politik beruht ja gemeinhin nicht allein auf logischen Erwägungen, sondern überall auch auf Vorurteilen. Dafür gibt es in jedem Land hinreichende Beispiele.
Politik ist, lautet die Binsenweisheit, ein schmutziges Geschäft. Sie ist auch, wie wir sehen, ein gnadenloses Geschäft. In ihrem grellen Licht werden läßliche Sünden oder unverschuldete Makel wie ein falscher Geburtsort zu drohenden Schatten.
Arafat war nichtsdestoweniger der geborene Homo politicus,

und er wurde folglich in Kairo nicht nur zum lernbegierigen Studenten, sondern sogleich auch zum Studentenpolitiker. Er studierte Elektrotechnik an der Technischen Fakultät der, wie sie damals noch hieß, »Fuad University«. Dieses Studium schloß er mit dem Diplom als Elektro-Ingenieur erfolgreich ab. Er erwarb also die denkbar günstigsten Voraussetzungen für ein erfolgreiches bürgerliches Berufsleben. Erleichtert worden wäre es ihm zweifellos durch seine Herkunft aus einer der ältesten und besten arabischen Familien. Er war also alles andere als eine gescheiterte Existenz.

Das Studium ließ ihm allerdings genügend Zeit für seine Leidenschaft – die Politik. Andere beschäftigten sich mit Liebesgeschichten; er machte lieber Geschichte. Als Mitglied der Palästinensischen Studenten-Föderation wurde er bald deren Sprecher. Die Komilitonen schätzten seine Beredtsamkeit ebenso wie seine nie erlahmende Einsatzbereitschaft, sein ausgeprägtes Organisationstalent, seine Vermittlungsgabe und die Fähigkeit zur schonungslosen politischen Analyse.

Damals schon zerstörte er rücksichtslos die hochfliegenden Illusionen seiner Altersgenossen über den, wie diese hofften, raschen Zusammenbruch des zionistischen Staatswesens oder einen arabischen Sieg über Israel. Das Scheitern seines Onkels Hadsch Mohammed Amin empfand er als eine unvergeßliche Warnung. Vor Palästina lag, wie er unermüdlich betonte, ein langer und dornenreicher Weg voller Rückschläge bis zur Wiedererlangung seiner natürlichen Rechte. Es bedurfte dazu großer Geduld und Beharrlichkeit, starker Opfer- und Kampfbereitschaft und – dies vor allem – unerschütterlicher Einigkeit. Diese Grundforderungen wurden von nun an die Voraussetzungen seines politischen Denkens und Handelns.

In Kairo scheint man ihn wohl geachtet zu haben, aber man liebte ihn weniger und fürchtete ihn vielleicht sogar. Seine Funktionärstätigkeit für die Studentenföderation führte ihn damals schon häufig ins arabische und östliche Ausland. Im Westen nahm jedoch, wie es schien, kein Mensch Notiz von seinen Aktivitäten. Gewisse Beobachter sprechen zwar von einem zeitweiligen Aufenthalt in Stuttgart und einer Studienperiode an der

dortigen Technischen Hochschule. Auszuschließen wäre das nicht; denn es gab damals schon eine nicht gerade kleine Anzahl ägyptischer Stipendiaten an westdeutschen Hochschulen. Es gibt aber keinen schlüssigen Beweis für eine solche Episode. Arafat widersprach weder, noch bestätigte er einen entsprechenden Hinweis des Verfassers in der Monatszeitschrift »Außenpolitik«.
In die gleiche Zeit fallen auch zwei andere teils gerüchtweise verlautende, teils dokumentarisch gesicherte Episoden: Arafat gilt als Mann ohne Frauengeschichten. Von Reportern darauf angesprochen, flüchtet er sich mit Vorliebe in eine patriotische Verzichthaltung: »Al-Fatah ist meine Frau, meine Familie, mein Leben!« sagte er einmal. »Ich bin das palästinensische Volk. Es ist gleichgültig, wer ich bin; was zählt, ist, was ich bin! Jeder Palästinenser könnte ich sein, ich stehe hier für alle Palästinenser!«
Arafat hatte denn auch weder eine Familie, noch hielt er sich, wie andere Freischärlerführer in der PLO, eine Geliebte. Als Studentenführer soll er sich indessen doch einmal verliebt haben, und zwar während eines Aufenthaltes in Warschau in eine junge Polin. Seine Kameraden rechneten damals angeblich sogar mit einer bevorstehenden Verlobung. Dazu kam es jedoch nicht. Möglicherweise scheiterte diese Absicht, falls sie bestanden haben sollte, an den im kommunistischen Polen herrschenden Verhältnissen. Arafat war zu dieser Zeit ja noch ein unbekannter junger Student ohne politischen Einfluß. Auf Sonderrechte konnte er keinesfalls hoffen!
Die andere Episode spielte, in denselben fünfziger Jahren, während der kommunistischen Weltjugendfestspiele in Prag. Der Linksintellektuelle Peter Rühmkorf schilderte sie in seinen »Anfällen und Erinnerungen«. In Prag teilte er sein Quartier mit einem redegewandten jungen Araber. Dieser illustrierte ihm auf der Bettdecke die politischen und militärischen Machtverhältnisse in Palästina. Sein deutscher Gesprächspartner gewann von ihm einen nicht gerade günstigen Eindruck. Er hielt ihn eher für einen utopischen Phantasten. Immerhin schenkte ihm dieser ein Photo mit persönlicher Widmung in englischer Sprache. Unterschrieben war es mit: Jassir Arafat. Es ist bestimmt eine der

frühesten im Verkehr befindlichen Aufnahmen, und Rühmkorf war wohl einer der ersten westlichen Gesprächspartner des späteren PLO-Chefs.

Arafats Auslandsreisen als Studentenfunktionär führten ihn einmal auch nach Algier. Die Komilitonen benutzten seine Abwesenheit zu einer Palastrevolution. Er wurde abgewählt. Der Bannerträger der palästinensischen Einigungsbestrebungen über die engen Familienbindungen und die politischen Richtungen hinaus und der unermüdliche Propagandist der palästinensischen Volkwerdung, als der er sich schon längst fühlte und der er bald darauf tatsächlich geworden ist, Jassir Arafat betätigte sich daraufhin erst einmal selbst als Spalter.

Die Palästinensische Studenten-Föderation nahm wenig später ein unrühmliches Ende. Mehrere Funktionäre wurden ermordet aufgefunden. Die Liquidierungen gingen möglicherweise auf das Konto der gefürchteten ägyptischen Geheimpolizei Mabahes. Manche Beobachter sprachen von einer Mitschuld Arafats. Dieser hatte tatsächlich Beziehungen zu den örtlichen Geheimdiensten. Mabahes-Chef Mustafa Hafis rekrutierte damals junge Palästinenser für die gegen Israel gerichteten Sabotageakte und Terroranschläge im Grenzgebiet von Gasa.

Der Studentenführer nannte den zuständigen Behörden sehr wahrscheinlich geeignete Aspiranten für die Sabotagetruppe. Gesicherten Erkenntnissen zufolge diente er diesem Unternehmen auch als technisch versierter Ausbilder unter den Fittichen der ägyptischen Armee. Hauptsächlich gründete er aber erst einmal eine neue und ganz auf sein Kommando hörende Studentenbewegung. Er nannte sie »Allgemeine Palästinensische Studentenunion« (nach den englischsprachigen Anfangsbuchstaben abgekürzt GUPS). In ihr vollbrachte er endlich die Einigung des Widerstandsnachwuchses. Die Organisation wurde später ergänzt durch eine Allgemeine Palästinensische Arbeiter-Union.

Beide Organisationen wurden zum grundlegenden Machtinstrument Arafats. Ihre Kader gab es nicht nur an allen arabischen Hochschulen mit palästinensischen Studenten und unter den palästinensischen Gastarbeitern in den arabischen Ölstaaten. Sie wirkten auch an Universitäten in Westeuropa und im Ostblock.

Die Mitgliedschaft war für die meisten palästinensischen Studenten Ehrensache, manchmal auch Sache mehr oder weniger sanften Druckes. Die GUPS entwickelte sich jedenfalls rasch und dauerhaft zur Hefe der palästinensischen Revolution. Arafat verfügte in ihr fortan über ein praktisch unerschöpfliches und sich unaufhörlich wieder auffüllendes Kräfte- und Nachwuchsreservoir.

Arafat trug, wie schon wesentlich früher und auch noch weit später, allerdings auch damals auf beiden Schultern. Einerseits leistete er – als ägyptischer Staatsbürger – 1956 seinen Wehrdienst als Leutnant. Dem Vernehmen nach beteiligte er sich an Sabotageaktionen gegen die britische Besatzungszone am Suezkanal. Bei Kriegsausbruch kämpfte er mit seinen ägyptischen Kameraden gegen die britischen, französischen und israelischen Eindringlinge.

Andererseits konspirierte er offenkundig mit der seit einem mißlungenen Mordanschlag auf den ägyptischen Revolutionsführer Gamal Abdel Nasser in Alexandria – 1954 – aufgelösten und verbotenen Muslim-Bruderschaft. Deren Oberhaupt Scheich Hassan al-Hodeibi, der Nachfolger des inzwischen umgebrachten Scheichs Hassan al-Banna, befand sich nach einem Schauprozeß in einem oberägyptischen Wüstenlager. Arafat erregte jedenfalls die Aufmerksamkeit der Sicherheitsbehörden, die in dieser Sache keinen Spaß verstanden, und entzog sich – 1957 – der Verhaftungsgefahr durch die Flucht nach Kuweit. Bis 1968 stand er auf der berüchtigten »schwarzen Liste« Kairos.

Das Emirat galt als der reichste arabische Ölproduzent. Es schwamm geradezu im Geld und genoß dank dem »schwarzen Gold«, dem »Geschenk Allahs an seine gläubigen Muslime«, einen ungeheuren Wohlstand. Die Einwohnerzahl des kleinen Duodezfürstentums belief sich damals wie heute auf nicht mehr als eine Viertelmillion Seelen.

Kuweit verdankte seine Existenz ohnehin nur einem historischen Zufall. Zu Anfang dieses Jahrhunderts gewährte die dortige Herrscherfamilie as-Sabach dem auf der Flucht vor den ihm feindlich gesinnten ar-Raschidi befindlichen Emir und späteren ersten König von Saudiarabien, Abdel Asis Ibn Saud, bei sich

Asyl. Von Kuweit aus begann Ibn Saud, wie man ihn vereinfacht zu nennen pflegt, die Wiedereroberung seiner Hauptstadt ar-Riad und seines Reiches. Bei der darauffolgenden Einigung Zentralarabiens verschonte er aus Dankbarkeit Kuweit und beließ ihm die Unabhängigkeit.

Kuweit bedurfte, um seinen Reichtum in Lebensqualität umsetzen zu können, einer großen Anzahl hinreichend qualifizierter ausländischer Hilfskräfte. Dies war die große Chance für die zivilisatorisch außerordentlich geschickten heimatlosen Palästinaflüchtlinge. Von ihnen lebten inzwischen mindestens fünfzigtausend in dem Emirat, und die Gastarbeiterzahl überstieg insgesamt bei weitem die der eigentlichen Einwohner.

Arafat besann sich auf seine Fähigkeiten als diplomierter Ingenieur und gründete hier eine Baufirma. Er erwies sich als erfolgreicher Unternehmer und bekam sogar Aufträge vom Ministerium für öffentliche Arbeiten. Dadurch wurde er verhältnismäßig rasch zum, wie behauptet wurde, schwerreichen Mann.

Kuweit ähnelte damals den Pionier- und Goldgräberstädten im amerikanischen Wilden Westen des vorigen Jahrhunderts. Wer hier einigermaßen geschickt war und sich die entsprechenden Verbindungen zu verschaffen wußte, konnte im Handumdrehen sein Glück machen.

Diese Karriere spricht sehr für die vielseitigen Talente Arafats. Die wirtschaftliche Unabhängigkeit, die er sich bald erworben hatte, festigte naturgemäß auch seinen Einfluß bei den hiesigen palästinensischen Landsleuten. Noch einmal stand er am Scheideweg: Nichts wäre jetzt leichter für ihn gewesen als der Verzicht auf seine politischen Träume und der Rückzug auf das Wohlleben des reichen Unternehmers. Er, der Abkömmling einer verarmten Familie, hatte es schließlich geschafft, und dies ohne jegliche Hilfe seiner bessergestellten Familienangehörigen.

Arafat selbst äußerte sich nie eindeutig über die Gründe für die Aufgabe seiner Unternehmertätigkeit und das Schicksal seiner Baufirma. Seine Umgebung behauptete, er habe sein Vermögen der palästinensischen Sache geopfert. Es ist schwer zu beurteilen, ob das eine Legende ist oder die Wahrheit. Es wäre jedenfalls eine ganz typische Konsequenz für diesen »Mann gegen Israel«.

Er hatte sich und den anderen bewiesen, daß er es auch privat zu etwas bringen konnte. Das genügte ihm; es war eine seinem Selbstwertgefühl schmeichelnde Erfahrung. Nun widmete er sich wieder, und diesmal ausschließlich, seiner eigentlichen Lebensaufgabe: Palästina.
Diese Lebensaufgabe hat ihn seitdem nie mehr losgelassen, vor allem nicht in ihren unvorstellbaren Untiefen. Selbst in dem weitab gelegenen tunesischen Exil verlor er sie keinen Augenblick aus den Augen. Wie lange vor ihm Theodor Herzl und Chaim Weizmann buhlte er auf seinen unzähligen Reisen um die ganze Welt unaufhörlich um die Gunst der Mächtigen für die palästinensische Sache. Willy Brandt etwa hörte ihn genauso geduldig an wie hernach Michail Gorbatschow. Und der riet ihm sowjetischerseits erstmalig zum Kompromiß mit Israel. Diesen Rat gaben die im Juni 1988 durch einen rumänischen Unterhändler in Jerusalem übergebenen Vierzehn-Punkte-Vorschläge für eine Übergangslösung in den besetzten Gebieten. Die Regierung Schamir blockte sie sofort ab.

»Abu Ammar« alias Jassir Arafat

»Abu Ammar«, wie er sich zu nennen pflegte, war ein für ihn sehr beziehungsreicher Deckname. Abu (arabisch für »Vater«) Ammar war der erste Märtyrer im Dschihad (arabisch für »Anstrengung« im Sinn von »Heiligem Krieg«) des Propheten Mohammed gegen die Ungläubigen. Abu Ammar besitzt einen Ehrenplatz in der religiös-politischen Geschichte der islamisch-arabischen Welt und im Paradies. Diese Namenswahl verriet also wieder einmal die starke Religiosität und das unterdessen ebenso stark entwickelte Selbstbewußtsein Jassir Arafats.
Israels Geheimdienst Mossad war damals längst auf ihn aufmerksam geworden. Im Mossad-Hauptquartier in einer unscheinbaren grauen Villa im ehemaligen deutschen Templer-Viertel Hakiria in Tel-Aviv, einem abgesperrten und für Unbefugte unzugänglichen Militärbezirk, gab es über ihn ein dickes Dossier. Die Bauunternehmertätigkeit täuschte aber schließlich sogar die israelischen Agenten über die noch zunehmende Gefährlichkeit des kommenden »Mannes gegen Israel«. Sie glaubten wohl, er sei gezähmt worden und fürchteten ihn nicht mehr. Jedenfalls reiste er mehrmals mit gefälschten Pässen nach Israel und studierte an Ort und Stelle die Lage der dort lebenden Palästinaaraber. 1967 befand er sich anscheinend sogar während der Kampfhandlungen des Sechs-Tage-Krieges im Juni in dem damals israelisch besetzten Gebiet. Dorthin fuhr er auch später noch mehrfach. Mindestens einmal kam man ihm jedoch auf die Spur: In Ramallah entging er nur knapp der Verhaftung durch die israelischen Sicherheitsorgane. Vermutlich war dabei Verrat im Spiel, aber er erhielt auch eine rechtzeitige Warnung.
Der Vorfall zeigte ihm jedenfalls, daß man israelischerseits wieder mit ihm rechnete und er mied fortan solche gefährlichen Abenteuer. Al-Fatah, die er gegründet hatte, war damals noch eine scheinbar unbedeutende Randgruppe.

»Al-Harakat at-Tachrir al-Watani al-Filastin«, die künftige Hausmacht Jassir Arafats, entstand im Sommer 1959 in Kuweit. Der arabische Name lautet zu deutsch »Bewegung für die nationale Befreiung Palästinas«. Das Akronym »al-Hataf« ist die arabische Bezeichnung des Todes. Umgekehrt gelesen ergibt sich daraus der Begriff »al-Fatach« für »Eroberung«. »Eroberung oder Tod« wurde künftig die Parole der Verschwörer, und so nannte auch einer der Mitgründer, Abu Ijad alias Salach Chalaf, seine Erinnerungen.

Es läßt sich nicht mehr genau feststellen und ist auch unwesentlich für den Fortgang der Dinge, wer den Anstoß gab für die Gründung dieser Organisation und die beziehungsreiche Namensgebung. Arafat betrachtete sie jedenfalls ganz als sein Werk. Sie blieb allerdings sehr lange im Schatten, schaffte dann verhältnismäßig plötzlich den Durchbruch zur Spitzenposition und ist heute die zahlenmäßig größte und bestorganisierte Freischärlergruppe.

Die Mitgründer waren allesamt in den Dreißigern stehende Altersgenossen Arafats. Auffällig war der unverhältnismäßig umfangreiche Anteil von Intellektuellen. Arafat selbst möchte sich zwar nicht als ein solcher betrachtet sehen; das Prädikat galt aber für die anderen Mitgründer. Salach Chalaf war ursprünglich Lehrer in Gasa, zudem ein vielbeachteter Schriftsteller, und Arafat vermittelte ihm in den fünfziger Jahren eine Stellung in dem damals im raschen Ausbau befindlichen modernen Schulwesen des Golfemirates. Dazu stießen bald noch die beiden Chalids al-Hassan und al-Wasir. Das Bündnis dieses Kleeblattes blieb nicht ohne Spannungen, und es gab hin und wieder, so auch im Zusammenhang mit der Vertreibung der Fedaijin durch die israelische Interventionsarmee aus dem Libanon, Fraktionsbildungen; doch dieser innere Führungszirkel bewährte sich im großen und ganzen als sicheres Zentrum und kollektive Führung von »al-Fatah«. Ursprünglich geplant war angeblich ein Führungsgremium aus drei gleichberechtigten Personen. Alle drei, die dafür vorgesehen waren, sollen jedoch abgelehnt haben. Sie fürchteten wohl – kaum zu Unrecht – die endlosen Diskussionen und Auseinandersetzungen, die Meinungsverschiedenheiten und die unausbleib-

lich scheinende Zersplitterung sowie die endliche Handlungsunfähigkeit dieser Führungsstruktur.
Glaubt man dem bereits vorher zitierten John Laffin, gelangte Jassir Arafat nur zufällig an die Spitze. Laffin zitiert Salach Chalaf mit der Feststellung, für Arafat habe gesprochen, daß er von allen am wenigsten als geschwätzig galt. Man habe ihn schließlich gewählt, weil er als einziger gerade nicht anwesend gewesen sei.
Arafat entwickelte sich, und das rechtfertigte schließlich am besten seine Wahl, rasch zu einem selbstbewußten, überzeugenden und verehrten Anführer. Die anderen teilten sich untereinander in die unterschiedlichen Aufgaben. Salach Chalaf widmete sich der äußeren und inneren Sicherheit der Gruppe und organisierte später deren schlagkräftigen Geheimdienst ar-Rassd. »Abu Dschihad«, der »Vater des Heiligen Krieges« alias Chalid al-Wasir rekrutierte die militärischen Kader und wurde zum eigentlichen Schöpfer und Befehlshaber von al-Assifa (arabisch für »Der Sturm«), dem kämpfenden Zweig der Bewegung. »Abu Lutf« alias Faruk al-Kaddumi stieß nicht lange darauf ebenfalls zu dem Kleeblatt. Seine Beteiligung erwies sich als dauernder Glücksfall. Der wohlerzogene und sprachbegabte junge Mann aus wohlhabendem Haus fiel besonders auf durch seine angeborene Höflichkeit, untadeligen Umgangsformen und ein hervorstechendes diplomatisches Geschick. Später brachte er es als Leiter der politischen Abteilung zum »Außenminister« der PLO. Er dirigierte unumschränkt das unterdessen entstandene »diplomatische Corps« der Widerstandsbewegung und bewegte sich auf dem glatten internationalen Parkett nicht weniger selbstsicher als die Diplomaten und der jeweilige Außenminister des Staates Israel. Seine Gesprächspartner aus Ost und West schätzten (und fürchteten manchmal) seine scharfsinnigen Analysen und sein unbeirrbares Eintreten für die legitimen nationalen Rechte und Forderungen der Palästinaaraber.
Diese Führungsspitze aus ungewöhnlich begabten und einander nahtlos ergänzenden Männern war ein doppeltes Gleichnis: Sie bewies den hohen moralischen, geistigen und zivilisatorischen Entwicklungsstand und offenbarte zugleich die ganze furchtbare

Tragödie des um seine Würde gebrachten, um sein Selbstbestimmungsrecht betrogenen und zu einer zerstreuten, gedemütigten und verfolgten Flüchtlingsgesellschaft herabgewürdigten Volkes. Al-Fatahs Gründung fiel kaum zufällig zusammen mit den ersten zaghaften Anzeichen für die Entstehung einer sich von da an immer stärker von den übrigen Arabern unterscheidenden und abgrenzenden eigenen palästinensischen Identität. Ägyptens Präsident Gamal Abdel Nasser und der irakische Militärdiktator General Abdel Karim al-Kassim sprachen etwa gleichzeitig ebenfalls erstmals von dem bislang nie anerkannten Palästinensertum. Ihnen ging es dabei freilich vorrangig um die Spaltung der ohnedies schwer miteinander auskommenden jordanischen Gesellschaft aus halbnomadisierenden Beduinenstämmen und urbanen Palästinaflüchtlingen. Das Haschimitenkönigreich erschien während der Hochblüte der panarabischen Einigungsbestrebungen unter ägyptischer Führung als unverzichtbare Landbrücke zwischen dem Nilland sowie Syrien und Mesopotamien. Ein Sturz König Husseins, der dadurch herbeigeführt werden sollte, wäre obendrein gleichbedeutend gewesen mit der vollständigen Einkreisung Israels.

Gegen den »Rais« und die Araber

Gamal Abdel Nasser, der ägyptische »Rais«, stand damals auf dem Höhepunkt seiner Macht. Als Präsident der Vereinigten Arabischen Republik genoß er großes Ansehen in der ganzen arabischen Welt. Er galt als zuverlässiger Verbündeter der Sowjetunion, verfocht dessen ungeachtet zusammen mit dem Inder Nehru, dem Jugoslawen Tito und dem Indonesier Sukarno die Interessen der Blockfreien, und auch im Westen hörte man auf seine Stimme. Die Vollendung der panarabischen Einigungshoffnungen durch den Anschluß anderer Staaten an die VAR schien nur noch eine Frage der Zeit. Dann würde unweigerlich auch der Tag der Abrechnung mit Israel kommen.

Der Judenstaat erschien als ein unaufhörlich eiternder Stachel im Fleisch der Araber, als ständige Demütigung ihres Stolzes. Ihn herauszuziehen, war und blieb ihr Hauptziel. Ägypten selbst hatte, abgesehen von dem Streifen von Gasa, zwar keine gemeinsame Grenze und auch keine unausräumbaren Streitigkeiten mit Israel, der Kriegszustand, seit 1948 ununterbrochen aufrechterhalten, verlangte kräftezehrende Opfer. Ein Friedensschluß lag also auch damals schon mehr im ägyptischen nationalen Interesse als ein neuer Krieg. Die Ägypter hielten denn auch nicht viel von einem neuen Waffengang. (Diese Seelenlage gereichte, allerdings erst nach weiteren fast zwanzig Jahren, der Friedenspolitik unter Mohammed Anwar as-Sadat zum Vorteil!)

Gamal Abdel Nasser war aber nicht der Mann zum Nachgeben. Als Frontsoldat im ersten israelisch-arabischen Waffengang von 1948/1949 litt er ganz persönlich unter der, wie er glaubte, selbstverschuldeten arabischen Niederlage. Israel war und blieb für ihn ein himmelschreiendes Unrecht.

Als Gast des gegnerischen Abschnittskommandeurs Jigal Allon besuchte er während eines Waffenstillstandes aus der von ihm befehligten Festung Faludscha einmal sogar das feindliche Hinterland und noch als Präsident korrespondierte er über neutrale Zwischenträger mit einem ehemaligen israelischen Offizier. Über Israel wußte er also mehr als die meisten anderen arabischen Führerpersönlichkeiten. Aber er war nicht der Mann, der sich dadurch abschrecken ließ. Um mit Israel fertigzuwerden, das wußte er, bedurfte es der Einigung Arabiens. Ägypten fühlte sich als geographisches und geistiges Zentrum und als Großmacht des Panarabertums. Das Nilland war schon unter den Pharaonen lange die Schutzmacht des vorderorientalischen Kernlandes Palästina gewesen. Beides verpflichtete die Ägypter also zu dessen Befreiuung.

Der »Rais« war sicher der entschiedenste und ehrlichste arabische Freund der Palästinaaraber. Ein selbständiges arabisches Palästina lag aber nicht weniger als die Anerkennung Israels außerhalb der Vorstellungskraft Gamal Abdel Nassers.

Dieser Umstand konnte niemanden besser vertraut sein als dem gebürtigen Ägypto-Palästinenser Jassir Arafat. Als al-Fatah entstand, knisterte es zudem schon im Gebälk der ägyptisch-syrischen VAR. Eigentliche Anziehungskraft als Modell der panarabischen Einheit hatte sie nur noch in den ihr ferngebliebenen Staaten der arabischen Welt. In Syrien wuchs die Enttäuschung über die Machtansprüche Kairos, und 1961 kündigte Damaskus die drei Jahre zuvor von ihm selbst gewünschte Union. Gamal Abdel Nassers Stellvertreter, Feldmarschall Mohammed Abdel Hakim Amer, verließ – im Schlafanzug – eiligst die zuletzt von ihm verwaltete »Nordprovinz«. 1967, nach dem abermals verlorenen israelisch-arabischen Sechs-Tage-Feldzug, endete er durch Selbstmord.

Jassir Arafat konnte sich folglich nur wenig Illusionen machen über das Schicksal, das den Palästinensern in einem von Ägypten dominierten arabischen Einheitsstaat zugedacht war. Die Palästinaaraber fühlten sich zwar als Syrer, aber Syrien war auch kein so volkreicher und übermächtigter Nachbar. Dagegen würde man sich leichter behaupten können.

Sah Arafat damals noch in der schon 1920 öffentlich proklamierten Zugehörigkeit zu Syrien die Zukunft – oder zielte er schon auf die nationale Unabhängigkeit für Palästina? Diese Frage erscheint müßig. Arafat hätte sie vermutlich selbst nicht beantworten können. Sein Nahziel war die aktive Abwehr der zionistischen Machtansprüche durch die Palästinaaraber. Sie wollte er organisieren. Und er wußte, das war nur möglich nicht nur ohne, sondern auch *gegen* Gamal Abdel Nasser und die übrigen Araber.

In Kuweit erlebte der künftige Palästinenserführer tagtäglich am eigenen Leib das Mißtrauen und die Feindseligkeit der Einheimischen gegen die landfremden Zuwanderer. Es war genauso wie anderswo. Man brauchte Gastarbeiter, und es kamen Menschen. Die Palästinenser erwiesen sich als zivilisatorisch weit überlegen, durchsetzungsfähig und äußerst modern. Ein Palästinenserstaat wäre daher eine ständige revolutionäre Herausforderung für die rückständigen, feudalistischen und rücksichtslosen diktatorischen Gewaltherrscher der arabischen Welt. Es lag also keinesfalls im Interesse der Nachbarn. Al-Fatah stand infolgedessen allein. Diese Erkenntnis war das eigentlich Neue und Revolutionäre an der Gründung Jassir Arafats.

Auch Arafat brauchte natürlich die moralische und finanzielle Unterstützung durch die arabischen Regierungen ebenso wie, möglichst bald, eine verhältnismäßig sichere territoriale Basis für den beabsichtigten Kleinkrieg gegen Israel. Die Guerilla stand von da an allerdings zunehmend – und beides war kein Widerspruch – im Zeichen der »Palästinisierung« und der Internationalisierung.

Der Mann gegen Israel

Jassir Arafat wurde seitdem – sozusagen unaufhaltsam – zu einer der meistgenannten Persönlichkeiten der zeitgenössischen Weltpolitik. Die Außenwelt, verwirrt durch die in der arabischen Politik wie insbesondere in der unübersichtlichen Szenerie der palästinensischen Gruppen und Grüppchen herrschende und dauernd wechselnde Personenvielfalt, identifizierte endlich mit ihm die Sache des arabischen Palästina. Er wurde »der Mann gegen Israel«. Diese Entwicklung lag anfänglich keineswegs in der Absicht der vier »Gründerväter« von al-Fatah. Ihr Ziel war vielmehr deren kollektive Führung.

In Israel begann man Arafat bezeichnenderweise wesentlich früher zu fürchten als in den arabischen Hauptstädten. In Ägypten stand er, wie wir gesehen haben, noch 1968 auf der »schwarzen Liste«, und das hinderte ihn natürlich an der Einreise in sein Geburtsland. Höchstwahrscheinlich hätte man ihn dort sofort verhaftet. Als Muslim-Bruder war und blieb er ein gefährlicher Gegner. In Gamal Abdel Nassers Erwägungen hinsichtlich Palästinas und der palästinensischen Rolle in den panarabischen Einigungsbestrebungen gab es damals noch längst keinen Platz für Jassir Arafat.

Der saß in Kuweit und verfügte dort keineswegs über Entfaltungsmöglichkeiten für al-Fatah. Respekt unter den Palästinaflüchtlingen und bei den arabischen Regierungen gewinnen konnte diese nur durch eine aktive Guerillataktik. Von Kuweit aus war sie nicht durchführbar. Das Emirat war zwar wirtschaftlich kaum lebensfähig ohne die in seinen engen Grenzen lebenden Palästinaaraber, aber man fürchtete deren geheime revolutionäre Stimmung und ihre Heimatverbundenheit. Die Monarchie verweigerte ihnen deshalb das volle Bürgerrecht und stellte sie unter eine strenge Polizeikontrolle. Arafat und seine Gesinnungsgenossen hüteten sich daher bewußt vor der so typisch arabischen Übereiltheit. In Kuweit fühlten sie sich fürs erste sicher. Sie mußten zwar Bedacht haben auf die wachsamen Sicherheitsbehörden. Diese interessierten sich erstaunlicherweise jedoch ausschließlich für direkte staatsfeindliche oder die Beziehungen zu den Nachbarländern beeinträchtigende Aktivitäten. Arafat und die Seinen hatten damit zunächst noch nichts im Sinn. Ihr ehrgeiziges Ziel war die Errichtung eines geistigen Fundamentes für ihren Kampf gegen den jüdischen und für einen arabischen Staat in Palästina. In Kuweit erschien ab 1959 das Monatsblatt Filastinuna, zu deutsch »Unser Palästina«. Sein Einfluß auf die geistige Entwicklung der palästinensischen Flüchtlingsgesellschaft blieb bis heute ohne Beispiel. Hier sprach nicht irgendeine neue Splittergruppe – hier sprach Palästina!

Die Einigung aller Araber erwies sich damals als kaum erfüllbarer Traum. Arafats Politik stützte sich daher auf zwei ganz neue Elemente: Er kämpfte nicht mehr nur *gegen* Israel, sondern *für* einen arabischen Staat in Palästina. Das bedeutete zwangsläufig die Abkehr von den verworrenen panarabischen Einigungsplänen zugunsten eines, um de Gaulle zu zitieren, »Arabiens der Vaterländer«.

Jassir Arafat zog damit einen ebenso naheliegenden wie allzu lange außer acht gelassenen Schluß: Eine ausschließlich negative Zielsetzung ist von großem Nachteil für jede politische Bewegung; um erfolgreich sein zu können, braucht sie positive Ziele. Filastinuna entwickelte sich unverhältnismäßig rasch zum geistigen Zentrum eines ganz neuen palästinensischen Widerstandes gegen den Zionismus. Dabei dachte damals noch niemand an die unvorhersehbare Katastrophe von 1967. Erst sie erzwang ja endlich die praktisch vollständige Trennung der Palästinenser von den übrigen Arabern. Vorbereitet wurde sie jedoch lange zuvor durch Arafats Monatsblatt und den sich allmählich um es herum bildenden festen Kern der Anhänger von al-Fatah.

Keimzellen der von nun an kontinuierlich wachsenden Widerstandsgruppe entstanden naturgemäß zuerst in Kuweit; wenig später bildeten sie sich auch in der Bundesrepublik. Diese Entwicklung ist vielleicht ein weiterer Hinweis auf einen früheren dortigen Aufenthalt Arafats.

Al-Fatah konzentrierte ihre geheime Werbetätigkeit damals bewußt vor allem auf die arabischen Studentenkolonien in den westlichen Gastländern außerhalb der arabischen Welt. Dadurch entging sie der allzu frühen Aufmerksamkeit der wachsamen arabischen Regierungen, und Arafat nutzte obendrein seine alten Verbindungen als palästinensischer Studentenführer. Al-Fatah bekam – anders als die traditionellen Klientelgruppen der palästinensischen Notabeln – auf diese Weise modern erzogene intellektuelle Kader und ein national ausgerichtetes ideologisches Fundament.
Trotz allem bestand zwischen der weitgehend selbsternannten Führung (es gab ja keine Möglichkeit zur Wahl) und den sich bildenden Kadern weitgehend Einigkeit über die Beteiligung am und vor allem der Ausweitung des bewaffneten Kampfes gegen den Feind. Auch hierbei verzichtete man bezeichnenderweise auf die überhastete Opferung schlecht ausgebildeter Freischärler in verfrühten Einsätzen gegen die überlegenen israelischen Streitkräfte. Ideologisch leiten ließ man sich von der Guerillatheorie des rotchinesischen Revolutionsführers Mao Tse-tung. Als praktisches Vorbild bewundert wurde der algerische Befreiungskrieg gegen die französische Kolonialherrschaft. Al-Fatah sah folglich in dem Haschimitischen Königreich Jordanien die ideale Basis und in den dort lebenden Palästinaflüchtlingen das natürliche Nachwuchsreservoir ihrer künftigen Guerilla. Spätestens 1960 entsandte man die ersten Fedaijin zur Ausbildung nach Algerien. Arafats Anhänger beteiligten sich, wie sie selbst behaupteten, auch damals schon an den nicht sehr häufigen und selten erfolgreichen Überfällen auf israelisches Gebiet. Das läßt sich schwer nachprüfen. Arafat hatte zu dieser Zeit mit Sicherheit noch keine regelrechte Guerillastrategie. Auf sich aufmerksam zu machen, lag eigentlich nicht in seinem Interesse. Entweder handelte es sich um vereinzelte Aktionen seiner Anhänger auf eigene Faust oder diejenigen, die später behaupteten, sich so früh hervorgetan zu haben, waren damals noch gar nicht seine Anhänger.
Für Arafat charakteristisch blieben seine Geduld und seine Vorsicht. Er handelte nie unüberlegt, sondern trat erst dann hervor, wenn er seiner sicher war.

Kuweit blieb zwar lange ein verhältnismäßig sicheres Standquartier. Aber bald verschaffte er sich ein zweites in Beirut. Im Libanon konnte er sich frei bewegen und ungestört mit jedermann zusammentreffen, was für ihn sehr vorteilhaft war. Sein Ziel hieß allerdings Jordanien. Von 1965 an spielte er dort eine zunehmend größere Rolle. Seine Stunde kam allerdings erst nach dem verlorenen Sechs-Tage-Feldzug vom Juni 1967. Die Niederlage schwemmte neue Flüchtlingsmassen in das Königreich und bedrohte den Thron des unglückseligen Hussein. Die Flüchtlinge setzten alle ihre Hoffnungen auf Arafat. Der wurde praktisch über Nacht zum innerpolitischen Juniorpartner des Monarchen. Die Haschimiten mußten von jetzt ab mit ihm rechnen.

Ist Palästina eine Nation?

Ist Palästina eine Nation? Diese Frage stellten, als sie unabweisbar geworden war, bezeichnenderweise nicht zuerst die von ihnen betroffenen Palästinaaraber, sondern die Zionisten. 1967 stürzte der von ihnen zwar nicht unerwartete, aber auch für sie doch überraschend vollständige Sieg über die Araber den Judenstaat in eine bis heute nicht überwundene und, sofern er andauern sollte, möglicherweise tödliche Identitätskrise. Israel stand vor der überraschenden Alternative: Jüdischer Staat oder regionale Großmacht?

Den Arabern unterlief damals erneut ein fundamentaler Fehler. Schon 1947 hatten sie sich auf eine unfruchtbare »Alles-oder-nichts-Politik« versteift. Die Zustimmung zum UN-Teilungsplan wäre, auch wenn sie nicht endgültig hätte sein müssen, immerhin gleichbedeutend gewesen mit dem Besitz einer territorialen Basis für die Palästinaaraber und ihre möglicherweise trotzdem revisionistische Politik. Der UN-Teilungsplan gewährleistete den Arabern die bislang günstigste territoriale Lösung. Seine Ablehnung erst erlaubte Israel das Beharren auf seinen militärischen Eroberungen im Krieg von 1948/1949.

1967 bot Premierminister Eschkol – unmittelbar nach Inkrafttreten des Waffenstillstandes – den Kriegsgegnern den Rückzug auf die Vorkriegsgrenzen im Austausch gegen Friedensverträge. Die kurzsichtige arabische Antwort waren die berüchtigten »drei Nein« der Gipfelkonferenz von Khartum: Keine Anerkennung, keine Verhandlungen, kein Friede mit Israel! Dieser zweite Akt der »Alles-oder-nichts-Politik« führte geradewegs in die Sackgasse der zionistischen Siedlungspolitik in den besetzten Gebieten!

Erst Mohammed Anwar as-Sadat entschloß sich, allerdings nach weiteren zehn Jahren und einem vierten Waffengang, zum Risiko. Er verlor sein Leben, gewann vorher aber die besetzten ägyptischen Gebiete. Was er bewiesen hatte, war, daß Israel stark war im Krieg, aber bezwingbar im Frieden!

Die Obstruktionspolitik der arabischen Regierungen war eine gewaltige Rückenstärkung für die israelischen Sicherheitsfanatiker. »Judäa und Samaria«, wie man es auch offiziell immer häufiger nannte, wurde zwar zunächst nicht formell annektiert, erschien aber nach Einführung einer Zivilverwaltung praktisch als Bestandteil Israels.

1983, bei Begins Rücktritt, existierte Palästina – scheinbar endgültig – nicht einmal mehr als ein geographischer Begriff. War Palästina, zerteilt in Israel, den Gasastreifen, das cisjordanische Judäa und Samaria und das transjordanische Königreich, war dieses Palästina denn nun eine Nation?

Bis 1967 gab es, wie wir gesehen haben, kein *nationales* palästinensisches Bewußtsein. Jassir Arafat und seine al-Fatah sahen zwar von allem Anfang an in der nationalen die einzige mögliche Lösung des Palästinaproblemes. Gegen Israel *und* die Machtansprüche so vieler arabischer Regierungen standen sie aber erst einmal auf verlorenem Posten. Sie mußten möglichst gut und lange verbergen, was sie dachten und zu erreichen hofften. Dies erklärte auch, warum so lange so schwer durchschaubar schien, was sie taten und worauf sie hinauswollten.

Arafats Gegenspieler waren, wie gesagt, Israel *und* die Araber. Deren Verweigerung jeglicher auch nur indirekter Friedensgespräche, das Scheitern der Genfer Verhandlungen unter der Schirmherrschaft der Vereinten Nationen und der beiden Supermächte, Ägyptens Alleingang im Verein mit der »kalten Landnahme« durch Israel im besetzten Cisjordanien wirkten jedoch schließlich für ihn positiv zusammen und bewerkstelligten endlich die Nationwerdung der Palästinaaraber.

Letzter Anstoß dafür, wenn es seiner noch bedurft hätte, wurde der von ihnen bis heute so empfundene »Verrat« Ägyptens. Dessen Präsident as-Sadat hatte 1977 die Stirn, vor dem Kairoer Parlament in Anwesenheit des PLO-Chefs sein Verhandlungsangebot an Israel zu machen. Arafat war vorher weder befragt noch auch nur unterrichtet worden und folgte nichtsahnend der Einladung as-Sadats. Dieser mochte insgeheim gehofft haben, er mache sich den Palästinenser dadurch zum unfreiwilligen Verbündeten. Arafat beklatschte denn auch unter den wachsamen Elektronenaugen der Fernsehkameras, wenn auch offenkundig zögernd und mit erstaunt-verlegenem Gesichtsausdruck, die unerwarteten Friedensschalmeien seines ägyptischen Gastgebers. Der konnte ihm deshalb später vorhalten, daß er ja schließlich geschwiegen habe.

Auch PLO-Anhänger verurteilten im nachhinein die Passivität Arafats. Sicher hätte er protestierend gehen können. Daran hinderte ihn gewiß nicht etwa die Höflichkeit des Gastes oder der Respekt vor den Volksvertretern. Arafat konnte wohl einfach nicht für ehrlich halten, was er da hörte, und sah darin höchstwahrscheinlich nichts anderes als ein geschicktes politisches Manöver des ausgefuchsten as-Sadat. Und selbst wenn er gefürchtet haben mochte, dieser könne es ernst meinen – einer würde todsicher nicht mitspielen: der israelische Ministerpräsident Begin! Auf Feinde ist im allgemeinen viel mehr Verlaß als auf Freunde. Doch Begin reagierte völlig unerwartet. Schon Tage darauf kam es zu der unvergeßlichen Verbrüderungsszene der einstigen Erbfeinde in der Jerusalemer Knesseth.

Die Palästinaaraber standen, wie sie sich spätestens jetzt eingestehen mußten, allein gegen einen übermächtigen Feind. Im Ammaner »Schwarzen September« hatte man sie gejagt und getötet wie die Hasen. Im Beiruter Flüchtlingslager Tell as-Sa'atar erschlug man sie wie lästige Insekten. Doch Ägyptens Verrat stieß sie in eine namenlose Verlassenheit.

Palästina war also, wenn auch wider Willen, endlich eine Nation. Doch um welchen Preis? Diese Nation hatte kein Land mehr und noch kein Volk. Sie bestand aus heimatlosen und rechtlosen Flüchtlingen. Wie konnte es soweit kommen? Die Antwort gibt, wie immer, die Geschichte. Diese Geschichte ist, wie so häufig, eine schrecklich kurzsichtige, egoistische, unmenschliche und vergebliche Geschichte. Und wie immer wollte allzu lange niemand auf sie hören!

Nationale oder internationale Revolution?

Alles, was von nun an geschah, stand in eklatantem Widerspruch zu den damals herrschenden Grundtendenzen der interarabischen Politik. Jassir Arafat und seine Gesinnungsgenossen setzten sich direkt und konsequent in Gegensatz zu Gamal Abdel Nasser und den durch ihn personifizierten panarabischen Einigungshoffnungen. Arafats Entscheidung fußte auf vier grundlegenden Erfahrungen: Er fühlte sich zwar als Palästinenser; war aber Ägypter von Geburt und verdankte dem Nilland entscheidende Einsichten. Einerseits sah er klarer als die meisten anderen Araber den hegemonialpolitischen Hintergrund des ägyptischen Panarabismus. Der rasche Zerfall der »Vereinigten Arabischen Republik« zwischen Ägypten und Syrien nach nur dreijähriger Existenz bestätigte ihn später in dieser Ansicht. Andererseits machte er sich, anders als viele Ägypter, keine Illusionen über die innere und äußere Schwäche des übervölkerten Nillandes. Bestärkt wurde er auch darin durch die katastrophale ägyptische Niederlage im Sechs-Tage-Krieg vom Juni 1967.

Arafat vergaß zudem nicht die passive Rolle Palästinas in der interarabischen Politik sowohl vor als auch nach der Gründung Israels. Palästina war bislang immer – und sollte es, wenn es nach ihm ging, nicht länger bleiben – ein Spielball der Begehrlichkeit seiner Nachbarn. Sofern es diesen irgendwann gelänge, es zu befreien, würden sie es schlimmstenfalls unter sich aufteilen, bestenfalls fiele es ganz an Jordanien. Zur Befreiung Palästinas bedurfte es also, so schloß er aus seinen umfangreichen historischen Studien wie denen über die Freiheitskriege gegen Napoleon, bedurfte es also des revolutionären Kampfes der palästinensischen Massen. Arafat fühlte sich hierbei auf sicherem Boden. Als Vorbild diente ihm, und dies war seine vierte Grundüberzeugung, der algerische Befreiungskrieg gegen Frankreich. Sein Mitkämpfer »Abu Ijad« schrieb folgerichtig: ». . . das palä-

stinensische Volk aber wird sich die Entscheidungsgewalt und die Rolle der Avantgarde im Kampf vorbehalten.«
Dieses Ziel war zweifelsohne richtig; der Weg dorthin blieb allerdings bis heute ein Weg voller Rückschläge und Mißerfolge. Ihre Hauptursache war ein fundamentaler Unterschied zwischen Algerien und Israel: In Algerien waren die Franzosen, bei all ihren politischen, wirtschaftlichen und militärischen Machtmitteln, in der numerischen Minderheit. In Israel bildeten die Juden eine erdrückende zahlenmäßige Mehrheit. Dort gab es zwar über eine halbe Million Araber, und sie waren in vieler Hinsicht benachteiligte Bürger zweiter Klasse, aber sie erwiesen sich nicht als geeignetes Verfügungspotential für einen aussichtsreichen Untergrundkrieg gegen den Zionismus.
Arafat und seine Gesinnungsgenossen mögen anfänglich gewiß diesbezügliche Hoffnungen gehegt haben, und diese waren durchaus natürlich. Die Realität, die sie bald kennenlernen mußten, bedeutete für sie sicher eine herbe Enttäuschung. Die Fühler, die sie dorthin ausstreckten, trafen auf keine ermutigende Resonanz. Nur eine Handvoll abenteuerlustiger junger Leute zog es in ihre Reihen. Israels Araber waren zwar erbittert über ihr Schicksal, verlegten sich aber aufs passive Abwarten.
Al-Fatah mußte rasch einsehen, daß es unmöglich schien, Israel genauso von innen heraus anzugreifen wie Frankreich in Algerien. Diese Tatsache wurde der schwerwiegendste Nachteil der palästinensischen Guerilla. Hauptursache dafür war das traditionelle Clan-Denken der palästinensischen Gesellschaft. Deren Interessen endeten für gewöhnlich an den Grenzen des Familienbesitzes oder des eigenen Dorfes. In Europa nennt man so etwas bekanntlich Kirchturmpolitik. In Palästina wanderten die Kirchtürme, um bei diesem naheliegenden Bild zu bleiben, aus den den Zionisten zugefallenen Dörfern sogar mit in die Flüchtlingslager. Das Lagerdasein zerstörte keineswegs, sondern stärkte häufig noch den schützenden Familienzusammenhalt. Er bedeutete die einzige greifbare Sicherheit in unsicheren Zeiten und einer unsicheren Umwelt.
Ein Befreiungskrieg bedarf, um aussichtsreich zu sein, einigermaßen gesicherter Ausgangspositionen. Der Guerillero muß

nach Mao Tse-tung in der Bevölkerung schwimmen wie der Fisch im Wasser.

Den Palästinaarabern im israelischen Kernland jedoch war das dörfliche Hemd näher als der revolutionäre Rock. Israel machte »seinen« Arabern zwar Schwierigkeiten über Schwierigkeiten. Jahrzehntelang unterstanden sie einer schikanösen Militärverwaltung. Aber sie partizipierten doch auch an der wirtschaftlichen Aufwärtsentwicklung Israels. Sie hatten das Wahlrecht und eine eigene Parlamentsvertretung. Vor allem verfügten sie über wahrheitsgetreue Informationen über die arabischen Nachbarstaaten und die Situation der dorthin exkulpierten Palästinenser. Zu schlechter Letzt konnten sie sich wohl kaum irgendwelche Illusionen machen über die ihnen tagtäglich vor Augen gehaltene militärische Stärke Israels. Erwischte man sie beim Widerstand, drohten ihnen drakonische Strafen und die Abschiebung in ein Flüchtlingslager jenseits der Grenzen.

Die Haschimiten gewährten den Palästinaflüchtlingen zwar, im Gegensatz zu allen anderen arabischen Aufnahmeländern, formal die vollen Bürgerrechte. Im Königreich gelangten sogar nicht wenige Palästinenser zu politischem oder wirtschaftlichem Einfluß. Der Staat Husseins wäre heute gar nicht mehr denkbar ohne ihr geistiges Potential. Den Lagerinsassen aber, und das blieb die große Mehrheit, begegnete man dessen ungeachtet mit gehörigem Mißtrauen. Auch Palästinenser, die investieren wollten, durften das in aller Regel nur im transjordanischen, nicht aber im cisjordanischen Teil der Monarchie. Ostjerusalem und das Westufer des Jordans erwiesen sich bei der Besetzung durch Israel im Juni 1967 als erschreckend vernachlässigte Besitztümer. Glaubte Hussein vielleicht selbst nie so recht an deren endgültigen Verbleib bei seiner Krone?

Die Weigerung seiner im israelischen Kernland verbliebenen Landsleute, aktiv zu kämpfen, und die geschilderte Situation in Jordanien zwang zu einem logischen Schluß: Al-Fatahs einzige Basis war Jordanien. Dafür sprachen sowohl die unmittelbare Nachbarschaft zu Israel als auch die in dem Königreich vorhandene und trotz allen Anpassungszwanges unzufriedene palästinensische Bevölkerungsmehrheit.

Arafat zeigte also erstaunlichen Mut: Er riskierte nicht nur den politischen Zusammenprall mit der überragenden panarabischen Führerpersönlichkeit Gamal Abdel Nassers, sondern früher oder später auch die militärische Konfrontation mit König Hussein. Den ersteren hat er gewonnen: durch die ägyptische Katastrophe im Junifeldzug von 1967 und den wohl nicht zuletzt durch seinen eigenen Konfrontationskurs in Transjordanien 1970 beschleunigten frühen Tod des »Rais«. In der anderen erlitt er eine blutige Niederlage. Husseins Beduinenkrieger zerschossen sein Hauptquartier am Ammaner Dschebel al-Luweibdeh, zerstörten die Flüchtlingslager und vertrieben seine Fedaijin aus dem Wüstenkönigreich.

Doch einstweilen war es noch nicht soweit. In Kuweit erhielt Al-Fatahs Gründerkleeblatt Jassir Arafat, Salach Chalaf alias »Abu Ijad«, Chalid al-Wasir alias »Abu Dschihad«, Chalid al-Hassan alias »Abu Said« bald Zuwachs durch Faruk al-Kaddumi alias »Abu Lutf«, Suheir al-Alami, Mohammed Jussef an-Najjar alias »Abu Jussef«, Kamal Adwan und Abu Mazen. Sie alle waren Intellektuelle und kamen entweder aus der GUPS oder der Muslim-Brüderschaft. Suheir war zudem ein Neffe des Widerstandspolitikers der Mandatsperiode, Musa al-Alami.

Diese Neunergruppe war sich einig über die »revolutionäre Gewalt als einzigen Weg« zum Ziel der nationalen Selbstbefreiung (Abu Ijad). Für unerläßlich hielt sie aber auch »die aktive Unterstützung von seiten der arabischen Welt«. Als drittes gemeinsam war ihnen allen die Enttäuschung über und das Mißtrauen gegen die arabischen Regierungen. Mobilisiert werden mußten mithin einerseits die palästinensischen Flüchtlingsmassen wie andererseits gewisse – sagen wir – inoffizielle arabische Hilfsquellen.

Erste Hilfsquelle wurde der Ichwan al-Muslimin. Die Muslim-Bruderschaft hatte, wie sich nach dessen Tod herausstellte, alle rücksichtslosen Verfolgungsmaßnahmen durch Gamal Abdel Nasser überstanden. In Ägypten, Gasa, Jordanien, Syrien und dem Libanon besaß sie intakte Untergrundzellen und verfügte offenbar auch über große materielle Hilfsquellen sowie über Waffen. Arafat griff also zurück auf die alten Verbindungen zu dieser militanten fundamentalistischen Organisation.

Es ist schwer zu sagen, ob ihm das leicht fiel. Er war zwar lange eines ihrer aktiven Mitglieder. Feststeht auch seine tiefverwurzelte islamische Frömmigkeit. Palästina war als arabisches Land für ihn ein Bestandteil des Dar al-Islam. Der Neffe des Großmuftis konnte aber dennoch nichts weniger wollen als einen vordergründig religiös motivierten Freiheitskampf. Daran hinderten ihn sowohl die keineswegs ermutigenden Erfahrungen Hadsch Mohammed Amins als auch die Rücksichtnahme auf die nicht zu unterschätzende starke christliche Minderheit unter seinen Landsleuten. Wohl damals schon geboren wurde die Idee von einem »Palästina für alle Palästinenser«, Muslime, Christen und Juden.

PLO: Auf dem Weg zum Staat?

Mittlerweile schrieb man Anfang 1964. Gamal Abdel Nasser verkraftete nur schwer den wenig mehr als zwei Jahre zurückliegenden Zusammenbruch seiner panarabischen Blütenträume durch den Austritt Syriens aus der »Vereinigten Arabischen Republik«. Der Irak, Jordanien und vor allem Saudi-Arabien hatten sich resistent gezeigt gegen seine ununterbrochene Infiltrationspolitik und Umsturzpropaganda. Der »Rais« suchte verbissen nach einem geeigneten »Trojanischen Pferd« für seine Machtpläne. Einigermaßen überraschend verfiel er auf die von ihm bislang eher vernachlässigten Palästinaaraber.
Seine Wahl war ein windiger ehemaliger Rechtsanwalt aus Akko. Der korpulente, temperamentvolle, lebenslustige typisch arabische Condottiere diente vorher ausgerechnet Saudi-Arabien als Chefdelegierter bei den Vereinten Nationen. Er galt als begabter Demagoge und skrupelloser Sachwalter der Interessen seiner jeweiligen Auftraggeber. Gamal Abdel Nasser war offenkundig genau über ihn im Bild. Man darf nicht vergessen, damals lebte noch der alte Großmufti Hadsch Mohammed Amin al-Husseini. Er war kein Freund des »Rais«, und der nahm an ihm Rache.
Achmed asch-Schukeiri, so hieß der kommende palästinensische Satrap der Ägypter, stammte aus einer zur lokalen Klientel der an-Naschaschibi gehörigen palästinensischen Familie. Sein Onkel hatte in Akko in der Mandatszeit eine tonangebende Rolle gespielt. Die an-Naschaschibi waren bekanntlich die wichtigsten Gegner der al-Husseini und befürworteten damals eine partielle Kooperation mit der Mandatsmacht und eine partikularistisch-nationalistische Regelung des Palästinaproblemes. Jetzt machte sich asch-Schukeiri zum Handlanger der panarabischen Machtansprüche Kairos. Diese käufliche Figur mit dem Hang zum Wohlleben erwies sich als willfährige Kreatur des »Rais« – Unglück für die Palästinenser und Glücksfall für Israel.

Asch-Schukeiri verstieg sich im Vorfeld des Junifeldzuges von 1967 zu selbst von den geschworensten arabischen Feinden Israels bis dahin nie gehörten maßlosen Drohungen: »Wir waten durch Ströme von Blut bis nach Tel-Aviv«, sagte er, »und werfen die Juden ins Meer!« Israel erhielt damit eine unwiderlegbare Rechtfertigung für seine Präventivschläge und rechtfertigte auch die dauernde Besetzung arabisch-palästinensischen Gebietes und die Verweigerung selbst von Autonomierechten für die Palästinenser mit diesen Drohungen.

Im Junifeldzug selbst spielte weder die Anfang 1964 auf einem Ersten Palästinensischen Nationalkongreß im nun auch noch verlorenen Ostjerusalem – als ihr Vorsitzender präsidierte seitdem der großmäulige asch-Schukeiri – unter dem Patronat der Arabischen Liga gegründete Palästinensische Befreiungs-Organisation (PLO) eine Rolle, noch deren militärischer Ableger Palästinensische Befreiungs-Armee (PLA). Diese erreichte nie ihre Sollstärke von 20000 Mann. Die Einheiten, die zusammengebracht werden konnten, blieben Bestandteile der Streitkräfte ihrer Gastländer, vornehmlich Syriens und des Iraks, und hatten keinen Anteil an den Kämpfen.

Die PLO verstand sich schon damals als Dachorganisation aller politischen und militärischen palästinensischen Widerstandsgruppen gegen Israel. Doch das war sie mitnichten. Die Anhänger des ehemaligen Großmuftis blieben ebenso abseits wie die linksorientierten Gruppen. Al-Fatah vor allem dachte nicht daran, sich an ihr zu beteiligen.

Die Katastrophe von 1967 schien gleichbedeutend auch mit dem Ende der PLO. Sie war entlarvt als verlängerter Arm Ägyptens. Von asch-Schukeiri nahm kein Hund mehr ein Stück Brot. Während der Kämpfe wartete er im sicheren Beirut auf den ihm wohl doch nicht so sicher scheinenden Sieg. Gamal Abdel Nasser, der ohnehin erst einmal genug mit sich selbst zu tun hatte, ließ ihn fallen, und asch-Schukeiri verschwand stillschweigend in der Versenkung.

König Hussein von Jordanien hätte eigentlich wesentlich besser als der verblendete und von den Sowjets erwiesenermaßen falsch informierte Gamal Abdel Nasser im Bild sein müssen über die wahren Kräfteverhältnisse. Kurz vor Kriegsausbruch sandte ihm der israelische Ministerpräsident Levi Eschkol über das amerikanische State Department eine vertrauliche Warnung. Wenn er neutral bleibe, hieß es darin, werde nichts geschehen.

Israels seitherige Besatzungs- und Annektionspolitik entschuldigt sich nicht im nachhinein durch die Fehler Husseins. Der König trug indessen, weil er genau wissen mußte, wie stark die anderen waren, eine große Mitschuld an der Katastrophe. Sein Großvater Abdullah schon hatte Golda Meir vor dem ersten israelisch-arabischen Krieg zunächst die transjordanische Neutralität versprochen. Dann hatte er sich doch an den Kämpfen beteiligt, den von den Zionisten übriggelassenen Rest Palästinas besetzt und annektiert und diese Beutegier mit dem Leben bezahlt.

Enkel Hussein hatte seither wenig Freude gehabt an seinen palästinensischen Untertanen wider Willen. Sie waren ein nie verlöschender Unruheherd in seinem Reich. Trotzdem hatte es ihn offensichtlich gelüstet, sich noch mehr von ihnen einzuverleiben. Was anders konnte ihn zum Mitkämpfen verleitet haben, als die Angst, er werde leer ausgehen, falls man doch siege? Auf dem Hintergrund des unterdessen erfolgten ägyptisch-israelischen Friedensschlusses kann man jedenfalls vermuten, die Palästinafrage wäre längst friedlich geregelt, gäbe es nicht das Problem der israelisch besetzten Gebiete in Gasa und Cisjordanien. 1967 verlor Hussein seinen Anteil an Palästina, gleichzeitig verdoppelte sich aber die Zahl seiner palästinensischen Untertanen.

Für Hussein lag nichts näher als die Frage: Wie werde ich ihrer Herr? Transjordanien war ein bitterarmes und ohne britische Almosen kaum lebensfähiges Land. Schon Abdullah blickte daher von Anfang an begehrlich auf das damals britisch beherrschte Palästina. Er hoffte, früher oder später werde es ihm zufallen. Er unterhielt gute Beziehungen zu den Zionisten, mit denen er schließlich würde teilen müssen, und empfahl sich gleichzeitig den Gegnern der al-Husseini unter den tonangebenden »Großen Familien« als künftiger Schutzherr. So gelangte er, ohne viel dafür tun zu müssen, in den begehrten Besitz Cisjordaniens.

Enkel Hussein sah in den ihm zugelaufenen neuen Flüchtlingen

von 1967 das Rechtfertigungspotential für seine Ansprüche mindestens auf die Rückgliederung des jetzt verlorenen Gebietes. Um die Palästinenser in die Hand zu bekommen, versicherte er sich zunächst einmal der herrenlos gewordenen PLO.
Achmed asch-Schukeiris Nachfolger wurde der aus Cisjordanien gebürtige und außerhalb seiner Klientel so gut wie unbekannte Ammaner Rechtsanwalt Jachja Hammuda. Der Sechzigjährige war, wie später behauptet wurde, nur eine Übergangslösung. In Wirklichkeit handelte es sich um den Mann Husseins. So lange er amtierte, zog er unaufhörlich gegen die »weit vom Schuß in Kairo, Damaskus, Bagdad oder Beirut« lebenden Guerilleros vom Leder. Sein Auftrag war offenkundig die »Jordanisierung« der Palästinafrage. Der König selbst verkündete damals emphatisch: »Wir sind alle Fedaijin!«
Die PLO war bis dahin nichts anderes gewesen als der verlängerte Arm der panarabischen Propaganda Ägyptens in den Flüchtlingslagern. Wurde sie nun zur Agentin der haschimitischen Revisionshoffnungen nach dem verlorenen Feldzug?
Eine Zeitlang sah es genauso aus. Hätte Hussein sich entschließen können, jetzt zu verhandeln, selbst wenn er sich dadurch vorübergehend isoliert hätte, wäre es auch so gekommen. In Israel sah man Jordanien als »real existierenden« Palästinenserstaat und in Hussein die Gewähr für die »Ruhigstellung« der Flüchtlinge. Der König erwies sich jedoch als heilloser Zauderer. Dazu kamen ihm zwei Entwicklungen, die er nicht vorausgesehen hatte, in die Quere. Die Flüchtlinge aus Cisjordanien, die sich, solange sie noch dort lebten, scheinbar mit der Vorherrschaft der Haschimitenmonarchie abgefunden hatten, erwiesen sich plötzlich als kaum zu bändigender Unruheherd. Die Flüchtlinge wollten nicht nur zurück in ihre Heimat, es zog sie nicht allein in ihre Dörfer und Hütten, sie wollten auch weder in einem jüdischen Staat leben noch in einer Beduinenmonarchie. Sie waren Republikaner und verlangten unüberhörbar ihren eigenen Staat! Husseins fragwürdiger PLO-Statthalter Hammuda freilich behauptete noch im März 1968, er wisse nichts von al-Fatah.
Die »Schlacht von Karameh« wurde zur psychologischen Wendemarke für die Palästinaaraber und zum Signal für den Marsch

von al-Fatah an die Spitze der PLO. Die Palästinensische Befreiungs-Organisation blieb nicht länger eine willfährige Satrapie Ägyptens oder Jordaniens. Sie verwandelte sich unaufhaltsam in die organisatorische und administrative Vorstufe einer eigenen Staatsbildung. Seit Frühjahr 1968 hieß der Held der gejagten, gedemütigten und desillusionierten Flüchtlinge, die endlich wieder hoffen lernten, Jassir Arafat. Was war geschehen?

Al-Fatah kämpft allein

Al-Fatahs Gründer waren, wie wir gesehen haben, Intellektuelle. Doch keiner von ihnen saß in dem sprichwörtlichen »Elfenbeinturm«. Das Flüchtlingsschicksal erlaubte ihnen kein eigenbrötlerisches Sonderlingsdasein. Als Emigranten sahen und teilten sie das trost- und hoffnungslose Schicksal ihrer Landsleute. Lohn und Brot fanden die meisten von ihnen erst nach langer Suche in weit entfernten fremden Ländern. Jassir Arafat erinnerte sich an manche alten Freunde aus seiner Schul- und Studentenzeit. Von Kuweit aus blieb er mit ihnen in Verbindung, vermittelte ihnen Arbeitsmöglichkeiten in der öffentlichen Verwaltung oder in der privaten Wirtschaft und zog sie zu sich in das wohlhabende und zentral gelegene Ölemirat.

Die jungen Leute waren geschickt und verfügten über Kenntnisse, die hierzulande dringend benötigt wurden. Sie erfreuten sich daher des Wohlwollens der Behörden. Ihre Verschwörerpläne erregten lange keine Aufmerksamkeit. Ihre Zeitung stillte scheinbar die verständliche Heimatsehnsucht und bewahrte sie zudem, was wichtiger schien, vor der hier von niemand gern gesehenen Einmischung in die inneren Angelegenheit des kleinen Gastlandes. Arafat selbst gab sich nach außen hin ganz als erfolgreicher Geschäftsmann – eher unpolitisch eingestellt, aber doch mit einer offenen Hand für die scheinbar geistig-philantropischen Bestrebungen seiner gleichaltrigen Landsleute. Von al-Fatah wußte zunächst niemand etwas, oder keiner nahm sie ernst – Arafat und seine Gesinnungsgenossen täuschten jedenfalls sowohl den kuweitischen als auch den ägyptischen Geheimdienst.

Al-Fatah unterschied sich fundamental von allen bis dahin aufgetretenen palästinensischen Widerstandsgruppen. Sie war nicht abhängig von einer charismatischen Führerpersönlichkeit. Sie stützte sich nicht auf eine der traditionellen »großen Familien«. Sie bedurfte – wenigstens in ihrer Anfangsphase – nicht der finanziellen Unterstützung durch eine oder mehrere arabische Regierungen. Arafats Organisation wurde geführt von einem Kollektiv unbekannter junger Leute mit stark ausgeprägter gegenseitiger, aber ohne einengende familiäre Loyalität. Die Mitglieder verpflichteten sich also zum erstenmal nicht auf eine bestimmte Person, sondern ausschließlich auf die Sache der palästinensischen Revolution. Arafats Bauunternehmen entwickelte sich erfolgreich, vergab viele Arbeitsplätze gezielt an potentielle Gruppenmitglieder und verfügte über von außen nicht kontrollierbare Eigenmittel zur Finanzierung ihrer Aktivitäten.

Die Gründer dieser Gruppe waren, wie gesagt, »praktische Intellektuelle«. Ihnen lag nichts weniger als die dauernde Selbstbeschränkung auf bloße nationalistische und antizionistische Propaganda.

Die »Kader der ersten Stunde« bildeten sich – schon aus Sicherheitsgründen – vor allem in Nordafrika und im nichtarabischen westlichen Ausland. Gegen Mitte der sechziger Jahre verfügte man jedoch auch schon über aktionsfähige Außenposten im Libanon und in Jordanien. Al-Fatah zog aus dem algerischen und dem maoistischen Beispiel den einzigen möglichen Schluß: Die Befreiung Palästinas war möglich nur durch eine systematische Guerillataktik. Aber eine Guerilla braucht sichere Basen in unmittelbarer Nähe der Einsatzorte, aber außerhalb des eigentlichen Kriegsschauplatzes. Die Guerrilleros bedurften der mindestens passiven Unterstützung der betroffenen Bevölkerung.

Die Basen fanden sich am leichtesten in den Flüchtlingslagern der an Israel grenzenden libanesischen und jordanischen Gebiete. Deren Insassen erwiesen sich jedoch als erstaunlich passiv und kaum rekrutierbar. Als Fedaijin anwerben ließen sich fast ausschließlich die überwiegend arbeitslosen Halbwüchsigen.

Dieser Umstand hatte zur Folge, daß später zunächst in Jordanien und dann auch im Libanon ein praktisch vollständiges Erziehungssystem der Freischärler vom Kindergarten über die Grund- und Mittelschule bis zur gymnasialen Universitätsreife aufgebaut wurde. Aus dem nämlichen Grund entstanden auch eigene handwerkliche Ausbildungsstätten und Kleingewerbebetriebe.

Al-Fatah stieß jedoch von allem Anfang an auf zwei nie bewäl-

tigte Schwierigkeiten: Ihre politische wie militärische Zielsetzung richtete sich ja erklärtermaßen sowohl gegen den Zionismus als auch gegen die arabischen Regimes. Jordanier wie Libanesen beobachteten folglich schon bald höchst mißtrauisch auch die eher nichtmilitärischen Aktivitäten der Fedaijin in den Flüchtlingslagern.
Al-Fatah stand allein. Doch Jassir Arafat gab nicht auf. Al-Fatahs erzieherische und wirtschaftliche Aktivitäten zerstörte man zwar schon bald, nachdem sie begonnen hatten, Früchte zu tragen, so gut wie vollständig – zuerst im jordanischen »Schwarzen September« von 1970 und später auch im libanesischen Bürgerkrieg seit 1975, der israelischen Intervention von 1982 und den darauffolgenden sogenannten Lagerkriegen. Sie blieben aber, ganz so wie die ähnlich gearteten infrastrukturellen vorstaatlichen Aufbauwerke der Zionisten, bis heute der erste überzeugende Anhaltspunkt für die ökonomische Leistungsfähigkeit der Flüchtlingsgesellschaft und die Leistungsfähigkeit eines künftigen arabischen Staates Palästina.

Der Sturm bricht los

Arafat wollte also den revolutionären Volkskrieg mit dem Ziel der nationalen Befreiung der Palästinaaraber. Al-Fatahs Guerillaaktivität begann um die Jahreswende 1964 auf 1965. Geplant war ein Sabotageanschlag von südlibanesischem Territorium auf eine israelische Siedlung im Grenzgebeit von Nordgaliläa. Libanesische Militärstreifen verhinderten jedoch schon den Grenzübertritt der Freischärler. Anfang Januar 1965 gelang einer anderen Gruppe vom Norden Jordaniens aus das Eindringen nach Israel. Die von ihr an einer Bewässerungsanlage angebrachte Sprengladung erwies sich jedoch als Blindgänger. Eine Woche darauf kam es endlich zum ersten erfolgreichen Sprengstoffanschlag auf einen Bewässerungskanal. Die Fedaijin, die dafür verantwortlich waren, trafen bei der Rückkehr auf eine jordanische Armeepatrouille, lieferten sich mit ihr ein Gefecht und verloren dabei ihren ersten »Märtyrer«, einen Mann mit dem Übernahmen »Abu Musah«.

Trotz der Verstärkung auch der israelischen Grenzsicherungsmaßnahmen gab es immerhin fast drei Dutzend erfolgreiche Anschläge allein 1965. Im Herbst 1966 unternahm Israel dann seinen großangelegten Vergeltungsangriff auf das zeitweilige palästinensische Widerstandsnest as-Samua.

Al-Fatah gab sich später die führende Rolle bei der Vorbereitung des Sechs-Tage-Feldzuges vom Juni 1967. Dieser Anspruch deckt sich aber keineswegs mit den Tatsachen. Die Guerilleros erhielten zwar die propagandistische Unterstützung der arabischen Massenmedien. Praktisch wurden sie aber überall behindert, so gut es ging.

Jordanien beispielsweise erlaubte bis jetzt nie mehr Guerillaüberfälle; im Libanon bediente sich Israel gegen sie der Aushilfe einer von ihm ausgebildeten, ausgerüsteten und finanzierten einheimischen christlichen Dissidentenstreitmacht.

1967: Ein »Schwarzer Juni«

Jassir Arafat war beim Ausbruch des Sechs-Tage-Feldzuges vom Juni 1967 noch immer eine ebenso unbedeutende wie unbekannte Randfigur der interarabischen Politik. Organisationen wie die seine verfügen gewöhnlich nicht über Mitgliederlisten. Fielen diese nämlich in die Hände der arabischen Regierungen oder gar Israels, gerieten ihre Anhänger in mehr oder weniger tödliche Gefahr. Die Kehrseite ist eine verhältnismäßig große Fluktuation unter den jeweiligen Parteigängern. Folglich gibt es über keine dieser Gruppen auch nur einigermaßen zuverlässige Zahlenangaben. Es handelt sich immer um Schätzungen, die in erster Linie auf den mehr oder weniger (meistens weniger) zuverlässigen Angaben der Führungen basieren.
In die Guerillaaktivitäten der Vorkriegsperiode des Juni 1967 teilten sich noch andere Gruppen außerhalb von al-Fatah: Die PLO gründete beispielsweise noch unter Achmed asch-Schukeiri die Abtal al-Audah (arabisch für »Helden der Rückkehr«). Deren Basis befand sich im Süden Libanons. Von Syrien unterstützt wurde die Einheit Abdel Kader Husseini. Achmed Dschibril, ein früherer syrischer Offizier palästinensischer Herkunft, gründete etwa Anfang 1967 seine Palästinensische Befreiungsfront (PLF). Diese Organisationen und noch einige andere mehr, die meist ebenso rasch wieder verschwanden, wie sie aufgetaucht waren – sie alle stritten sich nach fast jedem erfolgreichen Anschlag auf gegnerische Einrichtungen über dessen Urheberschaft. Arafat hatte es infolgedessen alles andere als leicht. Für die Palästinaaraber war er noch ein Unbekannter, für die arabischen Regierungen noch kein Verhandlungspartner.
Die Palästinensische Befreiungsarmee (PLA), der militärische Zweig der PLO, unterstand nominell zwar dem PLO-Chef Achmed asch-Schukeiri, war tatsächlich jedoch Bestandteil der regulären ägyptischen Streitkräfte. Ihr Gros befand sich in Gasa, ein

Teil operierte auf der cisjordanischen Seite der Grenze zu Israel. Im Sechs-Tage-Krieg kam sie infolge des blitzartigen feindlichen Vormarsches an allen Fronten fast überhaupt nicht zum Einsatz. Sie verübte zwar einige Guerillaaktionen, ihr wahrer militärischer Wert zeigte sich aber nur in ihrer noch während der Kampfhandlungen rasch und überall erfolgten Selbstauflösung.

Die Schuld an der katastrophalen arabischen Niederlage trug freilich niemand weniger als die Palästinenser. Sie waren nicht gefragt worden, sie hatten nichts gewußt, und man hatte sie nicht beteiligt. Die Araberstaaten waren in doppelter Hinsicht die Opfer ihrer eigenen Propaganda: Die Ägypter hatten sich einfach nicht vorstellen können, Israel glaube am Ende den arabischen Drohungen und militärischen Drohgebärden. Der Judenstaat war natürlich nie tatsächlich bedroht. Doch wahrscheinlich erlag er nicht ungern der Versuchung, nahm Gamal Abdel Nasser beim Wort und erkämpfte sich mit dem verhältnismäßig leichten Sieg, wie er glauben mochte, den Frieden. Die Syrer und Jordanier hingegen vertrauten offenkundig der ägyptischen Kraftmeierei. König Husseins Angriff erfolgte, israelischen und amerikanischen Warnungen zum Trotz, noch nach der beinahe vollständigen Vernichtung der ägyptischen Luftwaffe.

Hätte Hussein stillgehalten oder später verhandelt, gäbe es aller Wahrscheinlichkeit nach heute noch oder wieder die alten Grenzen. Ein Friedensschluß, der sie garantiert oder wiederhergestellt hätte, wäre gleichbedeutend gewesen mit einer mindestens teilweisen Regelung des Palästinenserproblemes. Jordanien wäre die (ersatzweise) Heimat der Flüchtlinge.

Der »Schwarze Juni« lähmte die arabischen Regierungen ebenso wie die abermals zur Flucht gezwungenen Palästinaaraber. Sie brauchten niemand dringender als jemand, der sie wieder hoffen lehrte. Sonst würden sie sich früher oder später zu einer tödlichen Gefahr für die innerpolitische Stabilität in Jordanien, Syrien und dem Libanon entwickeln. Dies war die Stunde Jassir Arafats. Schon bald darauf konnte man konstatieren, daß er sie entschlossen genutzt hatte. Doch Jordanier, Syrer und Libanesen dachten zuletzt doch nur wieder an ihre eigenen Interessen. Und Arafats Landsleute dachten nicht daran zu kämpfen.

»PAL-1«: Jassir Arafat führt die PLO

Im Sommer 1967 steht die arabische Welt unter einem unbeschreiblichen Schock. Das Ausmaß der Niederlage ist diesmal für niemand ein Geheimnis. Zuviel wird eingebüßt, zuviele Menschen verlieren ihre Heimat. Ägyptens »Rais« Gamal Abdel Nasser erklärt seinen Rücktritt, bleibt aber dann doch an der Macht. Die Bevölkerung demonstriert, wie es scheint, für ihn. In Wirklichkeit organisiert die von sowjetischen und ostdeutschen Fachleuten »beratene« allmächtige Geheimpolizei Mabahes die Massendemonstrationen. Auch Syriens Präsident und Jordaniens König verdanken ihr politisches und persönliches Überleben vor allem ihren Sicherheitskräften.
In Kairo und Damaskus kommt es zu einer erstaunlich raschen Normalisierung des öffentlichen Lebens. Die Sowjetunion versorgt die geschlagenen ägyptischen und syrischen Streitkräfte rasch mit neuen und noch moderneren Waffen. Die Ägypter empfanden die verlorene Halbinsel Sinai ohnedies gefühlsmäßig immer als fremdartiges Anhängsel ihres afrikanischen Landes. Wer reiste schon in die ausschließlich von Palästinaflüchtlingen bevölkerte Kolonie Gasa? Syriens Golanhöhen waren ein eher dünnbesiedeltes Grenzgebiet, seit Jahrzehnten hauptsächlich eine Domäne der Militärs.
Nur Jordanien und der Libanon, der gar nicht beteiligt war, leiden entsetzlich unter den Kriegsfolgen. Neue Flüchtlingsmassen überschwemmen beide Länder. Im Libanon verlieren sie sich, wie es zunächst aussieht, einfach in den zwischen der Südgrenze und der Hauptstadt Beirut verstreut liegenden palästinensischen Lagern. Die »Schweiz des Nahen Ostens« verkraftet scheinbar mühelos auch diesen Menschenzuwachs. Das »Paris des Orients« strahlt noch heller als bisher in der Finsternis der Umwelt. Seine Dienstleistungswirtschaft braucht Arbeitskräfte über Arbeitskräfte. Es bedarf, was damals noch niemand ahnen

kann, noch eines weiteren Krieges und eines Bürgerkrieges zur Zerstörung dieses Wunders. Einstweilen macht noch niemand aus den vielleicht zum erstenmal richtig satten Flüchtlingen Revolutionäre.

Das Haschimitische Königreich befindet sich dagegen in einer vergleichsweise trostlosen Lage. König Hussein regiert ein auf die Grenzen des einstigen Wüstenemirates geschrumpftes Land. Die aus dem verlorenen fruchtbaren Cisjordanien hinzugekommenen Palästinaflüchtlinge bilden jetzt die transjordanische Bevölkerungsmehrheit. Der Westen hilft zwar mit Waffen und Geld. Israel erlaubt, wohl aufgrund diskreter amerikanischer Winke, einen beinahe friedensmäßigen Handels-, Personen- und Touristenverkehr über die Jordangrenze. Der Thron scheint dennoch in großer Gefahr. Wer Transjordanien damals besucht, ist überzeugt, daß der Umsturz jeden Tag kommen kann.

In Wirklichkeit trafen die ausschlaggebenden Machtfaktoren – Armee und Geheimdienst – offenbar sofort ihre Wahl.

Nach außen hin scheinen die Flüchtlinge die kommenden Herren. In Amman sieht man kaum noch die früher tonangebenden Beduinensoldaten. Palästinenserfrauen sitzen herausfordernd bettelnd an allen Straßenecken. Durch die Gassen patrouillieren in Jeeps oder zu Fuß bewaffnete jugendliche Krieger mit schwarz- oder rot-weiß gewürfelten Kopftüchern, in Tarnuniformen, die Kalaschnikow unter dem Arm. Palästinensische »Steuereintreiber« kassieren bei den Ladenbesitzern, ohnedies meistens ihre Landsleute, öffentlich und ungeniert Abgaben. Die Polizisten salutieren eilfertig vor den Fedaijin. Die Behörden sagen nichts und tun so, als ob sie nichts hörten und nichts sähen. Und doch wissen sie, wie sich erst sehr viel später herausstellt, ziemlich genau Bescheid. Sie rüsten sich schon jetzt für die in ihren Augen früher oder später bevorstehende unvermeidliche Auseinandersetzung mit den Palästinensern.

Arafat erlebte das Kriegsende in einem palästinensischen Ausbildungslager in der Nähe von Damaskus. Seinem Mitarbeiter »Abu Ijad« alias Salach Chalaf zufolge leitete er unmittelbar nach Inkrafttreten des Waffenstillstandes persönlich einen geheimen Vorstoß in das nunmehr israelisch besetzte Gebiet westlich

des Jordans. Zweck war die Vorbereitung der Guerilla nach rotchinesischem, vietnamesischem und algerischem Vorbild.
Al-Fatah zog aus dem Ergebnis dieser Erkundungsmission, wie sich später gezeigt hat, allzu optimistische Schlüsse. Nach Arafats Rückkehr in die syrische Hauptstadt beschloß sie den Aufbau geheimer Zellen für den Volksbefreiungskrieg im besetzten Gebiet. Arafat und seine Organisation verlegten sogar ihr Hauptquartier in die Umgebung des samarischen Nablus und knüpften dort die unerläßlichen Kontakte mit Vertretern der ortsansässigen Bevölkerung. Gleichzeitig wurden umfangreiche bewaffnete Kader eingeschleust. Im Herbst 1967 begannen die ersten Angriffe auf die Besatzer. Ein Generalstreik, zu dem gleichzeitig aufgerufen worden war, blieb allerdings ohne ausreichende Resonanz.
Jordanien als unverzichtbare territoriale Basis des nationalen Befreiungskampfes erforderte extreme Rücksicht auf das Regime König Husseins. Der hatte keine mit Jassir Arafat identischen Interessen. Ihm ging es um die Sicherung seines wankenden Thrones und darüber hinaus um die Wiedergewinnung der besetzten Gebiete, aber mit diplomatischen Mitteln. Die Palästinaaraber stellten zwar jetzt die Bevölkerungsmehrheit seines geschrumpften Reiches. Die Macht befand sich aber in den Händen der Beduinenarmee, und die Flüchtlinge waren praktisch Geiseln der Haschimiten.
Gelungene Überfälle der Fedaijin auf vorwiegend zivile Ziele des Gegners weckten allerdings den Rachedurst der israelischen Zivilbevölkerung und zwangen die Zahal zur Vergeltung. Am 21. März 1968 unternahmen die israelischen Streitkräfte mit starken Panzer- und Infanterieverbänden einen großangelegten Vernichtungsschlag gegen die Guerillabasis in dem nahe Jericho in der Jordansenke gelegenen Ort al-Karameh. Ein Hauptziel, das später eingestanden, aber, wie wir wissen, nicht erreicht wurde, war die Gefangennahme Arafats. Den König hatte man vorher gewarnt und ihm bedeutet, sich herauszuhalten. Hätte er das getan, wäre es ein vielleicht tödlicher Schlag geworden für die Guerilleros. So aber wurde die »Schlacht von al-Karameh« zwar nicht zu dem kurz darauf verherrlichten ersten Sieg der Freischärler ge-

gen Israel, wohl aber zum Wendepunkt ihrer politischen Rolle im Nahostkonflikt.
Jassir Arafat wurde im Februar 1969 anstelle von Jachja Hammuda Chef der Palästinensischen Befreiungs-Organisation (PLO). In Marokko erschien er auf der fünften panarabischen Gipfelkonferenz, im Dezember des gleichen Jahres, charakteristischerweise in einer Staatskarosse mit dem Polizeikennzeichen »PAL-1«. Die Palästinenser waren endlich eine öffentlich anerkannte eigenständige politische Größe unter den zerstrittenen Araberstaaten.

Wieder gegen einen »Rais«

In Kairo mit seiner Wahl zum neuen PLO-Chef und in Rabat durch sein Auftreten als gleichberechtigtes Mitglied des interarabischen Gipfelklubs begann der unaufhaltsame Aufstieg Jassir Arafats. Dabei widerlegte er fortan nichts häufiger und klarer als den militanten revolutionären Glaubenssatz, alle Macht komme aus den Gewehrläufen. Arafats Laufbahn als Guerillero war sowohl im Kampf gegen Israel als auch in der Auseinandersetzung mit den arabischen Machthabern gepflastert mit militärischen Niederlagen. Dessen ungeachtet wuchs beinahe unaufhaltsam nicht nur bei den eigenen Landsleuten und in der ganzen arabischen Welt, sondern auch zuerst im Ostblock, dann unter den Blockfreien und schließlich im Westen sein politischer und diplomatischer Einfluß!

Diesen Widerspruch zu erklären, ist einfacher, als man zunächst glauben möchte. Arafat verkörpert eine auch in anderen Epochen und Kulturkreisen selten anzutreffende Mischung aus pragmatischem Tagespolitiker mit ausgeprägtem Sinn für das Machbare und vorwärtsträumendem politischem Visionär. Arafat hat aber eine wesentlich komplexere Natur. Vergleichen könnte man ihn noch am ehesten mit Gestalten wie Bismarck oder Mohammed Anwar as-Sadat. Der PLO-Chef mißbilligte zwar nicht zunächst, aber doch später öffentlich den kollektiven und individuellen Terror seiner Gesinnungsgenossen gegen den Zionismus und dessen tatsächliche oder vermeintliche Helfershelfer innerhalb und außerhalb Israels.

Arafats Verhalten gegenüber dem Zionismus unterschied sich auffällig von dem des Großmuftis, asch-Schukeiris oder Abdel Nassers. Das mußte natürlich nicht gleichbedeutend sein mit einem endgültigen Verzicht auf die Revision der von den Zionisten geschaffenen Tatsachen. Sicher war er auch nach dem erzwungenen Auszug aus Beirut im Sommer 1982 und bleibt er vielleicht für immer weit davon entfernt, sich moralisch und völkerrechtlich mit dem Judenstaat abzufinden. Im Grund bewies er aber seit Anbeginn seines »langes Marsches« einen erstaunlichen Realitätssinn. Dieser zeigte sich in dem schon mehrfach erwähnten Zukunftsmodell für ein kommendes Palästina, und er zeigte sich in der Bereitschaft zur Staatsbildung, wie er sich ausdrückte, »auf jedem Flecken befreiten Palästinas«.

Gamal Abdel Nasser war, wie aufgezeigt, instinktiv und aus vermeintlich übergeordneten politischen Gründen natürlich lange gegen die nationalistische Zielsetzung Arafats. Gegen Ägypten und seinen »Rais« hatte dieser zunächst auch keine realistische Chance. Erst die Niederlage der Araber im Sechs-Tage-Krieg eröffnete ihm diese Aussicht.

Der »Rais« rettete die Fedaijin im transjordanischen »Schwarzen September« von 1970 sogar vor dem sicher scheinenden Untergang – seine letzte politische Großtat. Das ging schließlich über seine Kräfte. Wenig später ist er gestorben.

Der Nachfolger Mohammed Anwar as-Sadat war von ganz anderem Schrot und Korn. Ihm fehlte vor allem das ungeheuere panarabische Prestige des verstorbenen »Rais«. Schon bald wurde sogar deutlich, daß er es gar nicht anstrebte. Die panarabische Führerrolle ging, wie er einzusehen schien, nicht nur über seine eigenen, sondern überforderte auch die Kräfte Ägyptens. Er verstand sich ganz als ägyptischer Nationalist. Verpflichtet fühlte er sich vor allem dem nationalen Eigeninteresse des Nillandes. Es brauchte dringend eine Atempause, und sein Appell an die sich von den arabischen nicht nur unterscheidenden, sondern noch viel weiter zurückreichenden pharaonischen Traditionen fiel bei seinen Landsleuten auf fruchtbaren Boden. Vor Augen stand ihm zudem die äußere Todesursache seines Vorgängers, das verzehrende diplomatische Ringen um das Überleben der Befreiungsbewegung der Palästinaaraber!

Die Palästinensische Befreiungs-Organisation fand nach ihrer praktisch totalen Zerschlagung in Transjordanien nicht die erhoffte Bleibe in Syrien. Damaskus befand sich nach dem Verlust der Golanhöhen im Sechs-Tage-Krieg im direkten Zugriff der israelischen Luft- und Bodentruppen. Israel erzwang im Herbst

1970 durch bloße militärische Drohgebärden den Rückzug der – angeblich zur Unterstützung der bedrohten Fedaijin – nach Nordjordanien entsandten syrischen Panzerverbände. Die Syrer wünschten verständlicherweise nichts weniger als eine Neuauflage der Guerilla auf ihrem eigenen Boden. Israel würde eine solche, wie sie zu wissen glaubten, keineswegs so langmütig hinnehmen wie Transjordanien. Der Libanon blieb infolgedessen die letzte Zuflucht für die heimatlosen Anhänger Arafats.
Die Jahre, die darauf folgten, standen im Zeichen einer inneren Reorganisation und des Aufbaues neuer Ausgangsbasen der Befreiungsbewegung. Solange Ägypten standhaft blieb, konnte ihnen nicht viel geschehen. Ihre Israel treffenden Angriffe waren, ungeachtet der weltweiten Publizität, weiterhin bloße Nadelstiche. Israels Vergeltungsaktionen, so barbarisch sie mitunter waren, zerstörten aber nicht endgültig die libanesischen Bastionen der Fedaijin. Die PLO-Festung auf der alten Kreuzfahrerburg Beaufort gewann damals und behielt bis zur israelischen Invasion im Sommer 1982 einen ähnlichen Symbolgehalt wie seinerzeit die syrisch beherrschten Golanfestungen.
Für Jassir Arafat schien Mohammed Anwar as-Sadat in vieler Hinsicht sogar ein leichterer Verhandlungspartner zu sein als Gamal Abdel Nasser. Der Ägypter war, wie gesagt, offenkundig uninteressiert an einer panarabischen Vormachtrolle. Er brachte den nationalen Selbstbestimmungshoffnungen der Palästinaaraber anscheinend echtes Verständnis entgegen und unterhielt gute Beziehungen zur PLO. Arafat hatte zu dieser Zeit wohl keinen ehrlicheren arabischen Bundesgenossen als diesen Mann. 1973 schon schien es sich auszuzahlen, daß er es mit ihm gehalten hatte. As-Sadats »Ramadan-Krieg« endete, mindestens in arabischen Augen, erstmals mit einem ägyptischen Teilsieg. Die Vereinigten Staaten entschlossen sich zu verstärktem diplomatischem Druck auf Israel. Die Truppenentflechtungsabkommen, die daraufhin zustandekamen, ermöglichten endlich die Wiedereröffnung des seit 1967 gesperrt gewesenen Suezkanals. War das ein Fortschritt in der richtigen Richtung? Die Genfer Friedenskonferenz unter dem Patronat der Vereinten Nationen und der beiden Supermächte sowie der Beteiligung aller nahöstlichen

Konfliktparteien blieb jedenfalls eine Episode. Beschlichen Arafat damals schon düstere Gedanken?
Der PLO-Chef wußte 1973 wohl kaum viel über die ägyptischen und syrischen Kriegsvorbereitungen gegen Israel. Seine Organisation hatte dafür in dieser Hinsicht zu viele notorische Schwachstellen. Der Kriegsausbruch dürfte ihn ziemlich überrascht haben; die Fedaijin verharrten während der Kriegshandlungen weitgehend untätig in ihren Stellungen. Sie selbst sprachen hinterher zwar von über zweihundert Guerillaaktionen; sie blieben aber, ebenso wie der von ihnen ausgerufene Streik in den besetzten Gebieten, ohne fühlbare Auswirkungen auf den Kriegsverlauf. Die Eröffnung einer »dritten Front« war ein Wunschtraum. Abdallah Frangi, der Bonner PLO-Vertreter, schilderte in seinen Erinnerungen bemerkenswert offen die wirklichen Vorgänge. Arafat erfuhr ihm zufolge zwar schon im Mai 1973 erstmals von den Kriegsabsichten. As-Sadats entsprechende Äußerungen können jedoch nicht sehr genau gewesen sein. Arafat mag sie auch nicht sonderlich ernst genommen haben. Dafür war er schon zu oft vertröstet oder getäuscht worden. Die Ägypter übergingen ihn allerdings nicht ganz. Am 4. Oktober, unmittelbar vor Kriegsausbruch, zitierten sie den »PLO-Außenminister« Faruk al-Kaddumi alias »Abu Lutf« und Salach Chalaf alias »Abu Ijad« nach Kairo, und Präsident as-Sadat unterrichtete sie über den bevorstehenden Angriff. Arafat informierte man – angeblich aus Sicherheitsgründen, sicher aber auch als Verzögerungstaktik – durch einen Boten.
Der PLO-Chef war klug genug, um zu durchschauen, was da gespielt wurde. As-Sadat verfolgte offensichtlich einen ganz bestimmten Plan. Und den wollte er sich von niemand verderben lassen. Gegenüber Arafat spielte er ebenso falsch wie gegenüber seinem syrischen Bundesgenossen Hafis al-Assad. Diesen brauchte er, weil er allein nicht geschafft hätte, was er sich insgeheim vorgenommen hatte. Der Ägypter handelte, wie sich bald herausstellte, entsprechend einem von langer Hand vorbereiteten Plan. Al Assad wurde genauso sein Opfer wie Arafat und sogar die am Nil scheinbar so fest im Sattel sitzende Sowjetunion.

As-Sadat führte sie alle noch eine ganze Zeitlang in die Irre. Im Mai 1971 schloß er einen auf fünfzehn Jahre befristeten neuen Freundschafts- und Beistandspakt mit der Sowjetunion. Moskau versorgte ihn daraufhin vertragsgetreu mit dem nötigen Waffenarsenal für den von ihm geplanten Krieg. Die Anfang 1974 erfolgte Wiederaufnahme der diplomatischen Beziehungen Kairos zu Washington war dann ein erstes Warnsignal. Im Frühjahr 1976 endlich kündigte Ägypten das erst fünf Jahre alte Abkommen mit den Sowjets. Die Ausweisung sämtlicher militärischer und ziviler sowjetischer Berater und der Abbruch der diplomatischen Beziehungen zu Moskau vollendeten wenig später die vollständige Neuorientierung der ägyptischen Außenpolitik.

Syriens Präsident Hafis al-Assad verzieh nie, daß man ihn ägyptischerseits genasführt hatte. Arafat seinerseits hatte keine Wahl. Der Bürgerkrieg im Libanon, der 1975 ausgebrochen war und an dem er sich, eingedenk der bitteren transjordanischen Erfahrungen, nur äußerst widerstrebend beteiligt hatte, führte ihn in erneute Bedrängnis. Er brauchte, wie es schien, nach wie vor die Rückendeckung durch as-Sadat. Der Ägypter dachte jedoch gar nicht daran, irgend etwas für ihn zu tun. Im Gegenteil. Er bereitete ihm schließlich ein böses Erwachen.

Jassir Arafat befand sich Anfang November 1977 scheinbar zu einem Routinebesuch in Kairo. Am 9. November kam es zu einem großangelegten israelischen Luftüberfall auf den Südlibanon. Augenzeugenberichte sprachen von über hundert Todesopfern. Der PLO-Chef folgte am gleichen Tag ahnungslos einer Einladung des Gastgebers in das ägyptische Parlament. Präsident as-Sadat verlor kein Wort über die Opfer des jüngsten israelischen Angriffes. Die Abgeordneten – und mit ihnen Arafat – waren starr vor Staunen:

»Ich bin bereit zu direkten Verhandlungen auf höchster Ebene in Jerusalem«, sagte der Präsident, »um die Verletzung auch nur eines einzigen ägyptischen Soldaten oder Offiziers zu verhindern, gehe ich auch bis an das Ende der Welt! Ich gehe sogar nach Jerusalem und spreche vor der Knesseth! Israel wird erstaunt sein, dies zu hören . . .«

Arafat klatschte wie betäubt Beifall. Wie wir schon feststellten, konnte er kaum glauben, was er da gehört hatte. In seinen Augen erschien das alles kurze Zeit vielleicht als unübertrefflicher Schachzug. Was as-Sadat ihm danach noch sagte, blieb unbekannt. Arafats Zustimmung konnte er bestimmt nicht erreichen. Der PLO-Chef flog gedemütigt und entmutigt zurück nach Beirut; der Präsident flog am 19. November nach Jerusalem und sprach, wie er es angekündigt hatte, vor der Knesseth. Es kam zum Friedensvertrag von Camp David. Die Folgen sind bekannt. Es war die letzte Begegnung dieser beiden so ungleichen Männer. Als as-Sadat im Herbst 1981 ermordet worden war, erschien Arafat auch nicht zu den Begräbnisfeierlichkeiten.

Ohne Ägyptens Rückendeckung stand er wieder einmal ganz allein. Gegen as-Sadat zu kämpfen, dazu gehörte abenteuerlicher Mut. Im Libanon erwarteten ihn in den maronitischen Christen unversöhnliche Feinde. Die Syrer kämpften, als man sie herbeirufen mußte, zunächst auf deren Seite. Der Untergang des Beiruter Flüchtlingslagers Tell as-Sa'atar wurde zu einem fürchterlichen Stalingrad. Israel war, befreit von der Gegnerschaft Ägyptens, stärker denn je zuvor.

Die PLO stand vor einer weiteren Niederlage wie derjenigen im Ammaner »Schwarzen September«. Syriens Kurswechsel zu ihren Gunsten rettete sie damals noch einmal vor dem Untergang. Die Fedaijin gerieten dadurch aber auch in das, was sie bislang so hartnäckig zu vermeiden gesucht hatten, nämlich in eine schwer wieder zu lösende Abhängigkeit von Damaskus. Israels Einmarsch und der von ihm erzwungene Abzug der Palästinafreischärler aus dem belagerten Beirut brachte im Sommer 1982 das vorläufige Ende.

Für Jassir Arafat waren die dazwischenliegenden Jahre trotz aller ihm von den »arabischen Brüdern« zugefügten Niederlagen jedoch erstaunlicherweise die Jahre seiner größten diplomatischen Triumphe. Die PLO war Vollmitglied der Arabischen Liga, genoß Beobachterstatus bei den Vereinten Nationen und der Europäischen Gemeinschaft, besaß reguläre diplomatische Beziehungen zu allen arabischen und den Ostblockstaaten.

Camp David oder: Kein Friede ist auch ein Friede

Die Geschichtsschreibung wird früher oder später einmal nicht umhin können zu enthüllen, was damals wirklich geschah. Feststehen heute schon die guten Dienste des rumänischen Staats- und Parteichefs Ceauçescu und des iranischen Schahs Resa Pachlewi sowie die Einflußnahme des amerikanischen Präsidenten Carter bei der Vorbereitung des Friedensfluges des ägyptischen Staatsoberhauptes as-Sadat. Sachkenner sprechen auch von vorausgegangenen längerfristigen vertraulichen Kontakten des israelischen Geheimdienstes Mossad zu führenden ägyptischen Diplomaten und Politikern bis hinauf zum Präsidenten. Feststeht auch die dem Verhandlungswunsch as-Sadats weitaus mehr als der Kriegspolitik Abdel Nassers entsprechende tiefe Friedenssehnsucht der Ägypter. Beide Seiten erfüllten schließlich getreulich die sie betreffenden Vereinbarungen, der Vertrag überdauert vorerst alle im weiteren Verlauf aufgetauchten Spannungen. Auch Israels Einfall in den Libanon im Sommer 1982 veranlaßte as-Sadats Nachfolger Hosni Mubarak nicht zur Vertragskündigung.

Glaubte Mohammed Anwar as-Sadat, er diene am Ende auch den wohlverstandenen Interessen der Palästinaaraber?

In Camp David und bei seinen darauffolgenden Zusammentreffen mit dem damaligen israelischen Regierungschef Menachem Begin verhandelte er immerhin auch über eine Autonomieregelung für die Palästinenser in den besetzten Gebieten. In Jerusalem hatte er noch während seines Besuches eine Delegation palästinensischer Notabeln empfangen. Später wurde allerdings keiner von ihnen jemals befragt oder sogar hinzugezogen. Die PLO verweigerte von vornherein einen Verhandlungsauftrag, und Israel verweigerte von vornherein deren Beteiligung.

Jassir Arafat fühlte sich, so enttäuscht er auch war, dadurch keineswegs bemüßigt zum neuerlichen Rückzug auf die unfruchtbare »Alles-oder-nichts-Haltung« seines Oheims Hadsch Mohammed Amin al-Husseini. Im Gegenteil, er verstärkte noch seine Bemühungen um die weltweite politische Anerkennung des palästinensischen Selbstbestimmungsrechtes und errang dabei auch eindrucksvolle Erfolge. Die PLO beteiligte sich gleichzeitig verstärkt an den Bürgerkriegskämpfen im Libanon. Möglicherweise war er darüber nicht glücklich, und bestimmt schadete es seinem internationalen Ansehen. Israel erleichterte dies jedenfalls seine Verteufelung als gefährlichen und unverbesserlichen Terroristen.

Doch was hätte er anderes tun sollen? Für ihn stand darüber hinaus natürlich auch das interarabische und weltpolitische Gewicht seiner Befreiungsbewegung auf dem Spiel. Israel hatte sich als zu widerstandsfähig erwiesen gegen einen Befreiungskrieg. Ein Kompromiß war nicht in Sicht. Die Palästinaaraber waren bis 1967 mißtrauisch beobachtete Untertanen der Haschimiten. Israel verweigerte ihnen später das Selbstbestimmungsrecht. Der Terror, zu dem sie verhältnismäßig spät gegriffen hatten, ihr Terror erst verschaffte ihnen endlich die Aufmerksamkeit der Weltmeinung. Die war indessen eine wankelmütige Sache. Würde sie bestehen bleiben, wenn man aufhörte, zu kämpfen? Arafat konnte denjenigen, die auf ihn hofften, das nicht versprechen. Nachdem Beirut verloren worden war, hat er erlebt, wie rücksichtslos man mit ihm umsprang, nachdem er nichts mehr anzubieten hatte. Alle Macht, die er jemals erkämpft hatte, war doch nirgendwo anders hergekommen als aus den Maschinenpistolen seiner Fedaijin!

Ein König kämpft um seinen Thron

König Hussein Ibn Talal von Jordanien und seine Haschimitenfamilie spielen die am schwersten durchschaubare Partie in dem endlosen nahöstlichen Poker. Das Haschimitische Königreich gewährt den Palästinaflüchtlingen und den palästinensischen Einwohnern der von ihm annektierten Gebiete als einziges arabisches Gastland die Staatsbürgerrechte. Freilich erhalten sie von drei möglichen Ausgaben nur den minderwertigsten Paß. Die Ammaner Regierung erlaubt wirtschaftliche Investitionen, auch aus palästinensischen Mitteln, ausschließlich im transjordanischen Teil der Monarchie. Cisjordanien wird vernachlässigt.

Die Palästinaaraber sind ihrem politischen Temperament nach überzeugte Republikaner. Sie finden sich nur schwer ab mit der ihnen fremden Monarchie. Ihr Heil suchen sie dennoch nicht – und auch das liegt wohl in ihrer Natur – in der offenen Auflehnung, sondern sie arrangieren sich mehr oder weniger mit den ihnen aufgezwungenen Verhältnissen. Ihr Widerstand besteht in der sozialen, wirtschaftlichen und politischen Unterwanderung der rückständigen Beduinengesellschaft. Zuletzt besetzen sie die weitaus meisten politischen, administrativen, militärischen und ökonomischen Schlüsselfunktionen. Israel verführt dieser Umstand später zu dem naheliegenden Schluß, Jordanien sei schon der eigentliche Staat der Palästinaaraber.

Jassir Arafat, der gebürtige Ägypter palästinensischer Herkunft, stand mit diesen Ereignissen und Entwicklungen in einem geradezu verblüffend engen persönlichen Zusammenhang. Hadsch Mohammed Amin al-Husseini, sein Oheim, führt seine vornehme Abkunft ebenso wie König Hussein zurück auf die freilich weit verzweigte Familie des Propheten Mohammed. Der PLO-Chef ist also, wenn auch ziemlich weitläufig, verwandt mit dem König!

Was Hussein 1967 wirklich veranlaßt, anzugreifen, als längst alles verloren war, darüber kann man nur rätseln. Israel wäre damals, abgesehen von einigen Grenzbegradigungen, ohne Zweifel im Austausch gegen einen Friedensvertrag bereit gewesen zur Rückgabe Cisjordaniens. Die Herrschaft über mindestens eine weitere Million aufsässiger Araber lag in der ersten Nachkriegsperiode noch keineswegs in der Vorstellungskraft der Sieger. Ministerpräsident Eschkols entsprechende Vorschläge fanden jedoch keinerlei Echo. War das eine arabische Spielart der sprichwörtlichen Nibelungentreue? Die Araber vergalten sie Hussein im blutigen Herbst 1970 jedenfalls in dem für ihn allerdings nur scheinbar zunächst aussichtslos scheinenden Selbstbehauptungskampf gegen die Palästinafreischärler. Ägyptens alternder »Rais« Gamal Abdel Nasser, der überzeugte Revolutionär, stand vor der Wahl zwischen dem König und dem Revolutionär. Er wählte den, der ihn immer bewundert hatte, und das war nicht der seiner Geheimpolizei Mabahes schon früh aufgefallene Muslimbruder Arafat, sondern es war Hussein. Der »Rais« konnte ziemlich nachtragend sein. Zudem war ihm die von dem Herrscher garantierte Ordnung, die er kannte, lieber als die zu erwartende Unruhe unter Arafat.

Der »Rais« erlaubte Hussein schließlich die blutige Unterdrükkung des palästinensischen Widerstandes im »Schwarzen September« 1970. Wäre Arafat von ihm unterstützt worden, wäre es sehr wahrscheinlich anders gekommen. Die Versöhnung der beiden verwandten Erzfeinde Hussein und Arafat, zustandegebracht auf der letzten Kairoer Gipfelkonferenz unmittelbar vor dem Tod Gamal Abdel Nassers, war eine milde Form der Züchtigung für den PLO-Chef.

Syriens etwa gleichzeitig erfolgter Schritt, Panzer zu entsenden, hatte allerdings einen ganz ähnlichen Hintergrund. Diese Maßnahme verhinderte, so mochte Damaskus hoffen, eine befürchtete israelische Intervention. Sie diente sicher kaum dem Schutz Husseins, gewiß aber auch nicht der Unterstützung Arafats.

König Hussein stützte sich damals also nicht nur auf eine starke und der Monarchie treu ergebene Armee; er besaß auch drei für die Palästinafreischärler unüberwindliche Protektoren: Ägypten, Syrien und Israel. Kairo bevorzugte Hussein, Jerusalem duldete, käme es hart auf hart, ganz gewiß keine Machtergreifung der Guerilleros, Damaskus trieb zwar ein nicht leicht durchschaubares Spiel, war kein Freund des Monarchen, wünschte aber kaum eine Regierung Arafat in Amman.

So lagen im Frühjahr 1970 die Machtverhältnisse in Jordanien. Der PLO-Führung mußten sie ebenso klar sein wie der Regierung. Warum kam es trotzdem zu der sich damals immer deutlicher abzeichnenden und ganz sicher von den Freischärlern ausgelösten Machtprobe?

Die Antwort liegt auf der Hand: Die PLO-Führung, und mehr noch die kleineren radikalen Randgruppen, kompensierten ihre Ohnmacht durch eine maßlose Siegespropaganda und eine gefährliche Muskelprotzerei. Jede kleine Bombenexplosion auf einem israelischen Marktplatz oder an einer einsam verlaufenden Wasserleitung wurde zu einem vernichtenden Schlag gegen den Zionismus. Jeder Gefühlsausbruch halbwüchsiger und lediglich mit Steinen bewaffneter Schulkinder in den besetzten Gebieten verwandelte sich in eine machtvolle Demonstration gegen Israel. Hörte oder las man die weit übertriebenen Berichte der Fedaijin über ihre angeblichen Aktivitäten, und wußte man nichts von der Wahrheit wie die zwischen Hoffnungslosigkeit und Aufsässigkeit schwankenden Lagerinsassen in Transjordanien, glaubte man natürlich allzugern an diese grellen Siegesfanfaren.

Die Ereignisse bekamen unaufhaltsam eine kaum noch zu steuernde Eigendynamik. Die PLO mußte darauf eingehen, um nicht unterzugehen. Wie bereits erwähnt, benahmen sich die Fedaijin, die Tarnuniformen trugen, in Amman wie die wahren Herren der Stadt und des Landes. Sie errichteten Straßensperren, kontrollierten Passanten, regelten den Verkehr, fuhren Patrouillen und erhoben Sondersteuern. Die Flüchtlingslager starrten vor Waffen; die Guerillafunktionäre sprachen überall lauthals vom unmittelbar bevorstehenden Sieg.

Ein Sieg winkte indessen – und Arafat wußte das ganz genau – noch nicht einmal über die Haschimitenmonarchie. Reguläre Streitkräfte, so lautete zwar eine Folgerung aus dem Verlauf des Vietnamkrieges, seien keine unbesiegbaren, sondern früher oder später sogar zwangsläufig unterlegene Gegner für die Guerilla.

'alästinas Kindersegen: Hoffnung für die Araber, Ärgernis für Israel

Das doppelte Gesicht der »Intifada«: Palästinas Kinder mit ihren Hoffnungen

'as doppelte Gesicht der »Intifada«: Palästinas Kinder mit ihrer Trauer

Der Verfasser als Agent des israelischen Geheimdienstes in der typischen Kopftracht de Palästinaaraber

Und da war ja auch noch das leuchtende Beispiel Algeriens. Niemand bedachte, daß Palästina kein Vietnam war und Algerien kein Palästina. Der vietnamesische Dschungel bot den dortigen Guerilleros ausgezeichnete und schwer zu entdeckende Unterschlüpfe. Wo gab es sie in den Wüsten- und Steppengebieten, den überschaubaren sanften Hügeln und den kleinen Dörfern und Städten Trans- und Cisjordaniens und Israels? Die Amerikaner in Vietnam und die Franzosen in Algerien kämpften gegen ein ganzes Volk; hierzulande stand die Hälfte der Bevölkerung, die Beduinen, für König Hussein, und jenseits des Jordans standen über zwei Drittel der Einwohner, die Juden, für Israel. Algeriens Unabhängigkeit war zudem nicht allein die Folge der Siege der FLN, sondern auch das Resultat kluger politischer Entscheidungen General de Gaulles.

Nein, die Fedaijin waren – geistig, strategisch, doktrinär und technisch – noch immer denkbar schlecht vorbereitet für die Guerilla. Wußte Arafat von der nicht lange zurückliegenden Reise Mosche Dajans nach Vietnam? Der General hatte sich nämlich glänzend informiert. Das bewiesen seine wohlüberlegten Berichte darüber in internationalen wehrwissenschaftlichen Zeitschriften. Kannte man sie im PLO-Hauptquartier?

Arafat und seine Anhänger unterhielten schon früh, wie wir geschildert haben, Beziehungen zu Algeriern und Chinesen. Die PLO starrte – und tat das auch später noch – viel zu fixiert auf die, wie sich immer wieder bewahrheiten sollte, nur bedingt tauglichen Vorbilder Mao Tse-tung, Giap oder Fanon. Sie entwickelte nie eine maßstabgetreue, auf die palästinensischen Verhältnisse anwendbare Doktrin der Guerilla. In Jordanien hatte sie ebensowenig jemals eine Chance wie danach im Libanon. Arafat machte sich – vielleicht als einziger seiner Leute – darüber keine Illusionen. Besuchte man ihn damals in seinem im darauffolgenden September von der transjordanischen Artillerie dem Erdboden gleichgemachten Hauptquartier auf dem Ammaner Dschebel al-Luweibdeh, hörte man von ihm weder Drohungen noch Siegesrufe, sondern nur Beschwichtigungen und Beschwörungen. Besuchte er die Lager oder die Ausbildungsplätze der Milizen, lobte er zwar das Beharrungsvermögen der Flüchtlinge

und den Eifer der Fedaijin, versprach auch den Sieg und die Rückkehr in die Heimat, wirkte aber immer eher wie ein sorgenvoll warnender Familienvater bei seinen ungebärdigen Kindern. Der PLO-Chef tat noch ein übriges. Er sprach laufend mit König Hussein, dessen Regierungschefs und den Armeebefehlshabern wie anderen einflußreichen jordanischen Persönlichkeiten und gab beruhigende Zusicherungen. Das gleiche tat er auch gegenüber dem ägyptischen Präsidenten und anderen arabischen Staatschefs. Die Frage war nur, wie sehr konnte man ihm trauen und wie fest hatte er die Seinen in der Hand?
Im Königslager herrschten zwei gegensätzliche Meinungen. Hussein war, wie er auch öffentlich wiederholt durchblicken ließ, für eine möglichst langmütige und nachgiebige Haltung. Ganz Herrscher, dachte er offenbar frühzeitig daran, daß Überreaktionen sich nachteilig auf seine palästinensischen Untertanen auswirken und auch die Rückgewinnung Cisjordaniens nach einem etwaigen israelischen Rückzug gefährden könnten.
Gegenteiliger Ansicht war Husseins jüngerer Bruder und Kronprinz Hassan Ibn Talal, und wie er dachte offenkundig die ganze übrige Haschimitenfamilie ebenso wie die Führung der Beduinenarmee. Hassan verwies unermüdlich auf die durch die immer herausforderndere Machtanmaßung der Fedaijin lächerlich gemachte Autorität von Streitkräften und Dynastie. Dem Kronprinzen lag anscheinend auch wenig an der Wiedergewinnung Cisjordaniens. Die Palästinaaraber waren ihm zu aufsässig, wie man ja jetzt wieder erleben mußte, und er hielt die Annektion des Jordanwestufers durch seinen Großvater Abdullah wohl im nachhinein uneingestanden für einen Fehler. Der Haschimitenthron war der letzte seiner alten, großen und einst so einflußreichen Familie in der arabischen Welt. Er schien ihm am sichersten aufgehoben in dem zwar verhältnismäßig armen, aber treuen Beduinenemirat. Die Flüchtlinge wäre er am liebsten ganz losgeworden. Nachdem das nun einmal unmöglich war, mußte man sie ein für allemal lehren, wer hierzulande das Sagen hatte.
Die Monarchie schien – nach außen hin – zu zögern und schon zu wanken. Das ermutigte die palästinensischen Extremisten zusätzlich und täuschte vielleicht für einen Augenblick selbst Arafat.

Was er wirklich dachte und wollte, hat er nie eingestanden. Feststeht aber, was er tat. Zu Beginn des »Schwarzen September« entführte die linksgerichtete Volksfront für die Befreiung Palästinas (PFLP) unter dem früheren Ammaner Kinderarzt Dr. George Habasch nacheinander drei Verkehrsflugzeuge westlicher Luftfahrtgesellschaften. Die Flugzeuge landeten auf dem früheren britischen Militärflugplatz Dawson's Field, dreißig Kilometer nordöstlich der jordanischen Hauptstadt. Jordaniens Beduinensoldaten umstellten sofort das Gelände. Die 425 Geiseln befanden sich in Lebensgefahr.
Die PLO-Führung unter Arafat verlangte als erstes die sofortige Freilassung der Geiseln. Nachdem dies nichts fruchtete, suspendierte sie die Mitgliedschaft der PFLP. Die PLO-Führung, Jordaniens Regierung, Abgesandte mehrerer Araberstaaten und aus den betroffenen europäischen Ländern erreichten im Austausch gegen die Freilassung inhaftierter Hijacker endlich die Überstellung der Geiseln nach Amman.
Die Entführungswelle trieb die Siegesgewißheit der Extremisten zur Siedehitze. Sie hatten bewiesen, wieviel man erreichen konnte, wenn man nur entschlossen genug vorging. Viele, die bislang gezögert hatten, verloren ihre Bedenken. Das Unheil nahm seinen Lauf. Die Geiseln waren kaum befreit, da erging der Angriffsbefehl an die Beduinentruppen.
Arafat hatte nicht die geringste Chance. Auf den ersten Blick waren die Fedaijin fast ebenso stark wie die Beduinen. König Hussein verfügte über fünfundfünfzigtausend Soldaten, die PLO-Mitgliedsorganisationen hielten fünfzigtausend Mann unter Waffen. Beide Seiten unterschieden sich aber nicht durch das für die Palästinenser ungünstige Gefälle von Ausbildung und Kampfmoral – die Beduinen waren schon im arabisch-israelischen Krieg von 1948/1949 und wieder im Sechs-Tage-Feldzug von 1967 die einzigen ernstgenommenen Gegner der israelischen Zahal gewesen.
Die Fedaijin vergaßen nicht nur diesen Umstand. Sie hatten zwar nicht zu wenige, sondern eher zu viele Waffen. Sie waren ungeheuer begeistert, aber schlecht ausgebildet, und ihre Kampfbereitschaft sank noch rascher, als die Siegesgewißheit der Bedui-

nenkrieger stieg. Sie verfügten vor allem nicht über schwere Artillerie, Panzer und Flugzeuge.
Die Beduinenkrieger verübten unbeschreibliche Grausamkeiten. Die Opfer waren keineswegs nur kämpfende Fedaijin, sondern unzählige palästinensische Zivilisten, darunter auch Verwundete. Syriens Panzerverbände im Norden des Landes deckten immerhin den Rückzug der geschlagenen Freischärler. Die irakischen Truppen im Osten blieben Gewehr bei Fuß. Kein Wunder: Israel stand auf dem Sprung, und im Mittelmeer kreuzten amerikanische Marineeinheiten.
Die Araberliga erschrak über das Ausmaß der Kämpfe, ihre Grausamkeit und die Zahl der Opfer. Arafats verzweifelte Appelle führten schließlich zur Entsendung einer interarabischen Vermittlungsdelegation unter dem damaligen sudanesischen Präsidenten Dscha'afar an-Numeiri nach Amman. Erst Gamal Abdel Nassers Druck aber bewerkstelligte das Zustandekommen eines Waffenstillstandes. Der »Rais«, von dem niemand ahnte, wie todkrank er war, erzwang eine kurzfristige öffentliche Versöhnung zwischen König Hussein und Jassir Arafat. Nur Stunden später starb Gamal Abdel Nasser.
Der »Rais« hatte Arafat immer wieder geraten, es nicht so weit kommen zu lassen; aber er hatte ihn nun auch gerettet. Und jetzt war er tot. In Amman verhandelte man daraufhin zwar noch über ein neues Abkommen über die beiderseitigen Rechte und Pflichten. Der König war aber wieder und blieb fortan ganz Herr der Lage. Im Sommer 1971 erlosch der letzte palästinensische Widerstand in neuerlichen Angriffen der Beduinenkrieger auf die Flüchtlingslager. Die PLO zählte insgesamt zwanzig- bis dreißigtausend Todesopfer.

Die schrecklichen Brüder von al-Ba'abda

Der Libanon hatte sich im ersten arabisch-israelischen Krieg von 1948/1949 zwar noch, wenn auch mehr oder weniger halbherzig, an den Kampfhandlungen beteiligt. Seitdem aber hatte er auf seiner faktischen Neutralität im Nahostkonflikt beharrt.

Das Levanteland war in vieler Hinsicht ein Sonderfall. Christliche Minderheiten gab es zwar in mehreren arabischen Ländern. Ins Gewicht fallende etwa in Ägypten, im Sudan, im alten Palästina und in Syrien. Im Libanon aber bildeten sie – wenigstens zeitweilig – die Mehrheit. Zwischen Anfang 1947, dem Ende der französischen Mandatsverwaltung, und Frühjahr 1975, dem Beginn des langwierigen Bürgerkrieges, behaupteten sie – freilich bei zurückgehender christlicher und steigender muslimischer Bevölkerungszahl – ihre Vormachtstellung.

Mindestens nach außen hin erfreute sich der Libanon – als einziges nahöstliches Land neben Israel – der Segnungen einer parlamentarischen Demokratie nach westlichem Vorbild. Zudem orientierten sich die libanesischen Christen, ebenso wie die israelischen Juden, auch geistig nach Westen. Im Globalspektrum des Vorderen Orients empfanden sich Christen wie Juden naturgemäß als ungeliebte und mehr oder weniger gefährdete Minderheiten. Diese Voraussetzungen ermöglichten ein zwar nicht offenes politisches, aber doch insgeheimes gefühlsmäßiges Einverständnis zwischen libanesischen Christen und israelischen Juden.

Man fragte einmal Golda Meir: »Mit welchem arabischen Staat bekommt Israel zuerst diplomatische Beziehungen?«

Sie antwortete bezeichnenderweise: »Den ersten kann ich nicht nennen, wohl aber den zweiten – Libanon!« Nach »Camp David«, dem ägyptisch-israelischen Friedensabkommen, lag 1983 das Zustandekommen eines libanesisch-israelischen Vertrages also scheinbar durchaus im Interesse beider Seiten und in der Logik der Geschichte.

Israel fungierte ja, nach 1948, de facto als eine Art regionale Garantiemacht nicht nur für Jordanien, sondern auch – und das zeigte sich noch einmal flagrant durch den im Sommer 1982 erfolgten großangelegten Einmarsch – auch für den Libanon.
Die Araberstaaten nahmen das erstaunlich lange stillschweigend hin. Was Jordanien anging, so war ihnen dort die Herrschaft des berechenbaren Königs Hussein im Grund doch lieber als eine Machtübernahme durch die unberechenbar scheinenden Palästinaaraber. Im übrigen gönnte keiner dem anderen den Machtzuwachs durch eine etwaige Einverleibung des Königreiches: Ägypten und Saudiarabien nicht Syrien oder dem Irak; der Irak nicht Syrien oder Saudiarabien oder Ägypten.
Der Libanon spielte in dem nach dem Ersten Weltkrieg von den Kolonialmächten erst künstlich geschaffenen und dann hinterlassenen nahöstlichen Staatengleichgewicht, das den aus ihm hervorgegangenen separatistischen Eliten und deren Regierungen immer noch besser zu sein schien als die arabische Einheit, eine Sonderrolle. Falls man sie ernsthaft anzutasten wagte, stellte sich unweigerlich die »arabische Frage«: Wie halten wir es mit der von uns allen gewünschten Einigung, und wem von uns gebührt die Führung der Araber?
1918 griffen die Haschimiten nach der arabischen Königskrone und der islamischen Kalifenwürde. Sie beriefen sich dabei auf ihre Herkunft aus der Familie des Propheten Mohammed. In Damaskus, dem ersten urbanen Mittelpunkt des nachmohammedischen arabischen Weltreiches, lächelte man wohl insgeheim über diesen Machtanspruch der zentralarabischen Hinterwüstler. König Feisal I. war wohl auch deshalb nur sehr kurz Herrscher über Syrien. Zwar wollten ihn die Franzosen, deren Mandatsgebiet es geworden war, nicht haben, aber auch die Syrer rührten für ihn kaum eine Hand. Damaskus empfand sich gefühlsmäßig noch immer als wahres Zentrum des Arabertums.
In Bagdad konnte man sich nie und nimmer damit abfinden. Im Zweistromtal erlebte die arabische Kultur, man denke nur an den Kalifen Harun ar-Raschid, ihre höchste Blüte. Wer wollte sich da noch wundern über die unversöhnliche Feindschaft zwischen den Nachbarstaaten Irak und Syrien?

Ägypten wiederum fühlte sich, wenigstens unter Gamal Abdel Nasser, kraft seines bevölkerungszahlenmäßigen Übergewichtes als berufenster Bannerträger des modernen Panarabismus. In Wahrheit hatte es eine gespaltene Seele. Es schwankte zwischen dem Stolz auf die längst versunkene pharaonische Größe und dem Zugehörigkeitsgefühl zur arabisch-islamischen Welt.
Syrien warf sich 1958 zwar in die ägyptischen Arme, vornehmlich aber wegen der Schwäche des damals dort herrschenden Regimes; 1961 schon zerfiel die kurzlebige Union, überwiegend wegen der Machtanmaßung – was immer man darunter verstehen mochte – der schließlich freiwillig herbeigerufenen Ägypter in Syrien.
Der Libanon fungierte in diesem ständig unter Hochdruck stehenden nahöstlichen Kessel als scheinbar unverzichtbares Überdruckventil. Beirut, das »Paris des Orients«, war die beliebteste Spielwiese der Potentaten aus den puritanischen Wüstenstaaten. Die »Schweiz des Ostens« diente als Umschlagplatz für die wirtschaftlichen Interessen der Ölproduzenten. Im Libanon trafen sich die sonst allenthalben gewaltsam unterdrückten politischen Leidenschaften wie in einem sie verstärkenden Brennglas. Nur hier konnten sie sich frei entfalten, und hier traten sie in einen ungehinderten Wettbewerb. Hier maßen sich miteinander Muslime und Christen, Nasseristen und Ba'athisten, Muslim-Brüder und islamische Fundamentalisten, Demokraten und Kommunisten.
Das Levanteland war eine Demokratie auf ethnisch-religiöser Grundlage. Der »Nationalpakt«, auf dem sie beruhte, gab den maronitischen Christen, der größten nichtmuslimischen Gemeinschaft, ein dauerndes Übergewicht. Präsident war immer ein Maronit, Regierungschef ein sunnitischer und Parlamentssprecher ein schi'itischer Muslim. Die Armeeführung oblag einem Christen. Die Parlamentssitze verteilten sich nach einem ein für allemal festgelegten Proporzschlüssel.
Das Anwachsen der muslimischen Bevölkerungszahl brachte die Christen jedoch allmählich in die Minderheitenposition. Diese Entwicklung fiel zusammen mit der durch die Ölpreisexplosion und die Weltwirtschaftskrise auch hierzulande ausgelösten Verschlechterung der ökonomischen Lage. Die Arbeitslosigkeit

wuchs und traf vor allem die sozial unterprivilegierten muslimischen Massen. Sie waren plötzlich anfällig geworden für die revolutionäre Propaganda. Die Guerilla der im Südlibanon operierenden Palästinafreischärler erschien ihnen auf einmal als nachahmenswertes Beispiel. Die Fedaijin waren ja ebenfalls Muslime, und nun entdeckten beide Seiten ihre gegenseitige Sympathie und Solidarität. Libanons Muslime erhofften sich von den Freischärlern Hilfe bei dem gegen die militanten Christen unausweichlich scheinenden bewaffneten Kampf um ihre politische Gleichberechtigung. Die Palästinenser wiederum erwarteten von einer muslimischen libanesischen Regierung größeres Verständnis für ihren Kleinkrieg gegen Israel.

Die Christen verschlossen sich uneinsichtig jeder gütlichen Anpassung des ethnisch-konfessionellen Proporzsystemes an die veränderten demographischen Gegebenheiten. Sie beharrten auf ihrem politischen, kulturellen, wirtschaftlichen und sozialen Übergewicht. Die Palästinaaraber verstärkten ihrerseits erheblich das zahlenmäßige und militärische Gegengewicht der Muslime. Die Christen sahen daher vor allem in ihnen die Hauptgegner.

Die Fedaijin brauchten, wenn sie weiterkämpfen wollten, nichts dringender als ihr südlibanesisches Operationsgebiet. Jordanien war verloren, und Syrien verweigerte die Zustimmung zur Guerilla. Eine Befreiungsbewegung, die nicht mehr kämpfen konnte, würde, wie man sich ausrechnete, auch ihren politischen Kurswert verlieren.

Das Fiasko in Transjordanien bewirkte andererseits einen nachhaltigen Schock. Jassir Arafat hatte ihn nicht vergessen. Er warnte öffentlich davor, sich leichtfertig einzumischen, verhehlte allerdings nicht seine Sympathien für die Ziele der libanesischen Muslime. Einerseits beharrte er in der Auffassung, die Guerilla sei eine nationale Angelegenheit der Palästinaaraber, und wehrte sich entschieden gegen die Einflußnahmeversuche der arabischen Regierungen. Andererseits war er sich nur zu gut darüber klar, daß die Stellung der Seinen im Südlibanon durch niemand mehr bedroht war als durch die in Beirut herrschenden Christen. Mußte er nicht fürchten, daß sie früher oder später einmal gemeinsame Sache machen würden mit Israel?

Arafats Hauptproblem bildeten allerdings die »internationalistisch« orientierten Gruppen innerhalb seiner PLO. Dabei handelte es sich hauptsächlich um die linksgerichteten Organisationen Volksfront für die Befreiung Palästinas und Demokratische Volksfront (DPFLP). Beide besorgten zwar nicht mehr, wie die alte PLO-Führung unter Achmed asch-Schukeiri, die Geschäfte einer oder mehrerer arabischer Regierungen. Ihre Chefs George Habasch und Nedschif Hayetmah sahen in den Fedaijin aber die kämpferische Vorhut der arabischen Revolution. Revolutionäre Umwälzungen in den arabischen Staaten waren nach ihrer Überzeugung die Voraussetzung für die Beseitigung Israels und den Sieg der palästinensischen Revolution.

Jassir Arafat stand auch ohne diese utopischen Revolutionäre vor einem schwer lösbaren Dilemma. Ein Sieg der militanten Christen war unweigerlich gleichbedeutend mit dem Verlust des Südlibanons für seine Fedaijin. Eine Einmischung hingegen hatte möglicherweise ein ebenso katastrophales Ergebnis wie vorher in Transjordanien.

Die Christen nahmen ihm die Entscheidung aus der Hand. Beschir Dschemaijel, der Befehlshaber der größten und angriffslustigsten Christenmiliz, gab mit dem schon erwähnten Feuerüberfall auf einen palästinensischen Omnibus das eigentliche Startsignal für den Ausbruch des Bürgerkrieges. Die Fedaijin mußten sich wehren.

Beschir Dschemaijel zwang im weiteren Verlauf des Bürgerkrieges auch die Anhänger des mit seinen Machtansprüchen konkurrierenden früheren christlichen Präsidenten Camille Chamoun gewaltsam unter sein Kommando. 1982 wählte man ihn als Nachfolger von Präsident Elias Sarkis zum Staatsoberhaupt. Er gelangte allerdings nicht in den Präsidentenpalast im Beiruter Vorort al-Ba'abda. Extremisten unbekannter Herkunft ermordeten ihn zuvor im Hauptquartier seiner Miliz. Nachfolger wurde niemand anderer als sein Bruder Amin Dschemaijel.

Erster Höhepunkt des langwierigen Bürgerkrieges wurde die Zerstörung des am Stadtrand von Beirut gelegenen palästinensischen Flüchtlingslagers Tell as-Sa'atar. Doch das war eine andere Geschichte, eine Geschichte von grenzenloser Zerstörungswut, unbeschreiblicher Grausamkeit und unmenschlicher Blutgier und Mordlust. Im Libanon wurde sie der Anfang vom Ende für die PLO.

Die PLO hatte Tell as-Sa'atar unbemerkt ausgebaut zu einer waffenstrotzenden und uneinnehmbar scheinenden Festung, beispielsweise mit einem Labyrinth bombensicherer unterirdischer Gänge mit versteckten Ein- und Ausgängen sogar in der Außenwelt. Doch die hermetische Abriegelung durch die christlichen Belagerer und die mangelnde Kampfmoral der palästinensischen Insassen, vergrößert durch Nahrungsmittel-, Wasser-, Strom- und Medikamentenmangel, brachen schließlich die Festung. Es gab eine unvorstellbare Zahl von Todesopfern nicht nur unter den aktiven Kämpfern, sondern vor allem auch unter Kindern, Frauen und Greisen.

Die Wirkung

»Schwarzer September« in Amman

Jassir Arafat beschäftigte sich – wie zuvor schon in der von ihm mitgegründeten und seitdem angeführten al-Fatah – als Chef der Palästinensischen Befreiungs-Organisation erst einmal mit der moralischen und organisatorischen Erneuerung der PLO. Die PLO erhielt endlich ein Grundsatzprogramm; es war, wenigstens in groben Zügen, das Programm von al-Fatah. Die PLO verstand sich von nun an als Kampforganisation, folgte einer nationalen Position und setzte auf revolutionäre Gewalt.

Arafat und seine Anhänger sahen die vertriebenen Palästinaaraber – anders als die linken Randgruppen – freilich nicht als Klassengesellschaft. Durch die Vertreibung vielmehr entstanden sei eine »Klasse von Flüchtlingen«. Diese Ausnahmesituation müsse verändert werden. Das sei das einzige revolutionäre Ziel. Während des Befreiungskampfes gebe es kein soziales Ideal, sondern man bedürfe der Einheit aller nationalen Kräfte. Die Revolution mache die Ideologie und nicht die Ideologie die Revolution.

Dies war ein zweifellos für alle unterschiedlichen Gruppen akzeptabler gemeinsamer Nenner. Die Linke hielt sich freilich nicht immer daran und leistete sich häufig offene oder geheime Alleingänge.

Eine Lücke war jedoch gelassen worden, die sich noch folgenschwer auswirken konnte. Die Befreiungsbewegung richtete ihre Fürsorge begreiflicherweise vor allem auf die Flüchtlinge. Sie bildeten die Mehrheit der Palästinaaraber. Araber gab es aber auch in Cisjordanien und Israel. Sie wurden erstaunlicherweise überhaupt nicht erwähnt und spielten denn auch nie eine fühlbare Rolle in der Befreiungsbewegung.

Das »Palästinensische Manifest« vom Juli 1968 nannte Palästina »die Heimat des arabisch-palästinensischen Volkes« und »einen unlöslichen Bestandteil der großen arabischen Heimat«. Der bewaffnete Kampf sei »eine Strategie und keine Taktik«. Im Kernsatz hieß es: »Das palästinensische Volk bekräftigt seine endgültige und unwiderrufliche Entschlossenheit, den bewaffneten Kampf fortzusetzen und der bewaffneten Volksrevolution zur Befreiung Palästinas, seiner Heimat, entgegenzuschreiten.« Für null und nichtig erklärt wurden die Balfour-Declaration, die Mandatsgesetze, die UN-Teilungsresolution und die Gründung Israels.

Das waren sehr weitgehende und sicher kaum jemals durchsetzbare Ziele. Arafats Taktik war allerdings für jedermann offenkundig: Israel war sicher zu stark für einen aussichtsreichen bewaffneten Kampf, darüber war er sich auch klar. Aber allein die Guerilla konnte früher oder später endlich die jetzt noch nicht vorhandene politische Verhandlungsposition schaffen. Dann erst, und nicht vorher, war die Zeit zur Entwicklung von Kompromißformeln. Denn worüber sollte man noch verhandeln, wenn man sich von vornherein bereitfand, die geschaffenen Tatsachen anzuerkennen? Die Entwicklung, die sich von da an abspielte, gab ihm Recht.

Die Guerilla führte zwar keineswegs zur Zerstörung Israels. Sie führte, solange sie sich nur gegen dieses richtete, noch nicht einmal zu der erhofften politischen Anerkennung der palästinensischen Forderungen. Tragischerweise wurde das erst erzwungen durch den weltweiten Terror gegen israelische staatliche und zivile Einrichtungen, die internationale Verkehrsluftfahrt und israelfreundliche Persönlichkeiten oder einfach mehr oder weniger unbeteiligte Juden. Die Weltmeinung schrie empört und entsetzt auf – etwa bei dem Münchner Olympiamassaker –, sie nahm aber auch endlich hinreichend Notiz von den Palästinaflüchtlingen.

Wußte Arafat vorher von diesen Terrorakten? Billigte er sie am Ende? Diese Fragen lassen sich kaum schlüssig beantworten. Als PLO-Chef verurteilte er sie zwar jeweils öffentlich, warb aber um menschliches und politisches Verständnis für die Verzweiflung der Urheber. Möglicherweise war das nicht seine wahre Meinung.

Beim Machtwechsel in der Palästinensischen Befreiungs-Organisation nach dem Sechs-Tage-Krieg stand Arafat zunächst noch vor einer ganz anderen Schwierigkeit. In Israel selbst und in dem von Transjordanien annektierten Restpalästina gab es nie eine von innen heraus gegen die Eindringlinge gerichtete Freiheitsbewegung. Die PLO fand in Israel so gut wie keine, in Cisjordanien nach der israelischen Besetzung auch nur verhältnismäßig geringe Resonanz. Der Verzicht auf ein politisches und soziales Zukunftsprogramm, das anziehend genug gewesen wäre, nicht nur für die Lagerinsassen, erwies sich also doch als nie überwundener Nachteil.

Die PLO entwickelte sich in der Zeit zwischen der Niederlage von 1967 und dem transjordanischen »Schwarzen September« von 1970 dessen ungeachtet erstaunlich schnell zu einem Staat, wenn auch ohne Staatsgebiet. Die Niederlage wurde hierbei, so paradox es klingt, zum Segen. Ohne Sechs-Tage-Krieg und ohne die durch ihn ausgelöste abermalige Massenfluchtwelle, vornehmlich nach Transjordanien, wäre die Flüchtlingsgesellschaft viel zu zerstreut und zersplittert gewesen für die weitgehenden Pläne der PLO. Die Konzentration des größten Teiles der Flüchtlinge unter menschenunwürdigen Umständen auf engstem Raum bot dazu erst die Gelegenheit. Was Arafats PLO in dieser Nachkriegszeit in Transjordanien leistete, war eine einzigartige Zivilisationstat. Sie schien vergleichbar vielleicht nur mit der Kolonisation Palästinas durch die frühen Zionisten – und selbst die erfolgte unter günstigeren Umständen.

Auch hatte Arafats Organisation seitdem verblüffende Ähnlichkeit mit den zionistischen Vorbildern der britischen Mandatszeit. Das konnte freilich nicht verwundern. Es ging um das gleiche Land, und beide hatten die gleichen Ziele. Was Arafat vorgefunden hatte, war ein 301 Mitglieder zählender Palästinensischer Nationalrat. In ihn entsandten sowohl die militärischen Kampfgruppen als auch die zivilen Verbände ihre Delegationen. Vertreten waren neben den Vereinigungen der Schriftsteller und Journalisten Arbeiter, Frauen, Studenten, Lehrer, Ingenieure, Rechtsanwälte, Ärzte, Maler und Künstler sowie Bauern, dazu die acht aktiven Widerstandsgruppen al-Fatah (»Die Eroberung«), Volksfront für die Befreiung Palästinas (PFLP), Demo-

kratische Volksfront (DPFLP), Arabische Befreiungs-Front (ALF), Palästinensische Befreiungsfront (PLF), Palästinensische Volkskampffront (PPSF), Generalkommando der Volksfront und as-Saika (»Der Blitzstrahl«). Hinzu kamen einige Unabhängige sowie Vertreter der palästinensischen Gemeinden außerhalb Palästinas. Nicht vertreten lassen konnten sich die palästinensischen Einwohner der besetzten Gebiete und Israels.
Der Palästinensische Nationalrat wählte ein sogenanntes Zentralkomitee von sechzig Mitgliedern, und an die Stelle einer Exilregierung trat das fünfzehn Mitglieder zählende Exekutivkomitee unter Jassir Arafat.
Arafat vermied erstaunlicherweise stets die Ausrufung einer offiziellen Exilregierung wie seinerzeit etwa die algerische FLN. Eine Begründung, die einigermaßen glaubhaft gewesen wäre, gab er dafür nicht. Er überhörte auch die diesbezüglichen Ratschläge des ägyptischen Präsidenten as-Sadat, der Sowjetunion und einiger seiner neutralen Freunde. Viele Staaten hätten eine solche Regierung sicher sogleich anerkannt. Unübersehbar gewesen wären auch die Vorzüge für die Verhandlungsposition der Freischärler gegenüber den arabischen und anderen Regierungen sowie vor den Vereinten Nationen und hinsichtlich der Europäischen Gemeinschaft.
Man kann nur vermuten, was ihn dazu veranlaßte, dies zu unterlassen. Scheute er es, sich verantwortlich machen lassen zu müssen für den nicht von ihm verantworteten und nicht durch ihn zu unterbindenden Terror? Dieses Motiv spielte gewiß eine – wenn auch eher untergeordnete – Rolle. Schwerwiegender dürfte die permanente Gefährdung der Einigkeit unter den verschiedenen Richtungen der Fedaijin und die Schwäche seiner eigenen Machtposition gewesen sein. Er besaß ja durchaus keine diktatorischen Vollmachten. Anerkannt wurde er immer nur als primus inter pares. Er fungierte weitaus mehr als Vermittler und Vollstrecker denn als Anreger und Gestalter.
Für die Flüchtlingsgesellschaft kam, wie wir gesehen haben, »alle Macht aus den Gewehrläufen«. Das »Palästinensische Manifest« das schon zitiert wurde, bezeichnete folgerichtig den bewaffneten Kampf als die eigentliche Strategie. In Wahrheit verzichtete man

damit auf eine politische Strategie. Folglich wurde am einflußreichsten, wer am meisten schoß, ob er nun damit erfolgreich war oder nicht.
Dies erwies sich als ebenso nachteilig wie das völlige Fehlen politischer Parteien und Massenorganisationen. Es gab überhaupt keine politische Basis; die Widerstandsbewegung schwebte faktisch haltlos in der Luft. Die Freischärlergruppen bezogen ihre Legitimation ausschließlich von ihrer persönlichen Anhänglichkeit an ihre von niemand gewählten Anführer und ihren häufig sehr anzweifelbaren Siegesmeldungen, nicht aber aus einer irgendwie meßbaren Anhängerzahl.
Die PLO entwickelte sich trotz aller geschilderten politischen und organisatorischen Nachteile erstaunlich rasch zur ungemein lebenskräftigen und erfolgreichen gesellschaftlichen Verfassung der Flüchtlinge – zunächst in Transjordanien und später noch einmal im Libanon. Dem Exekutivkomitee untergeordnet waren zwölf strukturell klassischen Ministerien gleichende Abteilungen, im einzelnen zuständig für militärische Fragen, die Palästinensische Befreiungs-Armee (PLA), die Streitkräfte der Widerstandsgruppen, Milizen sowie für Außenpolitik, Erziehung, Gesundheit, Volksorganisationen, Information, Finanzen, nationale Beziehungen und Angelegenheiten der besetzten Gebiete. Hinzu kamen Abteilungen für Planung und für Forschung. Deren Leiter erwiesen sich, sofern sie überhaupt öffentlich auftraten, nicht selten als begabte Politiker und Administratoren. Bekanntes Beispiel wurde der in Ost und West keineswegs geringgeschätzte »Außenminister« Faruk al-Kaddumi. Ihm unterstanden 1983 insgesamt über achtzig diplomatische, halbdiplomatische oder informelle PLO-Vertretungen in den Hauptstädten der ganzen Welt.
Der Zustand der transjordanischen Flüchtlingslager überzeugte jeden unvoreingenommenen ausländischen Besucher bis zu jenem unheilvollen Herbst 1970 von der segensreichen Tätigkeit der von den einzelnen Abteilungen des Exekutivkomitees eingerichteten praktischen öffentlichen Dienste. Dem Höheren Rat für Bildung und Erziehung unterstanden Kindergärten und Schulen mit verhältnismäßig hohem Ausbildungsniveau. Der Erfolg palästinensischer Gastarbeiter in den arabischen Ländern, be-

sonders in geistigen und technischen Berufen, war dafür ein eindrucksvoller Beweis. Der »Palästinensische Rote Halbmond« unterhielt ein erstaunlich dichtes Netz von medizinischen Versorgungszentren und teilweise hervorragend ausgestatteten Krankenhäusern. Neben Jugend- und Sportgruppen gab es zwei nationale Jugendorganisationen – darunter al-Aschbal, die »Jungen Löwen« – sowie Theater- und Volkskunstgruppen.

Besondere Aktivitäten entfaltete selbstverständlich die Informationsabteilung. Ihr unterstand die offizielle Nachrichtenagentur Wafa, das Zentralorgan Filastin at-Thaura (»Die palästinensische Revolution«), der Rundfunksender as-Saud al-Assifa (»Die Stimme des Sturmes«), ein Film- und Bilderdienst und eine Abteilung für Auslandsinformation. Diese wiederum sorgte unter anderem für Pressedienste und Buchveröffentlichungen in fremden Sprachen.

Die Abteilung für die besetzten Gebiete hielt die Verbindung zwischen den Freischärlern und der dortigen Bevölkerung und organisierte und finanzierte die Verteidigung politischer Gefangener. Das Institut für soziale Wohlfahrt schließlich betrieb Kindertagesstätten, eine Blindengesellschaft, die Sozialhilfe für Verwundete sowie die soziale Unterstützung der Angehörigen Gefallener.

Polizei, eigene Gerichtsbarkeit und Gefängnisse sorgten für die innere Sicherheit in den Flüchtlingslagern. Der Geheimdienst Rassd stützte sich vor allem auf die palästinensischen Minderheiten in den arabischen Staaten und die Palästinenserkolonien im nichtarabischen Ausland.

»Allah ist«, besagt eine Koransure, »Allah ist mit den Standhaften!« As-Samid heißt auf arabisch »Der Standhafte«. As-Samidin nannte man ursprünglich die in der Guerilla gegen Israel gefallenen »Märtyrer«. Seit 1967 hießen so auch die in den besetzten Gebieten ausharrenden Einwohner. As-Samidin nannte sich auch der bei weitem erfolgreichste innere Organisationszweig der PLO-Selbstverwaltung. Die »Werkstättenvereinigung der Söhne palästinensischer Märtyrer«, um die es sich ursprünglich handelte, war zunächst nur ein Ausbildungs- und Beschäftigungsprogramm für die Heranwachsenden, vor allem die Kriegswaisen.

Die Vereinigung unterhielt landwirtschaftliche wie kleinindustrielle Zweige. Mit Hilfe schwarzafrikanischer Fachleute (deren Kenntnisse wiederum vielfach von israelischen Entwicklungshelfern kamen) entstanden bäuerliche Musterfarmen und vor allem handwerkliche und industrielle Kleinbetriebe in den Flüchtlingszentren. 1979, knapp zehn Jahre nach der Gründung, zählte der industrielle Fertigungssektor etwa dreieinhalbtausend Beschäftigte, und eine eigene Vertriebsorganisation übernahm den Export der Produkte nach Westeuropa und in die Vereinigten Staaten. Die Zahl der Beschäftigten stand zwar noch in einem krassen Mißverhältnis zur Gesamtflüchtlingszahl, doch as-Samid-Chef Abu Ala'a nannte das Wirtschaftsprogramm 1979 den Kern eines künftigen palästinensischen Staatssektors.

Diese Aktivitäten sorgten zwar für die Entwicklung eines Selbstverantwortungsgefühles in der Flüchtlingsgesellschaft und befreiten Jordanien von der Verantwortung für die Lager. Diese entzogen sich dadurch aber auch immer mehr der Kontrolle durch die Behörden des Königreiches. Sie wurden, abgesichert durch die bewaffneten Fedaijin, zu »Staaten im Staat«. Dies war – einmal ganz abgesehen von den äußeren Ereignissen wie dem Versuch König Husseins zur Teilnahme an dem damals vom amerikanischen Außenminister Rogers ausgearbeiteten Friedensplan, der Umsturzpropaganda der Linksgruppen PFLP und DPFLP, den sich häufenden Schießereien zwischen Guerilleros und regulären Truppeneinheiten und den Flugzeugentführungen nach Jordanien – die »innere Ursache« für den sich anbahnenden Bürgerkrieg. Die Palästinaaraber formierten eine Parallel- und Gegengesellschaft auf jordanischem Boden. Ließ man sie ungestört gewähren, war zu befürchten, daß sie früher oder später den Sturz der Monarchie herbeiführen würden.

Im Morgengrauen des 17. September 1970 begann der von Panzern, Artillerie und Tieffliegern unterstützte jordanische Infanterieangriff auf die palästinensischen Flüchtlingslager rund um und die PLO-Einrichtungen in Amman. Die Hauptstadt wurde stark zerstört, das PLO-Hauptquartier sank in Schutt und Asche, die Lager zeitigten barbarische Verwüstungen. Die Jordanier waren nach Personal, Ausbildung und Bewaffnung stark überlegen, trotzdem leisteten die Palästinenser eine Woche lang Widerstand. König Husseins Sieg zerschlug mehr als diese militärische Auflehnung. Zerstört wurden auch die politischen, wirtschaftlichen und sozialen Ansätze einer palästinensischen Zukunftsgesellschaft. Die Lagerinsassen fielen zurück in ihr lethargisches Dasein.

Über den »Arafat-Pfad« ins »Fatah-Land«

Der Dschebel asch-Scheich, so nennen die Araber das Hermongebirge, ist mit 2814 Metern über dem Meeresspiegel die höchste Erhebung Syriens. Hier befinden sich die Ruinen eines antiken Heiligtums. Zahlreiche Quellen versorgen die fruchtbaren Oasen am Fuß des Jurakalkmassives. Die Wälder, die es einst bedeckten, sind zwar verschwunden, und der Bergrücken liegt bis in den Frühsommer hinein voller Schnee. Das Gebirge und sein unübersichtliches, buschbedecktes, hügeliges Umland im »Dreiländereck« von Syrien, Israel und dem Libanon bietet aber ideale Voraussetzungen für die Guerilla. Nach 1967 verwandelten die Fedaijin dieses teilweise unmittelbar an das dichtbesiedelte israelische Obergaliläa angrenzende Gebiet zielstrebig in ein »Fatah-Land«. Mit Lebensmittel-, Munitions- und Waffennachschub aus Syrien versorgten sie sich über den für die feindliche Luftwaffe schwer auszumachenden »Arafat-Pfad«.

Der »Schwarze September« bewirkte einen nachhaltigen Schock bei den geschlagenen Fedaijin. Von nun an mußte ihnen endgültig klar sein, daß sie nirgendwo willkommen waren und allein standen. Was sich bestätigt hatte, war Jassir Arafats Politik der Trennung von den interarabischen Interessen und der nationalen Selbstfindung und Selbstbestätigung. Al-Fatah sah im bewaffneten Kampf das einzige verfügbare Mittel zu diesem Zweck.

Jassir Arafat war nach der blutigen Lehre des »Schwarzen September« freilich noch immer weit entfernt von seinem ebenso überzeugenden wie allein erfolgversprechenden Ziel der »Nationalisierung« und Einigung der palästinensischen Widerstandsbewegung. Die Linksgruppen trugen trotz ihrer zahlenmäßig kaum ins Gewicht fallenden Stärke durch ihre lautstarke Umsturzpropaganda gegen die Monarchie und durch die Flugzeugentführungen sogar die Hauptschuld an der Ammaner Katastrophe. Und Arafat hatte nichts dagegen vermocht.

1970 zerfiel die Palästinensische Befreiungs-Organisation noch immer in drei unversöhnlich gegenüberstehende und das gemeinsame Hauptziel schwächende Gruppen: Al-Fatah vertrat einen ideologisch ungebundenen und von den arabischen Staaten unabhängigen palästinensischen Nationalismus. Beide Grundsätze verboten ihr jegliche Einmischung in die inneren Angelegenheiten der anderen arabischen Länder. Dies wiederum sicherte ihr das Wohlwollen der Ölmonarchien. Deren Spenden erreichten vorwiegend al-Fatah.

Die Panarabisten standen dazu in frontalem Gegensatz. Palästina war für sie nach wie vor keine eigenständige nationale Einheit, sondern blieb ein unlöslicher Bestandteil der gesamtarabischen Nation. Ihr Hauptargument lautete, die Palästinaaraber seien allein zu schwach zur Abwehr und Beseitigung des Zionismus. Hauptexponenten dieser Richtung waren as-Saika (»Der Blitzstrahl«) und die Arabische Befreiungs-Front (ALF). Erstere genoß die Unterstützung Syriens, letztere diejenige des Iraks. As-Saika betrachtete Palästina als das alte Südsyrien, die ALF sah es als Teil eines arabischen Staatenbundes. Damaskus und Bagdad konkurrierten traditionell um dessen Führung. Nach Gamal Abdel Nassers Tod und dem ägyptischen Verzicht auf die panarabische Führerrolle gewann diese Spielart wieder größeres Gewicht. Dieser Hintergrund erklärt auch die dauernde Gegnerschaft zwischen as-Saika und PLO-Chef Arafat.

Radikale Revolution war das Ziel der dritten und kleinsten Gruppe. Sie verstand sich als nichtreligiös, antinationalistisch, antiimperialistisch und antikapitalistisch. Der Befreiung Palästinas vorausgehen müsse, wie sie argumentierte, die fortschrittliche Revolution in den arabischen Staaten. Ihre Umsturzpropaganda richtete sich vornehmlich auf Jordanien und den Libanon. Der Weg nach Tel-Aviv, hieß eines ihrer Schlagworte, führe über Amman und Beirut. Sie übersahen allerdings das Fehlen aller echten vorrevolutionären Voraussetzungen in der transjordanischen Beduinen- und der multireligiösen libanesischen Minderheitengesellschaft. Diese Richtung vertraten die beiden marxistischen Gruppen DPFLP und PFLP. DPFLP-Chef Nedschif Hauatmah verzichtete sogar zeitweise auf den kleinsten gemeinsamen

Nenner aller Freischärlergruppen, die Zerstörung des Zionismus, und meinte, es bestünden keine Einwände »für eine friedliche Koexistenz zwischen einem marxistischen Palästina und einem marxistischen Israel«.

Jassir Arafat gelang es nie, diese Gegensätze einzuebnen. Man vertagte die Entscheidung, was an sich logisch schien, auf die Zeit nach der Rückeroberung Palästinas. Nur kam es auch nach der furchtbaren Ammaner Katastrophe noch nicht zu einer gemeinsamen Taktik und Strategie. Taktisch machte man im Libanon einfach so weiter wie in Jordanien. Die Fedaijin reorganisierten sich nach dem alten Muster, erschlichen sich in dem neuen Aufnahmeland die alten Positionen und befanden sich bald wieder in der alten Situation.

Im Libanon waren sie selbstverständlich ebensowenig willkommen wie in Jordanien. Die Beiruter Behörden hätten vielleicht nicht mit sich darüber verhandeln lassen, was die Palästinenser tun durften und was sie zu unterlassen hatten. Der PLO vorzuwerfen war jedoch, daß sie gar nicht erst versuchte, dies herauszufinden. Zu Verhandlungen ließ sie es immer erst dann kommen, wenn sie sich genommen hatte, was sie haben wollte. Die Gegenseite versuchte dann, es ihr wieder abzuhandeln. Kein Vertrag, der solcherart zustandekam, erwies sich als dauerhaft. Fragte man die Fedaijin, was sie wollten, lautete ihre stereotype Antwort: Bestimmt nicht die Macht im Libanon. Was sie dann aber taten, lief genau darauf hinaus. Es war das gleiche wie in Jordanien.

Das Dilemma der PLO ließ sich damals so charakterisieren: Die Fedaijin brauchten zum Nachweis ihrer militärischen wie politischen Daseinsberechtigung die territoriale Basis in den Nachbarländern. Diese Notwendigkeit brachte sie zwangsläufig in Gegensatz zu den dortigen Regierungen. Die Fedaijin beeinträchtigten deren innerpolitische Autorität und ließen sie gleichzeitig anfällig werden für militärische Vergeltungsschläge des Gegners. Eine PLO-Machtübernahme scheiterte sowohl in Jordanien als auch im Libanon offenbar vor allem an den dortigen machtpolitischen und soziologischen Gegebenheiten. Die Niederlage war also unvermeidlich.

Der Unfähigkeit zu geregelten Abmachungen mit den Machthabern der Gastländer entsprach die mangelnde Bereitschaft zur inneren Einigung der PLO. Der »Schwarze September« führte auch in dieser Hinsicht keineswegs zu einem Wandel. Gebellt hatten in Amman die revolutionären Linksgruppen PFLP und DPFLP; geprügelt wurde vornehmlich al-Fatah.

Dem PLO-Chef war das wohl bewußt; doch Arafat hatte so gut wie keinen Einfluß auf die Randgruppen. Von Zeit zu Zeit verbannte man sie zwar aus den PLO-Gremien. Dadurch aber wurden sie nur noch mehr radikalisiert. Ihre Geldquellen konnte man nicht antasten. Mittel und Waffen erhielten sie entweder von radikalen Staaten wie dem Südjemen oder Libyen oder erpreßten sie durch Drohungen von den innenpolitisch schwachen arabischen Emiraten.

Hier ist nun ein Überblick über die wichtigsten Einzelgruppen innerhalb der PLO angebracht: Al-Fatah, die bis dahin nach außen wenig von sich reden gemacht hatte, galt etwa seit dem Sechs-Tage-Krieg als zahlenmäßig stärkste Gruppe. Dies dürfte wohl auch einer der Gründe gewesen sein für die Wahl Jassir Arafats an die PLO-Führungsspitze. Damals gab es darüber allerdings noch keine einigermaßen verläßlich scheinenden Zahlenangaben. Arafat wurde wohl vor allem auch deshalb gewählt, weil er nicht belastet von dem schien, was vorausgegangen war. Es ist nicht einmal auszuschließen, daß man ihn auch bevorzugte, weil er noch verhältnismäßig unbekannt war und man ihn als eher schwach einschätzen mochte. Al-Fatahs Hauptzulauf dürfte erst danach eingesetzt haben.

Arafats herausgehobene Stellung als PLO-Chef erhöhte selbstverständlich die Anziehungskraft der von ihm gegründeten Freischärlergruppe ebenso wie der von dieser geübte bewußte Verzicht auf eine andere ideologische oder politische Festlegung als die Befreiung Palästinas. Diese Unterlassung erwies sich später jedoch als Nachteil: denn die unversöhnlichen Meinungsverschiedenheiten über die diplomatischen Initiativen Jassir Arafats im Westen und vor den Vereinten Nationen reichten bis in die Führungsspitze. Der PLO-Chef erweckte häufig den Anschein, eine diplomatische Kompromißregelung wie die Staatsbildung in

Cisjordanien und Gasa könne die Gewaltlösung durch Zerstörung Israels *ersetzen*. Die Weltöffentlichkeit hatte das jeweils kaum aufatmend zur Kenntnis genommen, da konterkarierten es Funktionäre wie Faruk al-Kaddumi. Dieser beispielsweise betonte unermüdlich, die Mindestforderung eines arabisch-palästinensischen Teilstaates sei nur die *Vorstufe* für eine endgültige Regelung. Ein Konsens konnte nie erzielt werden, und dies beeinträchtigte entschieden Glaubwürdigkeit und Verhandlungsfähigkeit der PLO.

Die Zahl der Anhänger von al-Fatah ließ sich immer wesentlich schwerer einschätzen als diejenige der anderen Gruppen. Al-Fatah unterhielt in der auf den Sechs-Tage-Krieg folgenden Periode als einzige Gruppe außer der Dachorganisation einen in allen Flüchtlingslagern präsenten eigenen Verwaltungsapparat. Nur sie verfügte auch über sehr weitverzweigte örtliche Zellen. Die Zellenleiter wiederum erfreuten sich erstaunlich großer Selbständigkeit. Die Übersichtlichkeit der Mitgliederzahlen wurde davon ebensosehr beeinträchtigt wie durch das Fehlen von Mitgliedslisten. Al-Fatah verstand sich ja als konspirative Widerstandsorganisation. Sie verbarg deshalb, solange und so gut es ging, sogar die wahre Identität ihrer Führungskader. Aus dem gleichen Grund verzichtete sie auch auf Mitgliederkarteien und Mitgliedsausweise. Die Mitgliedschaft wurde gewöhnlich ausschließlich begründet durch die persönliche Bekanntschaft zwischen dem Mitgliedsaspiranten und dem örtlichen Kaderchef. Die Angaben selbst führender Mitglieder über die Mitgliederzahlen beruhten daher, in aller Regel, auf mehr oder weniger zuverlässigen Schätzungen.

Die Schätzungen guter Kenner der Guerillaszene wie israelischer Geheimdienstbeobachter sprachen für den kurzen Zeitraum zwischen 1967 und 1969 von einer Verzehnfachung der Zahl der *aktiven* Fedaijin in al-Fatah. In Zahlen ausgedrückt, waren das viertausend bis fünftausend Mann. Bis 1970 erhöhte sich diese Zahl auf etwa fünftausend bis achttausend Mann.

In Untergrundkriegen verdienen alle Zahlenangaben natürlich große Vorsicht. Beide Beteiligten, sowohl die regulären Streitkräfte als auch die Guerilleros, sind bei wechselnden Gelegenheiten und aus unterschiedlichen Gründen stark interessiert an entweder nach oben oder unten geschönten Zahlenangaben. Im »Schwarzen September« von 1970 kämpften nach manchen Schätzungen etwa 55 000 Soldaten gegen rund 60 000 Freischärler. Der PLO zufolge beklagten allein diese 30 000 Todesopfer. Stimmte die Zahl der Kombattanten, dann stimmte möglicherweise auch die Zahl der Opfer. Andere Schätzungen, die als wesentlich realistischer angesehen wurden, sprachen allerdings von lediglich zehntausend bis zwölftausend Freischärlern. Gegen diese geringe Zahl angeführt werden konnte der trotz ihrer unzureichenden Bewaffnung eine Woche lang durchgehaltene hartnäckige Widerstand der Guerilleros wie auch die schon zitierte Schätzung über die Opfer. Die Jordanier ihrerseits nannten allerdings nur etwa fünftausend Tote.

Reguläre Streitkräfte beziehen ihr politisches Gewicht aus zahlenmäßiger Stärke, Ausbildungsstand, Kampfmoral und Bewaffnung. Für Guerilleros gilt das nicht unbedingt. Auch Gruppen von nur geringer Stärke versetzen ihre Gegner, verfügen sie nur über die passende Taktik, leicht in Angst und Schrecken. (Man denke an die Bader-Meinhof-Gruppe in der Bundesrepublik oder die Roten Brigaden in Italien.) Erfolg oder Mißerfolg von Guerilleros beruhen, wie man sieht, also weniger auf ihrem zahlenmäßigen Gewicht als vielmehr auf zwei anderen Faktoren: Erstens auf der Überzeugungskraft ihrer ideologischen und politischen Argumentation und zweitens auf dem militärischen Schwächegrad und der ideologisch-politischen Anfälligkeit des Gegners. Hier lagen die Gründe für die Erfolglosigkeit der Stadtguerilla in der Bundesrepublik und Italien ebenso wie diejenigen für deren relativen Erfolg in Nordirland. Hier standen sie gegen praktisch die gesamte, und dort sympathisierte mit ihnen wenigstens ein Teil der Bevölkerung.

Die Palästina-Freischärler hatten es in erster Linie zu tun mit einer religiös, weltanschaulich, national homogenen und nach innen wie außen kämpferischen jüdischen Bevölkerung. Diese erwies sich kaum als anfällig etwa auch nur für die Forderung nach Gerechtigkeit für die Palästinaaraber. Nach Israels Einmarsch im Libanon im Sommer 1982 demonstrierten in Tel-Aviv

zwar dreihunderttausend bis vierhunderttausend Menschen gegen die Politik der Regierung Begin. Sie demonstrierten aber gegen deren militärisches Abenteuer und nicht für die Rechte der Palästinenser.
Al-Fatah bestand einerseits darauf, sich weltanschaulich und politisch nicht festlegen zu lassen; andererseits folgte sie aber einer zu eng begrenzten Strategie. Ihr ging es allein um die Wiedereroberung ihrer Heimat und die Rückführung der Flüchtlinge. Die Frage, die sich zwangsläufig daraus ergeben mußte, galt nicht, wie man glaubte, nur dem Schicksal der Juden, sondern auch, was man geflissentlich übersah, der Zukunft der in der alten Heimat verbliebenen Araber. Deren unbestimmte, aber gewiß nicht unbegründeten Ängste spielten erstaunlicherweise keine erkennbare Rolle in den Überlegungen der Freischärler.
Galt das schon für al-Fatah, so traf es ungleich mehr zu auf die ideologisch genauer fixierten Randgruppen. Am bekanntesten wurden von ihnen die Volksfront für die Befreiung Palästinas, die Demokratische Volksfront und die Palästinensische Befreiungs-Front. Ihnen allen gemeinsam war die Herkunft ihrer Führungskader aus der bürgerlichen Mittelschicht, häufig zudem aus nichtmuslimischen religiösen Minderheiten, und ihre allmähliche Metamorphose vom säkularisierten panarabischen Nationalismus Gamal Abdel Nassers zum orthodoxen Marxismus.
Die PFLP war die Gründung panarabisch-nasseristisch gesinnter bürgerlich-christlicher Studenten. George Habasch und der frühverstorbene Wadi Haddad stammten aus wohlhabenden Kaufmannsfamilien und wurden beide Ärzte. Ihre Herkunft aus der griechisch-orthodoxen Minderheit war der wirkliche Schlüssel zu ihren späteren ideologischen und politischen Optionen. Gamal Abdel Nassers Panarabismus war vielleicht nicht demokratisch, bestimmt aber auch nicht religionsfanatisch. Muslime, Christen, Juden und Anders- oder Ungläubige genossen in seinem Staatsdenken die gleichen Rechte. Er bot also sicheren Schutz gegen die religiöse Unduldsamkeit. Das gleiche tat der atheistische Marxismus.
Habaschs PFLP entstand erst 1967 als Vereinigung einiger ähnlich gesinnter Splittergruppen. Selbst in ihrer Hochblüte schätzte

man die Zahl ihrer Anhänger nie auf mehr als zweitausend bis dreitausend Personen. Habasch und seine Gruppe standen – wohl wegen ihrer nichtmuslimischen Herkunft – ständig unter Rechtfertigungs- und Anpassungszwang. Hier liegt sicher das Motiv des gerade von ihnen ausgehenden aufsehenerregenden Terrors in aller Welt. Man mußte mehr tun und besser sein als die Muslime. Nur dadurch glaubte man beweisen zu können, wie sehr man dazugehörte.

Die PFLP-Ideologie blieb immer das Reservat einer elitären Minderheit. Sie stieß sich erst am nationalistischen Partikularismus und später an den religiösen Wiedererweckungserscheinungen der Mehrheit.

Diese politische Erfolglosigkeit, nur unzulänglich überdeckt von dem erwähnten terroristischen Aktionismus, und die Rivalität der individualistischen Führungskader führten zu dauernden und meistens persönlich bedingten Abspaltungen. Eine davon war das sogenannte »Generalkommando« unter dem ehemaligen syrischen Offizier Achmed Dschibril, eine andere die »Organisation des Arabischen Palästinas« unter dem früheren jordanischen Offizier Achmed Sachrur. Beide hatten jeweils höchstens einige Dutzend Mitglieder und befriedigten lediglich den privaten Ehrgeiz ihrer Gründer.

Einiges Gewicht, und zwar trotz ihrer gleichfalls geringen Anhängerzahl von einigen hundert Mann, gewann nur eine aus ideologischen Gründen erfolgte Absplitterung: Die Demokratische Volksfront unter Nedschif Hauatmah. Dieser verkündete zwei geradezu revolutionäre Neuheiten: 1. Voraussetzung für einen aussichtsreichen Befreiungskampf sei die Bildung einer marxistisch-leninistischen Partei. 2. Eine marxistisch-leninistische Revolution sowohl in Palästina als auch in Israel beende zwangsläufig den arabisch-zionistischen Antagonismus.

Man brauchte nicht unbedingt Marxist zu sein, um erkennen zu können, wie logisch das war. Hauatmah befand sich im Einklang sowohl mit der Sowjetunion als auch mit den israelischen Kommunisten. Das sprach nicht notwendigerweise gegen seine Überlegungen. Diese fanden aber keine Resonanz bei den Massen. Hauatmah blieb eine Randerscheinung.

Eine Gruppe entzog sich – mehr als alle anderen und meistenteils zahlenmäßig unbedeutenden Randgruppen – bewußt den Einigungsbemühungen und ging stets ihre eigenen Wege: As-Saika (»Der Blitzstrahl«). Dieser Umstand wurde zu einer ständigen Anfechtung und zuletzt zum Verhängnis für Arafat!
As-Saika war eine Gründung Syriens, genauer der dort herrschenden Partei der Arabischen Wiedergeburt, al-Ba'ath. Wesentlich stärker als Ägypten durch die alte PLO seinen Anspruch auf die Vertretung der Palästinaaraber verfocht Syrien durch as-Saika den Anspruch auf die Zugehörigkeit Palästinas zu Syrien. As-Saika geriet dadurch naturgemäß in einen unüberwindlichen fundamentalen Gegensatz zur nationalistischen al-Fatah.
As-Saika entstand 1966; ihr Chef wurde der syrische Offizier Zuheir Mochsin, die Zahl der Waffenträger, über die er gebot, schätzte man auf etwa zweitausend Mann. Die Organisation unterstand der syrischen Regierung und erhielt auch von ihr die Befehle. Ihre Militäreinheiten waren Bestandteile der regulären syrischen Streitkräfte. Gegebenenfalls konnten sie jederzeit durch diese verstärkt werden. Zahlenmäßig war as-Saika die zweitstärkste Gruppe nach al-Fatah. Die Rückendeckung Syriens sicherte ihr einen bedeutenden Einfluß auf die PLO, mit dessen Hilfe sie Mehrheitsentscheidungen entweder gar nicht erst zuließ oder durchkreuzte.
As-Saika-Chef Zuheir Mochsin kämpfte während des libanesischen Bürgerkrieges mehrfach gegen al-Fatah, unter anderem bei der Belagerung des Flüchtlingslagers Tell as-Sa'atar. Der Ex-Offizier stammte aus der Ortschaft Tulkarem im Jordantal, erhielt in Amman eine Ausbildung als Mathematiklehrer und wurde dort Mitglied des verbotenen al-Ba'ath. Dies führte zu seiner Ausweisung. Bis 1960 war er in Katar und danach in Kuweit. Dort machte er auch die Bekanntschaft von Jassir Arafat. 1968 zog er weiter nach Damaskus und gewann das Vertrauen der ba'athistischen Führung unter Präsident al-Assad. Man nannte ihn wiederholt als möglichen Nachfolger Arafats. Im Sommer 1979 wurde er das Opfer eines ungeklärten Attentates. Zum Nachfolger ernannt wurde sein Bruder Madschid Mochsin. As-Saika spielte auch wieder bei der Meuterei palästinensischer

Offiziere gegen PLO-Chef Arafat nach dessen erzwungenem Abzug aus Beirut eine Rolle. Als Arafat Anfang November 1983 in dem in der Nähe der nordsyrischen Hafenstadt Tripoli gelegenen Flüchtlingslager al-Baddaui mit etwa fünftausend Getreuen von seinen Gegnern eingekesselt worden war, gehörte as-Saika zu den Belagerern.

Ein Sturz Arafats, so mußte man damals fürchten, wäre gleichbedeutend mit einem Zerfall von al-Fatah. Damaskus' verlängerter Arm as-Saika würde zwangsläufig zur stärksten palästinensischen Widerstandsgruppe. Die Befreiungsbewegung befände sich in der Hand Syriens.

Worum ging es wirklich? Am Rand der Genfer Versöhnungskonferenz für den libanesischen Bürgerkrieg verdichteten sich die Anzeichen für syrische Garantien hinsichtlich Ruhe und Sicherheit an der israelischen Nordgrenze im Austausch für den israelischen Abzug und der Anerkennung der syrischen Vormachtstellung im Libanon.

Das Geschäft, das sich hier anzubahnen schien, erfreute sich offenkundig des Wohlwollens der meisten Bürgerkriegsparteien und der Großmächte. Sowjetunion wie Vereinigte Staaten, Großbritannien, Frankreich und Italien, die Vereinten Nationen, Syrien und Israel, der Libanon und seine Christen wie Muslime fürchteten begreiflicherweise das endgültige Abgleiten in den Krieg. Nur Jassir Arafats Palästinaaraber blieben die ewigen Störenfriede. Ihre Heimatsehnsucht war größer als ihre Friedensliebe. »Heimat oder Tod« hatten sie sich geschworen. Erwartete sie nun der Tod?

Im November 1983 gab es nicht mehr einen einzigen Fedaijin im »Fatah-Land«. Der »Arafat-Pfad« war nur noch eine überwucherte Legende. Der PLO-Chef kämpfte um das nackte Überleben.

Tell as-Sa'atar

Tell as-Sa'atar, dieser blumige arabische Name steht für eine Generation palästinensischen Flüchtlingselends ebenso wie all die blitzartig auftauchenden und unversehens wieder vergessenen fremdartigen Namen in der unendlichen Kette der palästinensischen Niederlagen: Deir Jassin, al-Luweibda, Tell as-Sa'atar, Sabra und Schatila, al-Baddaui und al-Barith. Wer will noch eines vom anderen unterscheiden? Die Geschichte der Palästinaaraber ist eine Geschichte von Vertreibung, Unterdrückung und Vernichtung der Palästinaflüchtlinge.
In Tell as-Sa'atar lebten im Frühjahr 1976 etwa zwanzigtausend Palästinenser. Es handelte sich längst nicht mehr um ein behelfsmäßiges Lager, sondern um eine recht moderne Siedlung mit massiven Hochhäusern, gepflasterten Straßen, elektrischer Straßenbeleuchtung, eigener Strom- und Wasserversorgung, Fernsprechanschlüssen, öffentlichen Verkehrsmitteln, Krankenhäusern, Schulen, Kindergärten, Fabrikationsstätten und Läden. Unglücklicherweise lag dieses Viertel mitten im christlich besiedelten Ostteil der libanesischen Hauptstadt.
In Beirut tobte in jenem Frühling schon seit rund einem Jahr ein blutiger Bürgerkrieg zwischen Christen und Muslimen. Arafat hatte verzweifelt versucht, sich herauszuhalten, aber man hatte ihn gewaltsam hineingezogen. Seine Fedaijin waren wohl auch nicht zurückzuhalten. Die Muslime waren angegriffen worden. Ihnen zu helfen, schien Ehrensache, wenn man sich ihre Hilfe verdienen wollte bei dem großen Ziel der Rückeroberung Palästinas. In Jordanien hatte man allein gestanden gegen eine übermächtige Armee. Im Libanon kämpfte man an der Seite von mehr als der Hälfte der Bevölkerung.
Die Christen hatten zu schießen begonnen. Ihr vordergründiges Ziel war die Vertreibung der Palästinaflüchtlinge, ihre eigentliche Absicht die Aufrechterhaltung ihrer Vorherrschaft im Li-

banon. Im allgemeinen galten sie als der gebildetere, geschicktere, einigere und durchsetzungsfähigere Bevölkerungsteil. Die Muslime dagegen bildeten keine homogene Bevölkerungsschicht. Die wenigen Reichen unter ihnen machten meistens gemeinsame Sache mit den Christen. Der Rest stellte die unterste soziale Schicht. Religiös zerfielen sie in mehrere unterschiedlich große und oft heillos miteinander zerstrittene Konfessionen. Im Kampf traute man ihnen wenig zu; sie galten als zu individualistisch und egoistisch.
Ein Jahr nach Bürgerkriegsausbruch befanden sich die Christen trotz alledem in der Defensive. Es war geschehen, was sie immer gefürchtet hatten, die Palästinafreischärler kämpften auf Seiten der libanesischen Muslime. Dieses Eingreifen rettete die Muslime tatsächlich erst einmal vor der drohenden Niederlage. Die Fedaijin freilich leisteten sich damit keinen guten Dienst.
Am 31. Mai 1976 begann die Wende. Syrische Panzer- und Infanterieeinheiten überquerten die libanesische Grenze, schlugen die Belagerer der christlichen Bergdörfer in die Flucht und marschierten in Richtung Beirut. Dort kämpften statt der Syrer selbst erst einmal die syrienfreundlichen Partisanen von as-Saika. Die PLO-Verbände zeigten sich ihnen überlegen. General al-Assad, der offenbar hatte vermeiden wollen, daß es noch schlimmer käme, blieb nun keine andere Wahl. Er gab den regulären Einheiten Schießbefehl.
Dachte Jassir Arafat nicht mehr an die blutige Lehre von Amman? Gewiß, die Fedaijin verfügten diesmal auch über schwere Waffen wie Artillerie, Raketen und Granatwerfer. Doch sie zeigten sich viel zu unerfahren für die klassische Kriegsführung. Vor allem waren sie zahlenmäßig weit unterlegen.
Tell as-Sa'atar war damals schon eine fast hermetisch von der Außenwelt abgeriegelte Festung. Zu den Einwohnern zählten unterdessen auch rund fünfzehntausend libanesische Muslime. Sie erhofften sich hier Sicherheit und Überleben. Das Viertel konnte sich selbst versorgen und starrte von Waffen. Die Christen, die es infolgedessen als unerträgliche Herausforderung empfanden, schlossen es allmählich mit einem immer dichteren Belagerungsring ein.

Am 22. Juni 1976 eröffnete syrische Artillerie die Beschießung des Viertels. Tell as-Sa'atar geriet unter tage- und wochenlanges Trommelfeuer. Die Einwohner wurden Gefangene der christlichen Belagerer. Die sprengten die Wasserzuleitung und unterbrachen die Stromversorgung. Die Lebensmittelvorräte gingen zur Neige. Es fehlte an Frischmilch für die Kleinkinder sowie an Gemüse und Obst. Die Freischärler wehrten sich dennoch heldenhaft. Zweiundfünfzig Tage dauerten Beschießung und Belagerung. Schließlich vereinbarte man die Evakuierung der Einwohner. Das Internationale Rote Kreuz übernahm ihren Schutz. Doch unter den Augen seiner Vertreter erschossen die Belagerer noch Dutzende von erschöpften Menschen aus den Trümmern von Tell as-Sa'atar.

Die Fedaijin sprachen von etwa dreitausend Todesopfern. Die Belagerer behaupteten, das sei weit übertrieben. Immerhin fand man hinterher ein weitverzweigtes unterirdisches Gängesystem, ein Labyrinth von überquellenden Waffen- und Munitionsdepots. Sie straften Arafats Behauptung Lügen, man habe sich nur verteidigen wollen.

Für Jassir Arafat hatte diese zweite Niederlage zunächst keine erkennbaren nachteiligen Auswirkungen. Konnte er sich darauf berufen, daß er rechtzeitig gewarnt hatte? War er nur das ausführende Organ gewesen für anderslautende Beschlüsse der PLO-Führung? Oder hatten gar alle das gleiche gewollt? Niemand wußte es; die PLO-Beschlüsse blieben zumeist gutgehütete Geheimnisse.

Arafat allein oder ihn und die Mehrheit seiner führenden Mitkämpfer traf dessen ungeachtet eine schwere Schuld: Sie hatten die Machtprobe gewagt trotz der Erinnerung an die blutige Niederlage im »Schwarzen September« von Amman und im Wissen um ihre zahlenmäßige, ausbildungs- wie waffentechnische Unterlegenheit. Die Katastrophe war abermals nicht unverdient!

»Ich rufe die Völker der Welt!«

Jassir Arafat übte, obwohl er mindestens nach außen hin verantwortlich war, weder öffentliche Selbstkritik noch verlor er seinen Posten. Die Fedaijin zeigten entweder, wofür sie nicht gerade bekannt waren, erstaunliche Langmut oder, was wahrscheinlicher ist, sie trugen allesamt die Mitschuld!

Der Mißerfolg war vollkommen. Fragte man nach den tieferen Ursachen, was freilich tunlichst vermieden wurde, stieß man bald auf die – übrigens nie beseitigten – Fehlerquellen:

– Die Fedaijin waren stets eine verschwindende Minderheit in der palästinensischen Flüchtlingsgesellschaft. Je nach der Zählweise kam man auf anderthalb bis drei Millionen Flüchtlinge und auf eine Gesamtbevölkerungszahl von drei bis viereinhalb Millionen Menschen. Schätzte man die Zahl der Freischärler nach den höchsten Angaben aller jemals in Erscheinung getretenen Gruppen einschließlich der Palästinensischen Befreiungs-Armee (PLA) und as-Saika, kam man allenfalls auf vierzigtausend Personen, was noch weit übertrieben sein dürfte. Berücksichtigte man den überdurchschnittlichen Geburtenüberschuß und die abnorme Jugendlichkeit der Flüchtlingsgesellschaft, bewiesen diese Angaben das krasse Mißverhältnis zwischen der Größe der Freischärlerbewegung und der Bevölkerungszahl.

– Die Fedaijin fanden in der Bevölkerung der seit dem Sechs-Tage-Krieg vom Juni 1967 israelisch besetzten Gebiete von Gasa und Cisjordanien und in der arabischen Minderheit Israels nicht die für eine erfolgversprechende Guerilla unverzichtbare geheime Massenbasis. Es muß vermutet werden, daß sie erst gar nicht ernsthaft versucht hatten, sie zu gewinnen. Soviel bekannt wurde, beließen sie es bei mehr oder weniger unverbindlichen und infolgedessen von niemand wichtig genommenen öffentlichen Appellen.

Diese Tatsache zwingt zu der berechtigten Frage: War die Guerilla nur der Vorwand für die Befriedigung des politischen Ehrgeizes einiger selbsternannter Führerpersönlichkeiten? Dann freilich genügte der schöne Schein des Rekrutendrilles in den Ausbildungslagern, der Fantasias in den Gastländern und der diplomatischen Kamingeflüster in den Kanzleien mitleidiger Staatsmänner in Ost und West!

– Die Fedaijin verstrickten sich nicht nur in Jordanien und dem Libanon in bewaffnete Auseinandersetzungen mit den dortigen legalen Regierungen. Sie waren wohl auch an innenpolitischen Querelen in mehreren Golfemiraten, Saudiarabien und Syrien beteiligt. Für diese verantwortlich waren in aller Regel keineswegs die dafür zwar ideologisch motivierten, aber viel zu schwachen Links-, sondern religiös oder politisch anders orientierte Gruppen. Diesen Auseinandersetzungen kam offenkundig die Funktion von Ersatzbefriedigungen für den ausbleibenden Erfolg gegen Israel zu. Sie kosteten die Freischärler aber viele arabische Sympathien.

– Die Fedaijin beteuerten sowohl in Jordanien als auch im Libanon unermüdlich das Prinzip der Nichteinmischung in die inneren Angelegenheiten der Gastländer. Dabei war in beiden Fällen gerade ihr die Staatsautorität offen herausforderndes anmaßendes bewaffnetes öffentliches Auftreten der Grund für die Abneigung der Bevölkerung und die Gegenmaßnahmen der Regierungen.

– Die Fedaijin standen im Nahen Osten vor vergleichsweise schwierigeren politischen Verhältnissen als etwa der Vietkong in Südostasien. In Vietnam kämpften die Guerilleros mit der konsequenten Rückendeckung eines Nachbarlandes, das wiederum unterstützt wurde von zwei angrenzenden Großmächten, China und der Sowjetunion, gegen die mit der gegnerischen Großmacht verbündete und vom eigenen Volk gehaßte Regierung ihres Landes. Das waren verhältnismäßig klare Fronten. Im Nahen Osten kämpften noch nicht einmal so sehr Palästinaaraber gegen Zionisten, sondern lediglich Palästinaflüchtlinge gegen Israel. Die Araber Israels blieben vollkommen, die Araber Cisjordaniens und Gasas weitgehend untätig. Die Araberstaaten rings um diesen Schauplatz verfolgten allesamt ihre eigenen geheimen Pläne mit dieser möglichen Beute. Verbündet waren sie zudem wenigstens teilweise mit der gleichen Schutzmacht wie Israel. Keiner zeigte sich wirklich ernstlich interessiert an der Entstehung eines arabischen Staates in Palästina. Die Sowjetunion, die andere Großmacht, lieferte zwar Waffen, Ausbildungsplätze und ideologisches Rüstzeug, billigte aber in Wahrheit keineswegs das palästinensische Kernziel der Zerstörung Israels.

– Die Fedaijin-Organisationen litten von Anfang an unter unüberwindlichen inneren Geburtsfehlern. Die blieben ausschlaggebend für ihren Mißerfolg. Hervorzuheben waren auch hier wieder die sozialen Gegensätze der palästinensischen Gesellschaft. Die Oberschicht wurde leicht fertig mit dem Exil. Am Widerstand beteiligte sie sich höchstens durch Spenden. Die Führung der Befreiungsbewegung oblag fast ausnahmslos dem gleichfalls von außerhalb der Lager kommenden Mittelstand. Die Lagerinsassen – dabei handelte es sich naturgemäß um die draußen schon Benachteiligten, Minderbegabten, Ungebildeten, Anpassungsunfähigen – erhielten kaum Zugang zu dieser eifersüchtig über ihre Vorrechte wachenden Führerschicht. Die Freischärlergruppen, sogar diejenigen mit ausgeprägten sozialrevolutionären Ansprüchen, konservierten in Wirklichkeit auch im Lager noch sorgfältig die scharfen sozialen Unterschiede der traditionellen palästinensisch-arabischen Gesellschaft. Das zeigte sich unter anderem in der Wohnqualität. Die Führerschaft unterhielt luxuriöse Appartements in Amman, Beirut, Damaskus oder Bagdad; das Fußvolk lebte unter spartanischen Umständen in den Lagern und war häufig sogar ohne Ausgehmöglichkeit. Es zeigte sich auch in den krassen Unterschieden der Besoldung. Ein Fedai erhielt einen Monatssold von umgerechnet etwa siebzig Dollar, ein Missionschef im Ausland 1500 Dollar.

– Die Fedaijin brachten es seit ihren Anfängen nie auch nur ansatzweise zur Beilegung ihrer politischen und personellen Meinungsverschiedenheiten. Ihr hervorstechendstes Merkmal blieben Uneinigkeit und fortgesetzte Zellteilungen. Die Unfähigkeit zur Anerkennung von Mehrheitsentscheidungen durch die unterlegene Minderheit führte andauernd zu neuen Gruppengründungen und war die größte Schwäche der Freischärlerbewegung.

– Die Fedaijin vertagten die Lösung aller wesentlichen politischen, wirtschaftlichen und sozialen Probleme bis auf die Zeit nach der Befreiung Palästinas. Dieser Verzicht auf diskussionsfähige Vorschläge machte sie weitgehend unfähig und ungeeignet zu kontroversen Diskussionen mit der Gegenseite.
– Die Fedaijin verbündeten sich wahllos mit internationalen Terrorgruppen vieler Länder und jeglicher politischer Richtung. So logisch dies für sie gewesen sein mag, die sich ja als weltanschaulich und politisch neutral ansahen, so häufig verscherzte ihnen dies das Wohlwollen wichtiger Regierungen.
– Die Fedaijin verwickelten sich nach unbezweifelbaren Ermittlungsergebnissen von »Interpol« und mehreren nationalen Polizeibehörden wiederholt sowohl in den internationalen Waffenhandel als auch in den weltweiten illegalen Drogenschmuggel. Es mag dahingestellt bleiben, ob sie das sozusagen offiziell taten. Möglicherweise handelte es sich dabei um die Privatgeschäfte habgieriger krimineller Einzeltäter oder Cliquen innerhalb der PLO-Führung. Der nationalen Sache der Palästinaaraber erwiesen sie damit auf keinen Fall einen Dienst.
– Die Fedaijin überwanden nie die innere Zwiespältigkeit ihrer Politik gegenüber den arabischen Nachbarländern Israels. Es kann kaum bezweifelt werden, daß sie, um überhaupt etwas ausrichten zu können, permament angewiesen waren auf das Wohlwollen dieser Staaten. Dennoch beteiligten sie sich, worauf schon hingewiesen wurde, immer wieder leichtfertig an regierungsfeindlichen Aktivitäten. Auch wenn dafür wirklich nur die revolutionären Randgruppen verantwortlich zu machen gewesen wären, hätte der Vorwurf immer die gesamte PLO getroffen, weil sie diese winzigen Splittergruppen nicht zurückzuhalten vermochte. In Jordanien und dem Libanon hieß die palästinensische Bürgerkriegspartei aber nachweislich al-Fatah!
– Die Fedaijin überwanden nie die sich im Lauf ihrer Geschichte immer mehr vergrößernde Diskrepanz zwischen Waffenarsenal und Ausbildungsstand. Die Ausbildung in der Sowjetunion war in erster Linie politische Schulung ohne wirklichen Wert für die praktische Guerilla. Die Ausbildung in China und Vietnam entsprach nicht den spezifischen landschaftlichen und klimatischen

Gegebenheiten des Nahen Ostens und Palästinas. Das galt allenfalls für die Ausbildung in Algerien. Doch Kader mit Auslandsausbildung beanspruchten nach ihrer Rückkehr jeweils höhere Ränge in der Gruppenhierarchie. Als Kämpfer schieden sie somit aus, waren aber häufig auch keine geeigneten Ausbilder. Die Ausbildung in den eigenen Lagern bewegte sich auf einem erschreckend primitiven Niveau. Die Kämpfer wurden nicht nur völlig unzureichend vorbereitet, sie erfuhren auch so gut wie nichts über Stärke, Methoden, Mentalität und Denkweise des Gegners und die inneren und äußeren Verhältnisse auf der Gegenseite. Das Ergebnis war eine unglaublich hohe Entdeckungs- und Ausfallquote. Sie beruhte keineswegs allein auf der Stärke und Geschicklichkeit des Feindes, sondern vielmehr häufiger auf der eigenen Ungeschicklichkeit und Schwäche. Die PLO verfügte seit Anfang der siebziger Jahre über immer größere und modernere Waffenmengen, ausreichend zur Ausrüstung mehrerer regulärer Armeen. Außer Flugzeugen standen ihr fast alle gängigen Waffentypen bis hin zu Panzerfahrzeugen zur Verfügung. Das Ausbildungsniveau ihrer Kämpfer befand sich vielfach jedoch noch auf dem Stand von Steinzeitkriegern.

Mit Tatsachen wie diesen bekannt wurden allerdings außer den östlichen und westlichen Geheimdienst-, Militär- und Guerillaspezialisten nur die israelischen Abwehrfachleute. Die Weltöffentlichkeit stützte ihr Urteil vorwiegend auf die meisterhafte Propaganda der Fedaijin. Dies Propaganda brachte erstaunlicherweise mühelos zwei vollkommen gegensätzliche Phänomene unter einen Hut: die Bewunderung für ihre angeblichen Siege gegen den weit überlegenen und rücksichtslosen Feind sowie das Mitleid mit den wehrlosen Opfern der gegnerischen Grausamkeit. Man kann sagen, daß die Propaganda der einzige echte Sieg der Fedaijin war. Das zeigte sich insbesondere jedesmal nach einer gravierenden militärischen Niederlage.

Diese Entwicklung, die zunächst widersinnig erscheint, war das wichtigste Verdienst Jassir Arafats. Als PLO-Chef beharrte auch er scheinbar unverändert auf dem Vorrang des bewaffneten Kampfes. Zwei Tatsachen ließen ihm keine andere Wahl: Erstens die praktisch ausschließlich paramilitärische Struktur der

Freischärlergruppen, und zweitens die offenkundige *politische* Schwäche der Dachorganisation gegenüber den arabischen Regierungen, Israel und der Außenwelt. Arafat erst gab der PLO, was nie hinreichend gewürdigt wurde, eine neue, und zwar *politische* Strategie. Zur Guerilla als taktischer Basis trat nun endlich eine langfristige diplomatische Perspektive.

Jassir Arafat wurde 1969 PLO-Chef. Schon 1974 errang er die beiden bedeutendsten nichtmilitärischen Erfolge seiner Laufbahn: In Rabat erklärte die Gipfelkonferenz der Mitgliedstaaten der Arabischen Liga, die einzige Vertreterin des palästinensischen Volkes sei die »Palästinensische Befreiungs-Organisation«. Dabei handelte es sich um einen doppelten Sieg. Die PLO verwandelte sich vom Objekt zum Subjekt der interarabischen Palästinapolitik, und, was ungleich folgenreicher war, die Araberstaaten akzeptierten die Existenz der Palästinaaraber als Nation. Die PLO unterhielt seitdem reguläre diplomatische Vertretungen in allen arabischen Hauptstädten und erhielt entsprechenden politischen Einfluß auf die Meinungsbildung der dortigen Regierungen.

Ein Triumph, vergleichbar nur mit dem damals schon fast ein Vierteljahrhundert zurückliegenden Einzug des neugegründeten Staates Israel, war Arafats erste Gastrede vor der Vollversammlung der Vereinten Nationen in New York. 1983 besaß die Organisation dann offizielle oder doch offiziöse diplomatische Vertretungen in allen wichtigen Staaten der Erde. Papst Johannes Paul II. empfing den PLO-Chef charakteristischerweise gerade unmittelbar nach der militärischen Katastrophe von Beirut im Vatikan. Dieser Hintergrund gibt den andauernden israelischen wie arabischen Versuchen, die PLO doch noch militärisch zu zerschlagen, den eigentlichen Sinn. Jordaniens Vernichtungsfeldzug von 1970, Israels Intervention im Libanon von 1982 und Syriens politischer wie militärischer Versuch zur Beseitigung Arafats in Tell as-Sa'atar 1976 und in al-Baddaui 1983 hatten alle die gleiche Absicht: Die PLO zu vernichten oder wieder auf das zurückzuwerfen, was sie ursprünglich gewesen war, eine unselbständige politische Agentur der Araberstaaten.

Im Winter 1983 stand Jassir Arafats Schicksal also ganz folgerichtig auf des Messers Schneide. Arafat war eine *politische* Gefahr geworden für Israel und für die Araberstaaten. Man mußte in *militärisch* eliminieren, oder er würde früher oder später obsiegen. Die Fedaijin, die sich in diesem Augenblick gegen ihn wandten, übersahen, wie unauflöslich er eins geworden war mit den palästinensischen Sehnsüchten, Hoffnungen und Leidenschaften. Arafat und das arabische Palästina, die PLO und Arafat, dies waren die beiden Seiten der gleichen Münze. Ging er unter, verlor sie ihren Wert!

Gewalt geht vor Recht

Mohammed Hassanein Heikal, einer der klügsten, ältesten und engsten Parteigänger Gamal Abdel Nassers, nannte die »Palästinensische Befreiungs-Organisation« einmal das Embryo eines neuen arabischen Staates. Heikal, ein weitblickender und klarsichtiger Politiker, hatte großen Anteil am Aufstieg Arafats. Dem »Rais« empfahl er ihn nach der Junikatastrophe von 1967 angelegentlich als neuen PLO-Chef, wohl wissend, daß der mitnichten tun würde, was jener von ihm erwarten mochte. Heikal sprach sich übrigens auch später noch gegen alle ägyptischen Beeinflussungsversuche der PLO Arafats aus. Gamal Abdel Nasser verwandelte sich vornehmlich auf seine Ratschläge hin in einen verläßlichen Protektor der palästinensischen nationalen Ziele. Der »Rais« wandte sich zwar entschlossen gegen die palästinensische Machtanmaßung im Libanon und Jordanien; er rettete die PLO aber auch vor dem ihr drohenden Untergang im »Schwarzen September«.

Eine nationale Befreiungsbewegung als Völkerrechtssubjekt, gleichwertig mit bereits bestehenden Staaten – dies erzwungen zu haben, ist das eigentliche Verdienst Jassir Arafats.

Der 13. November 1974 war entsprechend der winterlichen Jahreszeit ein trüber und feuchter Tag. Über New York lagen undurchsichtige Wolken. Ein Azorentief zog über den Atlantik. Im Wolkenkratzer der »Vereinten Nationen« herrschte Gewitterstimmung. Israels Delegation saß nicht auf ihren Plätzen im Tagungssaal der Vollversammlung. Sein Botschafter eilte mit düsterer Miene durch die Lobby. Seine Hände zitterten. Mit bebender Stimme beschwor er die Delegierten befreundeter Mitgliedstaaten. Der scharfe Wind schien aus den Wolkenkratzerschluchten hereinzuwehen bis in das Gedränge der Lobby. Dem aufs äußerste erregten Diplomaten schenkte niemand Gehör.

Die Versammlungsarena füllte sich, während draußen rund hunderttausend amerikanische Juden und Sympathisanten der Zionisten gegen den von UN-Generalsekretär Kurt Waldheim eingeladenen und jeden Augenblick zu erwartenden Gast demonstrierten.

Jassir Arafat – denn er war natürlich dieser Gast der Weltorganisation und damit der Gast der ganzen Welt – betrat den Sitzungssaal in seiner gewohnten olivgrünen Uniform, mit umgeschnallter Pistole, auf dem Kopf die charakteristische schwarz-weiße Keffije. Bescheiden verschmähte er den bereitstehenden Sessel neben der erhöhten Tribüne des UN-Präsidiums. Er sei kein Staatsoberhaupt, lautete seine offensichtlich wohlerwogene bescheidene Begründung. UN-Generalsekretär Kurt Waldheim eröffnete diese ungewöhnliche neunundzwanzigste Vollversammlung und erteilte dem Gast das Wort. Was würde er sagen? Dramatische Spannung malte sich auf den Gesichtern vieler Delegierter.

Arafats Rede war ein rhetorisches und politisches Meisterstück. Wer ihm zuhörte, erkannte in diesem exotisch wirkenden, etwas korpulenten, kleinen und, wie für ihn so typisch, unrasierten Mann einen der großen Diplomaten und Staatsmänner dieses an politischen Begabungen gewiß nicht armen Jahrhunderts.

»Die palästinensische Befreiungs-Bewegung ist ein wichtiger Bestandteil des weltweiten Kampfes gegen Rassismus und Kolonialismus«, sagte Arafat. »Sie richtet sich gegen den Zionismus, doch nicht gegen die Juden. Hätte die jüdische Einwanderung beabsichtigt, mit uns als Bürger gleicher Rechte und Pflichten zu leben, hätten wir für sie Platz geschaffen im Rahmen der Möglichkeiten unserer Heimat, wie das Zehntausenden von Armeniern und Tscherkessen widerfuhr, die uns immer als Brüder und Bürger genau wie wir selbst willkommen waren. Wenn aber das Ziel dieser Einwanderung nichts anderes gewesen ist, als die gewaltsame Eroberung unseres Landes, unsere Vertreibung und unsere Verwandlung in Bürger zweiter Klasse – und gerade dies geschah –, so kann unmöglich jemand von uns verlangen, dies hinzunehmen oder sich ihm zu beugen. Unsere Revolution fußt von Anfang an nicht auf Rassismus oder religiösem Fanatismus, sie ist nicht gegen den jüdischen Menschen in seinem Sein gerichtet, sondern sie richtet sich gegen den rassistischen Zionismus und die Aggression. Unsere Revolution dient darum auch dem jüdischen Menschen. Wir kämpfen dafür, daß Juden, Christen und Muslime mit gleichen Rechten und Pflichten ungeachtet der Rasse und Religion miteinander leben.«

Arafat wiederholte zweimal, mit Tränen in den Augen, das Bekenntnis: »Heute kam ich zu euch, in einer Hand den Ölzweig und in der anderen Hand das Gewehr der Revolution. Nehmt den grünen Zweig nicht aus meiner Hand!«

Nach atemlosen Schweigen erhob sich minutenlanger frenetischer Beifall. Am 22. November 1974, noch in der gleichen Session, bekräftigte die Weltorganisation mit überwältigender Mehrheit das Selbstbestimmungsrecht und das Recht auf Unabhängigkeit und Souveränität der Palästinaaraber.

Arafats Rede vor den Augen und Ohren der Weltöffentlichkeit war, daran ließ sich nichts drehen und deuteln, ein Friedensangebot. Wie schwer es wog, zeigte sich erst im Lauf der folgenden Jahre: 1977 unternahm der ägyptische Präsident Mohammed Anwar as-Sadat seinen »Friedensflug« nach Jerusalem. Im Frühjahr 1983 ehrte ein Beauftragter Jassir Arafats die Opfer des Aufstandes im Warschauer Ghetto von 1943 durch eine Kranzniederlegung vor dem Denkmal der jüdischen Märtyrer.

In Israel freilich blieb er der »Staatsfeind Nummer Eins«. Seinem Mörder winkte ein Kopfpreis. Würde ihn sich nun ein arabischer Verräter verdienen? Würden Araber zu Henkern an einem der Ihren? Vollstreckten die Seinen das Femeurteil ihrer Feinde? Ging Gewalt wieder einmal vor Recht?

»Shalom ha'Galil«

Jassir Arafats diplomatische und politische Bodengewinne erschienen in einer gegenüber dem alltäglichen Unrecht abgestumpften, gleichgültigen, selbstsüchtigen Zeit wie ein Wunder. Sein Beispiel weckte bei vielen unterdrückten, verfolgten, gedemütigten, entmutigten Minderheiten neue Hoffnungen. Die Kurden wehrten sich wieder gegen die Araber, die Armenier gegen die Türken, die Drusen gegen die Christen, die Neger Südsudans gegen die Araber. Aber keiner von ihnen besaß eine so großartige Führerpersönlichkeit wie die Palästinaaraber in Jassir Arafat.

War Arafat für Israel nicht ein ebenso würdiger Friedenspartner wie der für seinen Friedensschluß ermordete ägyptische Präsident Mohammed Anwar as-Sadat? Fiel Arafat in al-Baddaui, so fiel er ausschließlich wegen seiner Bereitschaft zum Frieden mit Israel.

Doch es kam alles ganz anders. Ariel Scharons Armee überschritt am 6. Juni 1982 – genau fünfzehn Jahre nach dem Beginn des Sechs-Tage-Feldzugs von 1967 – die Grenze zum Libanon. Israelischen Beschwichtigungen zufolge handelte es sich um eine begrenzte militärische Strafaktion zur Verdrängung der palästinensischen Fedaijin aus dem Südlibanon. »Friede für Galiläa« hieß die irreführende hebräische Parole: »Shalom ha'Galil«.

In Wirklichkeit verfolgte Scharon – und er täuschte darüber möglicherweise sogar seinen Regierungschef Begin – viel weitergehende Ziele. Der Südlibanon galt damals schon seit längerem als von Israel beanspruchter Sicherheitsplafond. Zwischen dem sogenannten »guten Zaun« im Süden und der »grünen Linie« am Flüßchen Litani im Norden erstreckte sich das Herrschaftsgebiet des »Freien Libanon« unter den von Israel ausgerüsteten und finanzierten Milizionären des libanesischen Armeedeserteurs Major Sa'ad Haddad. Dieser Condottiere sorgte dort für Ruhe und Ordnung. Das geschilderte »Fatah-Land« war längst Vergangenheit; der »Arafat-Pfad« führte ins Niemandsland des Golan. Die Fedaijin hielten nur noch vereinzelte Bastionen, meistens weitgehend isoliert von der Außenwelt, darunter die historische Kreuzfahrerfestung Beaufort. Sie waren unfähig zur systematischen Guerilla, weil sie Rücksicht nehmen mußten nicht nur auf die Miliz Haddads, sondern auch auf die ablehnende Stimmung in der vorwiegend schi'itisch-muslimischen und christlichen Zivilbevölkerung. Diese fürchteten die gegnerischen Vergeltungsschläge. Die Guerilla beschränkte sich folglich auf gelegentliche Artillerie- oder Raketenüberfälle auf nordisraelische Siedlungen.

Die Gefechtstätigkeit hatte schon in den beiden Jahren vor dem Libanon-Raid rückläufige Tendenz gezeigt. Grenzüberschreitungen waren so gut wie gar nicht mehr vorgekommen oder rechtzeitig entdeckt worden.

Was also wollte Scharon? Angesichts des Übergangs seiner Soldaten über den Litani und des weiteren raschen Vormarsches drängte sich ein Verdacht auf: Sein Ziel war die gewaltsame Vernichtung der palästinensischen Befreiungsbewegung.

Der Bürgerkrieg im Libanon befand sich damals offenkundig in einer entscheidenden Phase. Muslime und Palästinafreischärler waren an vielen Punkten auf dem Vormarsch. Syrien verhielt sich weitgehend neutral. Damaskus wünschte zwar keine Unterwerfung der Christen, aber die von den Muslimen verlangte grundlegende politische Neuordnung lag ebensowenig in seinem Sinn. Eine solche Neuordnung wäre gleichbedeutend gewesen mit einer stärkeren libanesischen Anlehnung an Syrien und der bis dahin nie völlig erreichten Eingliederung des Libanons in das arabische Lager. Für Israel signalisierte dies höchste Gefahr.

Wie stark sie unterdessen geworden waren, bewies der langwierige und eindrucksvolle hinhaltende Widerstand der Muslime gegen den feindlichen Vormarsch. Die Invasion erwies sich als unerwartet schwieriges, zeitraubendes, kostspieliges und opferreiches Unternehmen. Sie wurde Israels längster Krieg gegen die Palästinaaraber.

Die »Zahal« fand auf ihrem Vormarsch nach Beirut ungeheuere

Mengen leichten und schweren Kriegsmaterials aus geheimen Beständen der Fedaijin. Die Beute reichte zur vollständigen Ausrüstung ganzer Armeen. Das Gros befand sich noch in den Originalverpackungen. Die Freischärler verfügten gar nicht über genügend hinreichend ausgebildete Soldaten, um das alles einsetzen zu können. Die gehorteten Waffenvorräte erschienen aber, besonders im Zusammenhang mit der fühlbar erstarkten Kampfkraft der Fedaijin, später als unwiderlegliche Rechtfertigung für den israelischen Präventivschlag.
Die Palästinafreischärler wehrten sich mit dem Mut der Verzweiflung. Sie wußten genau, worum es ging. Verloren sie die Schlacht um den Libanon, verloren sie gleichzeitig auch die letzte Schlacht gegen Israel um Palästina!
Zum Verhängnis wurde den Fedaijin letztlich nicht allein die trotz allem drückende militärische Überlegenheit Israels, sondern vor allem der ihnen aufgezwungene Zweifrontenkrieg. Wo Israel gegen sie nur schwer voranzukommen schien, fielen ihnen die Christen in den Rücken. Die »Zahal« stand endlich doch an den Stadtgrenzen der libanesischen Hauptstadt und zog, hier gleichfalls offensiv unterstützt von den christlichen Milizen, ihren Belagerungsring um Beirut. Die Schlacht schien allerdings noch nicht gewonnen.
Syrien beteiligte sich nur halbherzig an den Kampfhandlungen. Es gab lediglich sporadische Artillerieduelle und Luftkämpfe, aber selten direkte Gefechtsberührungen. Israels Luftwaffe zerstörte gleich zu Anfang der Kämpfe die syrischen Raketenabwehrstellungen in der Ebene von al-Beka'a. Die »Zahal« stand, auf dem Golan, nur eine Autostunde von Damaskus. Die syrische Hauptstadt befand sich in Reichweite der israelischen Bomberflotte. Bei einem offenen Kriegsausbruch wäre eine syrische Niederlage wahrscheinlicher gewesen als ein Sieg oder auch nur ein militärisches Patt. General al-Assad hatte also, wie es schien, gute Gründe für seine betonte Zurückhaltung.
Die Invasion hatte aber keineswegs nur eine militärische Dimension. Die Vereinigten Staaten deckten offenbar das israelische Vorgehen im Libanon. Aber galt das auch für einen direkten Konflikt mit Syrien? Und wie stand es mit der Sowjetunion?

In Syrien stand diese vor unlösbaren Schwierigkeiten. Waffenlieferungen, und seien sie noch so umfangreich, waren kein hinreichender Schutz für das strategisch exponierte Land. Seine Armee war allein zu schwach gegen Israel. Eine militärische Intervention kam nicht in Betracht. Zwischen der Sowjetunion und Syrien lagen Persien, der NATO-Staat Türkei und der Irak. Überflug- oder Durchmarschrechte waren von keinem von ihnen zu erwarten. Die Schiffspassage schied aus. Wäre Syrien im Kriegsfall also zu retten gewesen?

Gewiß, ein offener Krieg mit Syrien lag auch nicht grundsätzlich im Interesse Israels. Al-Assads Zurückhaltung war also sicher die von allen Seiten bevorzugte Lösung. Doch weshalb hielt er sich zurück? Sein Stillhalten beeinträchtigte sein interarabisches Prestige ebenso wie sein Ansehen bei den libanesischen Bürgerkriegsparteien. Folgte Damaskus einem mit der Sowjetunion abgesprochenen längerfristigen geheimen Plan?

Der Nahe und Mittlere Osten war seit dem Ende des Zweiten Weltkrieges der gefährlichste neuralgische Punkt der Weltpolitik. Im Palästinakonflikt schien keine Vernunftlösung in Sicht. Am Schatt al-Arab tobte ein schon jahrelang andauernder Stellungskrieg zwischen Irak und Iran. Überall grassierten innere Unsicherheit und äußere Spannungen. In Afghanistan bedeutete der hartnäckige Widerstand der islamisch-fundamentalistischen Stammeskrieger eine schwere Belastung der Sowjetunion. Persiens Ajatollahs und die von ihnen ausgehenden religiös-fanatischen geistigen und politischen Unruheimpulse verstörten nicht nur die arabischen Nachbarländer, sondern gleichermaßen auch die Sowjetunion wie die Vereinigten Staaten.

Bedeutendster Störfaktor blieben dessen ungeachtet die palästinensischen Fedaijin. Die Sowjetunion stand zwar – sowohl durch Waffenlieferungen als auch durch propagandistische Unterstützung – auf ihrer Seite. Diese Unterstützung behinderte aber stark die Wiedereinbeziehung Moskaus in die nahöstlichen Friedensbemühungen. Moskau mußte entscheiden, was ihm mehr wert war, die PLO als permanenter Unruhestifter in der arabischen Welt oder die Rückkehr an den Verhandlungstisch als gleichberechtigter Protektor künftiger Friedenbemühungen.

Man darf hierbei nicht vergessen: Die Sowjetunion gehörte zu den Gründervätern des jüdischen Staates in den Vereinten Nationen. Selbst in den palästinensisch-sowjetischen Flitterwochen billigte sie nie das damalige erklärte Ziel der PLO, nämlich die Zerstörung Israels.

Hinzu kam noch etwas anderes. Alle Araberstaaten überboten sich mittlerweile zwar in Lippenbekenntnissen zum palästinensischen Selbstbestimmungsrecht. Die Fedaijin waren aber zu stark geworden, und man hatte sie zu fürchten. Häufig beteiligten sie sich an innerpolitischen Verschwörungen gegen diese oder jene arabische Regierung. Mochte König Hussein auch nicht allzu beliebt sein – der »Schwarze September« war nicht nur für die Freischärler ein Schock gewesen, sondern er hatte auch den mehr oder weniger schwachen arabischen Regimes eine unvergessene Lektion erteilt. Diese Lehre saß so manchem arabischen Potentaten noch schmerzhaft in den Knochen, da wiederholte sich das jordanische Drama im Libanon. Der Bürgerkrieg in dem Levanteland hatte zwar vorwiegend innerpolitische, wirtschaftliche und soziale Ursachen. Entzündet hatte er sich aber, wie es schien, an der Existenz der Palästinafreischärler.

Jassir Arafat kannte natürlich alle diese geheimen Überlegungen seiner »arabischen Brüder« und wehrte sich, wie bereits geschildert, lange gegen eine Beteiligung der PLO am Bürgerkrieg. Der Ausgang mußte ihm auch hier unsicher erscheinen. Siegten die Muslime mit palästinensischer Hilfe, so verstärkte das nur die interarabische Furcht vor den Fedaijin. Doch es war anders gekommen.

Was im Libanon geschah, verstärkte noch die Abneigung der meisten Araberstaaten gegen einen arabischen Palästinastaat. Dieser wäre, worin man sich jetzt abermals bestärkt fühlen mußte, eine Gefahr weniger für das militärisch hochgerüstete Israel, als für die angrenzenden arabischen Länder.

Jassir Arafat saß Ende Juni 1982 in Beirut wie die Maus in der Falle. Keine Hand rührte sich für die PLO. War dies der letzte Kampf des »Mannes gegen Israel«?

Man hätte es annehmen können. In den Bürgerkrieg hineingezogen worden war er gegen den eigenen Willen. Die Araberstaaten unternahmen nichts für die Verwirklichung der palästinensischen Staatsbildungshoffnungen und gegen die Unterdrückung und Ausrottung seiner Landsleute durch die libanesischen Christen und, später, durch die dortigen Schi'iten und die Syrer. Israel reagierte nicht auf seine versteckten Verständigungsfühler.

Arafats demütigendster Augenblick

Jassir Arafat drohte den Angreifern, Beirut werde zu ihrem »Stalingrad«. François Mitterrand, der französische Staatschef, sprach von einem »nahöstlichen Oradour«. »Die Zeit« sah ein »orientalisches Coventry«. »Der Spiegel« verglich die Bedeutung der Schlacht mit Alamo und Leningrad. (1836 behaupteten sich in Alamo zweihundert Texaner zwölf Tage lang gegen viertausend Mexikaner; im Zweiten Weltkrieg hielt sich Leningrad neunhundert Tage lang gegen die deutschen Belagerer.) Menachem Begin spottete über den »wie Hitler in der Reichskanzlei« in seinem Bunker eingeschlossenen PLO-Chef.

Die Intervention im Libanon und die über zweimonatige Belagerung von Beirut wurden nicht nur zum längsten, sondern auch für die Gegner wie für die eigenen Streitkräfte verlustreichsten Feldzug Israels. Die »Zahal« brauchte 1956 sieben Tage, 1967 sechs Tage, 1973 – weil sie diesmal angegriffen und überrascht worden war – achtzehn Tage bis zum Sieg über die hochgerüsteten arabischen Armeen. Im Libanon brauchte sie wochenlang allein schon für den Vormarsch auf Beirut.

Schuld daran waren vor allem die ungewohnten landschaftlichen Verhältnisse. Der Libanon ist nicht nur hügeliger und unübersichtlicher als die früheren Wüstenkriegsschauplätze; hier leben auf engstem Raum zusammengedrängt auch viele unbeteiligte Zivilisten. Außerdem handelte es sich bei den Gegnern nicht um reguläre Soldaten. Palästinafreischärler wie Muslimmilizionäre waren keine ernstzunehmenden militärischen Gegner. Viele von ihnen waren Halbwüchsige oder Kinder. Den »Zahal«-Soldaten machte es offenkundig moralisch schwer zu schaffen, gegen sie kämpfen zu müssen.

Vor Beirut multiplizierte sich noch das moralische Problem. Der muslimische Westteil der Stadt, die Hochburg der Fedaijin, beherbergte über eine halbe Million Menschen. Eine Eroberung hätte vielen von ihnen den sicheren Tod gebracht, so überlegte der israelische Generalstab. Straßenkämpfe wären aber ungeheuer verlustreich auch für die Angreifer. Doch obwohl Beirut hinterher so aussah wie Rotterdam, Dresden oder Berlin am Ende des Zweiten Weltkrieges, willigte die PLO-Führung erst nach über zwei Monaten in ihren Abzug.

Arafat konnte sich anfänglich offenbar nicht vorstellen, was ihm zugedacht worden war. General Scharons Pläne überstiegen jegliche Vorstellungskraft. Beirut war schon eingeschlossen, da höhnte Arafat noch vor westlichen Fernsehkameras: »Wenn sie unbedingt kommen wollen, sollen sie nur kommen. Sie sind willkommen, und wir bereiten ihnen einen unvergeßlichen Empfang!«

Der PLO-Chef machte sich wohl kaum Illusionen über die wahren Kräfteverhältnisse; falsche Vorstellungen hatte er nur von der Entschlossenheit des Feindes. Die Tapferkeit der Fedaijin gegen den zahlenmäßig zwanzig zu eins überlegenen und weitaus besser bewaffneten Gegner wurde später unversehens zur tröstlichen Legende. Doch in Beirut selbst kam es in Wirklichkeit kaum noch zu direkten Gefechtsberührungen. Die Freischärler saßen ganz einfach in der Falle.

Der PLO-Chef äußerte sich vor Besuchern in seinem Befehlsbunker mehrfach versöhnlich und kompromißbereit gegenüber Israel. In Jerusalem hieß es dazu nur, das komme zu spät und sei ohnedies nicht glaubhaft. In Israel überhörte man einfach, was man nicht hören wollte. Arafat jedoch blieb selbst in diesem Augenblick bei dem Friedensangebot seiner ersten UN-Rede. Am klarsten zum Ausdruck kam das in einem Gespräch mit der Pariser Tageszeitung »Le Monde«:

»Ich bin hier eingekesselt und wende mich an die israelischen Soldaten wie an die israelischen Bürger. Ich sage ihnen, haltet ein! Die militärische Arroganz wird uns nicht zerbrechen! Ich würde gern ein Wort an Oberst Elie Geva richten, dessen menschliche Haltung und dessen Weigerung, am Sturm auf Beirut teilzunehmen, ich trotz unserer Meinungsverschiedenheiten hochachte. Seine edle Haltung entspricht den wahren jüdischen Werten. Der Friede wird im Heiligen Land regieren, trotz der

Arroganz jener Führer, für die brutale Gewalt die einzige Möglichkeit ist.
Wir billigen alle Resolutionen, ich sage sehr wohl alle Resolutionen der UN, die die palästinensische Frage betreffen. Vergessen wir nicht, daß Israel durch einen UN-Beschluß geschaffen wurde. Im übrigen besitzt Israel alles, und wir haben nichts. Da verlangt man von uns, Israel anzuerkennen, das sich seinerseits hartnäkkig weigert, unser Selbstbestimmungsrecht anzuerkennen. Ich werde alles, was ich zur Frage der Anerkennung zu sagen habe, nicht unter Zwang sagen, jetzt, wo uns die Truppen Scharons belagern. Ich wiederhole, die Frage, die sich heute mehr denn je stellt, ist die nach unserem Recht auf Existenz und Selbstbestimmung.
Wir haben schon mehrmals durch unseren Nationalrat bekräftigt, daß der bewaffnete Kampf nicht mehr der einzige Weg ist. Man hat viele Dinge über diese Charta gesagt, und man hat versucht, sie in einer tendenziösen Weise zu interpretieren. Um diesen Zweideutigkeiten ein Ende zu bereiten, schlage ich heute vor, nach diesem Krieg ein Colloquium zusammenzurufen, das sich aus palästinensischen, israelischen und arabischen Denkern zusammensetzt, um alle diese Probleme von Grund auf zu untersuchen und zu Schlußfolgerungen zu gelangen. Dieses Colloquium könnte eventuell in irgendeinem Teil Europas abgehalten werden unter dem Vorsitz einer Organisation oder einer Partei, die mit Zustimmung aller Beteiligten ausgewählt wurde.«
Arafat hätte sich nicht klarer ausdrücken können. In Israel freilich betrachtete man das alles als zu späte Reue. Das war nichts weniger als die Wahrheit. Denn tatsächlich steuerte der PLO-Chef spätestens seit 1974, ungeachtet der Kritik aus den eigenen Reihen und der Einwände radikaler arabischer Regierungen auf Verständigungskurs. UN-Generalsekretär Waldheim und angesehene westliche Staatsmänner schenkten ihm Glauben. Die Anerkennung Israels freilich hatte er bislang verweigert. Aber verweigerte nicht auch Israel den Palästinensern das ihnen von der ganzen übrigen Welt zugebilligte Selbstbestimmungsrecht? Die Anerkennung war zudem, das mußte jedermann bewußt sein, bei Verhandlungen die stärkste Trumpfkarte der PLO.

Die »Palästinensische Nationalcharta« war tatsächlich ein häufig – und manchmal sicher nicht ganz absichtslos – mißverstandenes Dokument. In Israel betrachtete man es als Beweis für die Verhandlungsunfähigkeit der Fedaijin. Hätten freilich die Palästinaaraber die Forderungen, Beschlüsse und vor allem die Handlungen der Zionisten vor der Gründung Israels so ernst genommen wie jene nun die Palästinensercharta – vielleicht gäbe es heute keinen jüdischen Staat! Die Charta, die übrigens mehrfach abgemildert wurde, war kein verfassungsähnliches politisches Grundsatzprogramm, sondern als kleinster gemeinsamer Nenner nichts weiter als eine politische Absichtserklärung.
1979 und 1981 kam es zu den bis dahin wichtigsten Änderungen. Nun hieß es, »die PLO kämpft mit allen Mitteln, wobei der bewaffnete Kampf an erster Stelle steht, um die Befreiung der palästinensischen Gebiete und die Errichtung einer kämpferischen unabhängigen nationalen Volksadministration in jedem befreiten Teil Palästinas.« Und: »Die PLO betrachtet jeden Akt der Befreiung palästinensischen Territoriums als einen Schritt auf dem Weg zur Verwirklichung ihrer Strategie, der Errichtung des demokratischen palästinensischen Staates, so wie sie in den Beschlüssen der früheren Kongresse festgelegt wurden.«
Die gewundene Sprache täuschte nicht über den hier offenbar vollzogenen grundlegenden Wandel hinweg: Die PLO verzichtete zwar nicht auf das Fernziel der Wiedereroberung und der Rückkehr aller Flüchtlinge nach Palästina. Wozu hätte sie das auch tun sollen? Sie erklärte sich aber zum erstenmal öffentlich einverstanden mit einer Staatsbildung im israelisch besetzten Gebiet. Vorausgegangen waren schwere Auseinandersetzungen zwischen »Maximalisten« und »Kompromißlern«. Sie endeten in beiden Fällen mit einstimmigen Voten. Das war ein triumphaler Sieg für Jassir Arafat.
Arafat konnte sich einiges zugute halten auf sein unübertreffliches diplomatisches und politisches Geschick. Er hatte alle davon überzeugt, daß er es ehrlich meinte. Die Fedaijin – so verbissen sie auch sonst miteinander zu streiten pflegten – hörten auf sein Wort. Die Araberstaaten – so sehr sie auch sonst untereinander verfeindet waren – schenkten ihm ihr Vertrauen. Die »Arabische

Liga« behandelte ihn als Gleichen unter Gleichen. Für »Vereinte Nationen«, »Europäische Gemeinschaft«, »Sozialistische Internationale« und zahlreiche führende Staatsmänner in Ost und West war er ein vertrauenswürdiger Verhandlungspartner. Sein Sieg schien vollkommen.
Arafats internationale diplomatische und politische Erfolge zeitigten schließlich ein unvorhergesehenes Ergebnis: Israel fürchtete sich offensichtlich nicht vor der Guerilla, doch es bekam Angst vor Arafat!
Die Flüchtlinge konnte man nicht alle umbringen. Die Freischärler waren nicht gefährlich, sondern nur lästig. Wenn man sich ihrer entledigen wollte, entledigte man sich am einfachsten Arafats! Die Zahl der Mordanschläge, denen er entging, wurde Legende. Viele wären früher oder später zusammengebrochen unter der unerträglichen physischen und psychischen Belastung. Jede Nacht schlief er, meistens unter improvisierten primitiven Umständen, in einem anderen geheimgehaltenen Unterschlupf. Dessenungeachtet blieb er ununterbrochen erreichbar. So häufig wie möglich wechselte er sein Hauptquartier. Anders als manche seiner Unterführer bevorzugte er nie ein luxuriöses Leben. Seiner Khakikleidung merkte man an, daß er oft tage- und nächtelang nicht aus ihr herauskam. Seine Bartstoppeln waren nicht nur ein Theatereffekt. Er wußte zwar, daß sie sich höchst wirkungsvoll einsetzen ließen und war auch nicht ganz frei von Eitelkeit. Oft fehlte ihm aber auch wirklich die Zeit zur raschen Rasur. Er rauchte nicht und trank keinen Alkohol. Obwohl er stets etwas aufgeschwemmt wirkte, war und ist er ein schwacher Esser. Er mußte zwar ständig unterwegs sein, hatte aber zu wenig Bewegung und frische Luft.
Die Alleingänge der radikalen Randgruppen, die immer wieder sein sorgfältig gewobenes diplomatisches Netz zu zerreißen drohten, erforderten häufig sein persönliches Eingreifen. Seine Anhänger scheuten die Verantwortung und fragten ihn auch bei den unwichtigsten Detailfragen um Rat. Endlose Ferngespräche, ermüdende Diskussionen mit Anhängern und Kritikern, Unterhaltungen mit ausländischen Pressevertretern, lösten sich ab mit hektischen Reisen zwischen den arabischen Hauptstädten, Eu-

ropa und dem Ostblock. Häufig wußte er nicht, wo er schließlich nächtigen würde, und nicht selten schlief er auf dem Boden hinter einem alten Schreibtisch in einem einfachen Büro. So aufgedunsen und bleich er meistens wirkte, besonders in der kalten Neonbeleuchtung der meisten seiner Schlupfwinkel, so sehr erfreut er sich einer eisernen Gesundheit. Sie und die Fähigkeit, bis zuletzt auszuharren, sicherten ihm manchen Sieg. Vor allem aber hatte er Glück.

Arafat hatte in der Tat, und auch das sicherte ihm Sympathie und Gefolgschaft vieler der insgeheim abergläubischen Araber, Arafat besaß geradezu sprichwörtliches Glück. Im Hochsommer 1982 jedoch schien es ihn plötzlich verlassen zu haben. Westbeirut war eine trümmerübersäte Menschenfalle. »Zahal«-Soldaten und Christenmilizen umschlossen es mit einem undurchdringlichen Halbkreis. Vor der Küste kreuzten schnelle israelische Kanonenboote. Es gab keinen Fluchtweg. Die PLO mußte schließlich nachgeben.

USA-Nahostvermittler Philip Habib, selbst Abkömmling einer libanesischen Einwandererfamilie, vermittelte ein indirektes Waffenstillstandsabkommen zwischen Israel und der PLO. Arafat und seine bewaffneten Anhänger, die mit ihm eingekesselt waren, verpflichteten sich zum Abzug. Man beließ ihnen die Waffen. Es sei, so trösteten sie sich, keine Kapitulation. Der Kampf gehe weiter.

Der Kampf sollte weitergehen. Doch von wo aus und gegen wen? Was man erlitten hatte, war vielleicht keine formelle Kapitulation, aber es handelte sich um die katastrophalste Niederlage in der Geschichte der palästinensischen Befreiungsbewegung. Das zeigte sich schon, bevor sie noch abziehen konnte. Alle Araberstaaten verweigerten erst einmal die Aufnahme der geschlagenen Fedaijin. Am hartherzigsten verhielt sich Syrien. General Hafis al-Assad nahm schließlich, wie auch einige meist weit vom Schuß befindliche arabische Länder, einen Teil der Freischärler auf und steckte sie unverzüglich, nachdem sie entwaffnet worden waren, in hermetisch von der Außenwelt abgeriegelte entlegene Lager. An Damaskus als neuem PLO-Hauptquartier hatte er nicht das geringste Interesse. Arafat war ihm nicht grün, das wußte er nur

zu genau, und er selbst hatte auch nichts übrig für diesen »Mann gegen Israel«. Beeinflussen konnte er die PLO nur ohne Arafat. Dem PLO-Chef erklärte er kurz und bündig: »Damaskus wird kein zweites Beirut!« Dann wies er ihm die Tür.
Dies und die Zerstreuung seiner Fedaijin über die ganze arabische Welt war mehr noch als die durch Israel erzwungene Vertreibung aus dem zerstörten Beirut der demütigendste Augenblick für Jassir Arafat.

Tunis liegt am Rand der Welt

Anders als die fast genau zwölf Jahre zurückliegende Flucht aus Amman wurde der Abzug aus Beirut für Arafat zu einem letzten Triumph. Die Fedaijin versammelten sich zu einem Schlußappell im verwaisten Sportstadion des einstigen »Paris des Ostens«. Zehntausende säumten den Weg zum Hafen. Männer, Frauen und Kinder jubelten und klatschten, schrien und weinten wild durcheinander. Viele hielten handgemalte Transparente: »Kopf hoch, wir sehen uns wieder, in Haifa, Jaffa, Jerusalem!« Oder: »Alle Wege führen nach Palästina!« Unbeschreiblicher Lärm toste durch die Sommerluft. Automatische Gewehre, Maschinenpistolen, Panzerabwehrgeschütze, schwere Mörser und Flakkanonen ballerten in die rauch- und schwefelgeschwängerte Luft. Die Fantasia ist die traditionelle arabische Ehrung für die siegreichen Krieger ebenso wie für die toten Märtyrer.
Der PLO-Chef läßt sich nicht anmerken, was er wirklich fühlt und denkt. Er wirkt frisch und gutgelaunt und macht mit der Rechten immer wieder das »Victory«-Zeichen. Die Fedaijin brauchen jetzt nichts mehr als Mut zum Überleben. Arafat gibt ihnen diesen Mut. Er fliegt von Athen nach Bukarest und spricht mit dem rumänischen Staats- und Parteichef Ceauçescu. Der Rumäne ist seit langem ein verläßlicher Freund der Araber und der Palästinenser. Sein Land unterhält als einziger Ostblockstaat ununterbrochene gute Beziehungen auch zu Israel. Häufig war er zwischen beiden heimlich vermittelnd tätig. Er genoß das Vertrauen von Golda Meir wie Menachem Begin. Für Arafat weiß er freilich keinen Trost. Die PLO ist für Israel kein Verhandlungspartner. In Jerusalem betrachtet man sie als endgültig erledigt. Arafat hört es mit unbewegter Miene. Es ist erstaunlich, wie er sich beherrschen kann. Es ist, als habe er keine Nerven. Besitzt er denn überhaupt noch Trümpfe? Fragt er sich, was ihm übrigbleibt? Oder täuscht er sich über den Ernst seiner Lage?

Ost und West schenken ihm, auch wenn er damit nichts anfangen kann, wenigstens ihr Mitgefühl. Die Araber zeigen ihm die kalte Schulter.

Die Niederlage auf dem Schlachtfeld wird jedoch zum Treibstoff für eine erneute diplomatisch-politische Erfolgsperiode. Präsident Reagan berücksichtigt in einem neuen Friedensplan für den Nahen Osten erstmals vorsichtig die von den »Vereinten Nationen« längst anerkannten Rechte der Palästinaaraber. Viele Staatsmänner versichern sie ihrer Sympathie und Unterstützung. Arafat selbst erlebt in Rom einen erstaunlichen Triumph. Die »Interparlamentarische Union« ehrt ihn nach seiner – wie üblich recht versöhnlichen – Rede durch stehenden Beifall. Im Palazzo Quirinale empfängt ihn der italienische Staatspräsident Pertini. Alles in den Schatten stellt schließlich eine Privataudienz im Vatikan. Papst Johannes Paul II. empfängt den muslimischen palästinensischen Freischärlerführer in seiner Privatbibliothek. Der Pontifex Maximus unterrichtet sich aus erster Hand über die namenlosen Leiden und die enttäuschten Hoffnungen der Palästinaaraber. Wer sollte dieses Volk besser verstehen als der gebürtige Pole Karol Wojtyla?

Jassir Arafat kann sich trösten und sogar stolz auf sich sein. Als militärischer Verlierer ist er der politische Gewinner. Die Welt schüttelt den Kopf vor Abscheu über die Greueltaten des Judenstaates. Doch all dies bringt die Palästinaaraber keinen einzigen Schritt näher an die Rückkehr in ihre Heimat!

In Tunis, seinem neuen Hauptquartier, bereitet man Arafat einen begeisterten Empfang. Präsident Habib Bourguiba, sein greiser Ratgeber, hat besonderes Verständnis für den PLO-Chef. Als jüngerer Mann kämpfte er selbst jahrzehntelang gegen die französische Kolonialmacht. Dennoch versöhnte er sich schließlich mit ihr. Vielleicht erhofft er sich jetzt einen gewissen mäßigenden Einfluß auf den palästinensischen Gast? Bourguiba beteiligte sich nie am Kampf gegen Israel. Vor Jahrzehnten schon riet er den Arabern zum Friedensschluß. Doch niemand wollte auf ihn hören.

Der PLO-Chef wird zum hektischen Reisenden. Unermüdlich spricht er mit den arabischen Ölpotentaten und sogar wieder mit

König Hussein und sympathisierenden westlichen sowie den Staatsmännern des Ostblocks. Alle versichern ihn ihrer wohlwollenden Unterstützung. Doch Arafat hat ein geschultes Ohr für fast unhörbare Zwischentöne und kaum merkliche Stimmungsumschwünge. Was er zu hören bekommt oder auch nur zu hören meint, kann ihm nicht gefallen. Seine Getreuen erleben ihn, was früher nie geschah, in düsteren Depressionen. Syrien bleibt ihm verschlossen, im Libanon entgleitet ihm sogar die Kontrolle über seine eigene al-Fatah. Manchmal scheint er nahe daran zu sein, aufzugeben und sich zurückzuziehen. Was ihn hindert, es wirklich zu tun, ist nur die Gewißheit über das Triumphgeheul seiner Feinde in Israel und bei den Arabern. »Heimat oder Tod« schwor sich einst sein Gesinnungsgenosse und späterer heimlicher Rivale »Abu Ijad« alias Salach Chalaf. Die Heimat, ist sie nicht für ewig verloren, und erwartet ihn selbst, der so hingebungsvoll um sie gekämpft hat, auf Schritt und Tritt nur noch der Tod?

Arafats Stimmung spiegelt sich in den Vorgängen um die in Genf geplante UN-Palästinakonferenz. »PLO-Außenminister« Faruk al-Kaddumi soll dorthin entsandt werden. Er ist ein verbindlich auftretender Mann, gilt aber als harter Brocken. Von ihm können alle erwarten, daß er nichts vergibt und nichts verschenkt. Und Arafat? Traut man ihm schon nicht mehr? Jedenfalls dringt keiner der Seinen auf seine persönliche Anwesenheit in Genf.

Der PLO-Chef, der er ja noch immer ist, muß sich sagen, daß es feige aussieht, wenn er wegbleibt. Überraschend fliegt er doch noch nach Genf. Die Delegierten jubeln ihm zu wie eh und je. Seine Rede vergibt sich nichts, wie es manche fürchten mochten, und klingt trotzdem verständigungsbereit. Wer ihn genauer kennt, entdeckt allerdings doch Anzeichen von Müdigkeit und Resignation. Die Israelis, mit denen er kurz spricht, bemerken seine traurigen Augen.

Die Fedaijin standen noch immer hinter ihm, davon war er überzeugt. Seine Leute – hatten sie nicht gekämpft wie die Löwen? Hatte Beirut nicht über zwei Monate heldenhaft standgehalten gegen die weit überlegene feindliche Belagerung und die barbarischen Artillerie- und Bombenangriffe des Gegners? Die

Freischärler waren nicht geschlagen worden, aber sie hatten auch nicht gesiegt. Die Araber haben nichts übrig für Verlierer. Arafat mußte es schmerzlich erkennen.
»Village de Vacances« steht an der Zufahrt zu dem fünfundzwanzig Kilometer außerhalb von Tunis gelegenen leerstehenden Feriendorf. Ohne Fremde ist es so trist wie in allen modernen Feriendörfern. Dieses hier ist eine typische Investitionsruine des europäischen Massentourismus. Als man es erbaute, rechnete man noch mit unaufhörlich zunehmenden Fremdenströmen. Sie blieben aus, und seitdem herrscht hier der schleichende Verfall. Das Hotel »Salwa« liegt am Mittelmeerufer wie ein gestrandetes Kreuzfahrtschiff. Es wäre der passende Schauplatz für eine futuristische Schauergeschichte. Spielt hier der letzte Akt des palästinensischen Dramas?
Das PLO-Hauptquartier, das hier untergebracht ist, befindet sich in sicherer Entfernung vom politischen und wirtschaftlichen Nervenzentrum Tunesiens. Das nordafrikanische Land ist sicher kaum ein geeignetes Manöverfeld für die Fedaijin. Doch man kann nie wissen... Die Guerilleros sind desillusioniert, frustriert, aggressiv. Man erinnert sich hierzulande nur zu genau an Jordanien und den Libanon. Wer weiß, was sie hier anrichten, wo sie nicht wissen, was sie mit sich anfangen sollen. Man hat sie lieber nicht zu nahe an der Hauptstadt!
Die Bewachung ist lasch. Vor wem soll man sich hier auch schon fürchten? Das Hotel wirkt wie eine trostlose Mischung zwischen Mönchskloster und Nachtasyl. Die Zimmer sind kahl und spärlich möbliert. Verstaubte Schreibtische, schlampig eingeordnete Karteikästen und unzählige Telephone sind die einzige Einrichtung. Die Revolution kämpft nicht mehr, sie telephoniert nur noch. Es riecht nach Männerschweiß, und überall stehen unausgespülte leere Kaffeebecher und Coca-Cola-Flaschen. Das Neonlicht verwandelt die ohnedies bleichen, unrasierten Züge der blutjungen Emigranten in Leichengesichter. Die Burschen in ihren ungepflegten Uniformen stehen, sitzen, liegen untätig und apathisch überall herum. Sie reden nicht einmal miteinander. Müde greifen sie von Zeit zu Zeit zur Zigarette. Die Blechaschenbecher quellen über, und niemand denkt daran, sie auszu-

leeren. Die Telephone bleiben stumm. Die Revolution telephoniert nicht einmal mehr, sie schweigt nur noch und wartet.
Jassir Arafat ist selten da. Nur wenn er auftaucht, herrscht hier Leben. Doch was ist das für ein Leben? Alles, was geschieht, ist so seltsam unwirklich wie in einem alten Stummfilm. Welcher Unterschied zur Hektik der früheren Hauptquartiere. Zwischen Tunesien und der Heimat liegen vier Grenzen und einige Tausend Kilometer. Hier ist Afrika, Palästina liegt auf einem anderen Erdteil. Sogar zwischen »Salwa« und Tunis liegt eine Welt.
Einsamkeit, Untätigkeit, Heimweh zehren an der Disziplin. Kein Mensch denkt hier daran, sich irgendwie sinnvoll zu beschäftigen. Es gibt weder, wie es doch naheliegend wäre, politischen Unterricht noch Auseinandersetzungen über die Gründe der abermaligen Niederlage und die Zukunftsaussichten. Man will weiterkämpfen, schon weil man nie etwas anderes gelernt hat als zu schießen, aber niemand kann sich vorstellen, wo und wann und wie das geschehen soll. Man vertreibt sich die Zeit nicht einmal mehr mit militärischem Drill. Die Stunden, Tage, Wochen, Monate, vielleicht Jahre, verrinnen sinnlos im endlos scheinenden Treibsand der Wüste.
Jassir Arafat gibt sich optimistisch wie eh und je, macht einen ungebrochen kämpferischen Eindruck, stößt aber bei seinen Getreuen auf Interesselosigkeit. Im Gespräch mit dem Ausländer ist er nur noch nach außen hin so selbstgewiß wie gewohnt, hält öfter inne und wirbt manchmal zaghaft um Zustimmung, ja Komplizenschaft. Der Verstand ist so wach und rege wie immer, doch er paßt nicht mehr so recht in den noch schlaffer gewordenen Körper. Der Vierundfünfzigjährige ist gealtert. Diejenigen, die es um ihn herum noch aushalten und die er so häufig allein lassen muß, um draußen zu retten, was zu retten ist, kann er nicht mehr mitreißen.
Der PLO-Chef auf Abruf, als der er sich doch fühlen muß, blieb trotz allem der ebenso klarsichtige wie unbestechliche politische Analytiker. Syrien wolle die Macht in der PLO, sagt er, seine Widersacher seien gekaufte Marionetten Hafis al-Assads. Eine Regelung des Nahostkonfliktes sei möglich nur mit den Mitteln von Diplomatie und Politik.

Hier spricht keiner, der, weil er zweimal militärisch geschlagen worden ist, einsichtig wurde. Hier triumphiert einer, der es schon immer besser gewußt und es vorausgesagt hat. Er behielt recht. Israels größter Sieg sei nicht der über die Fedajin, die er nicht besiegt sieht, sondern die »Balkanisierung des Nahen Ostens«. Die Zionisten wollten teilen und herrschen, sagt Arafat, über seine in unzählbare Minderheiten und Sekten zersplitterte Umwelt. Israel tue das gleiche wie früher die Engländer. Es begnüge sich längst nicht mehr mit dem durch Gewalt erkämpften Lebensraum.

Arafat erwartet Fortschritte nur noch von einer internationalen Konferenz unter dem Patronat der »Vereinten Nationen«, unter Beteiligung aller streitenden Parteien und mit den beiden Großen als Garantiemächten, also eine Wiederholung der Genfer Konferenz. Aber werden Israel und Syrien nicht eher noch miteinander verhandeln als mit ihm zu sprechen?

»Sie kennen doch Stalins berühmte Frage nach den Divisionen des Papstes?« Arafat lacht sarkastisch. »In Polen wäre es heute ruhiger ohne diesen Papst!« Er sieht einen fragend an, als sei dies das Ei des Kolumbus, der wahre Stein der Weisen. »Habe ich nicht recht? . . .«

Wir sind keine Schachfiguren; wir sind lebendige Menschen mit Menschenrechten. Wir verlangen nichts Unmögliches, wir fordern nur die Verwirklichung der legal zustandegekommenen Beschlüsse der UN.«

»Fürchten Sie für Ihr Leben?«

»Mein Leben ist Palästina. Mein Leben ist die Revolution. Mein Leben war beendet, als sie begann; sie wird weitergehen, auch wenn es mich nicht mehr gibt. Ich habe keine Angst.«

Jassir Arafat sagt es gleichmütig, ohne Pathos, mit leiser Stimme. Im Osten versinkt die Sonne. Dort liegt irgendwo Palästina. »Jeder Nacht folgt wieder eine Morgendämmerung. Vergessen Sie das nicht . . .«

Sabra und Schatila

Was lag damals schon alles hinter diesem »Mann gegen Israel«? Konnte man mehr hoffen und schrecklicher zurückgeworfen werden? Jede Station seines Kreuzweges führte ihn weiter weg vom Ziel: Gasa, Kairo, Kuweit, Amman, wo er ihm endlich ganz nahe gekommen schien, Beirut und jetzt Tunis.
Ist dies die Neige des Kelches? War alles vergeblich? Wird er heimatlos sein und ruhelos wandern wie Ahasver?
Der »Mann gegen Israel« kommt jedenfalls nicht zur Ruhe. Tunis hat er noch nicht einmal gesehen, da erreicht ihn die Nachricht von dem furchtbaren Pogrom an seinen Landsleuten in den Beiruter Flüchtlingslagern Sabra und Schatila. Dem Massaker unmittelbar vorausgegangen war der Mord an dem frischgewählten libanesischen Staatschef Beschir Dschemaijel.
Der Mordanschlag an dem israelischen Botschafter in London, Schlomo Argov, den dieser überlebt hatte, hatte wenige Monate zuvor als Vorwand für die Militäraktion »Friede für Galiläa« gedient. Der Tod des selbst blutbefleckten Beschir Dschemaijel wurde nun zum Vorwand für den bestialischsten Massenmord in der modernen Geschichte des Nahen Ostens.
In Sabra und Schatila leben, eng zusammengepfercht, etwa achtzigtausend Palästinaflüchtlinge. Der Mossad, Israels Geheimdienst, will herausgefunden haben, daß sich dort noch zweitausend Fedaijin versteckt halten. Diese Behauptung, die später durch nichts bewiesen werden kann, führt zu einem beispiellosen Kriegsverbrechen. In Jerusalem beschließt das unter Vorsitz von Ministerpräsident Menachem Begin tagende Kabinett, auf Vorschlag des Verteidigungsministers General Ariel Scharon, eine »Säuberung« der beiden überfüllten Lager. »Zahal«-Soldaten werden sie umzingeln, aber selbst nicht eingreifen. Die Dreckarbeit überläßt man den durch den Mord an ihrem Häuptling aufs äußerste erregten Milizionären der christlichen al-Kata'eb.

Zweiundsiebzig Stunden – zwei Nächte und den dazwischenliegenden Tag – wüten die entmenschten Christen in den Lagern. Lastwagen und Bulldozer aus dem Fahrzeugpark der israelischen Interventionstruppen transportieren die Leichen in eilig ausgehobene Massengräber oder bestatten sie unter den Trümmern ihrer zerstörten Behausungen. Kinder, Frauen und Männer sind wahllos abgeknallt, erstochen oder einfach totgeschlagen worden.
Der Entsetzensschrei der Weltöffentlichkeit und die Bestürzung im eigenen Land zwingen die israelische Regierung zur Einsetzung einer offiziellen Untersuchungskommission unter dem Oberrichter Jitzchak Kahane. Sie spricht von 328 Toten und 991 Vermißten. PLO-Schätzungen kommen auf mindestens doppelt so hohe Todesziffern.
Die Jerusalemer Untersuchungskommission beschuldigt mehrere führende Politiker und Militärs der Mitwisserschaft und Fahrlässigkeit. Ein Geheimdienstchef muß gehen, der »Bulldozer« Scharon verliert seinen Posten; Flecken bleiben auf den weißen Westen Begins und seines Nachfolgers Jitzchak Schamir.
Taschmad – für »Zerstörung« – hieß nach der hebräischen Zahlenmystik das am Tag des Massakers begonnene jüdische Jahr 5744. Als Volk wie jedes andere Volk, so wünschte sich Staatsgründer David Ben-Gurion einst sein Israel. Nun war es tatsächlich genauso geworden: selbstsüchtig, rücksichtslos, unmoralisch, mörderisch.
Die al-Kata'eb-Milizionäre zieht niemand zur Rechenschaft. Im Gegenteil: Libanesische Christenführer diskutieren öffentlich über Möglichkeiten zur Verringerung der Flüchtlingszahl um neunzig Prozent, von einer halben Million auf fünfzigtausend Seelen. Doch niemand weiß, wohin sie gehen sollen.
Jassir Arafat reagiert mit zusammengepreßten Lippen auf die Nachricht von dem barbarischen Schlachtfest in Sabra und Schatila. Seine Mitkämpfer vergießen ohnmächtige Tränen und schwören blutige Rache. Keiner von ihnen kann wirklich etwas tun. Die Fedaijin wurden abgezogen und stehen unter syrischer Kontrolle. In den Lagern gab es keinen einzigen Waffenträger und bezeichnenderweise keinerlei Gegenwehr gegen die blutdürstigen Eindringlinge.

Der PLO-Chef behält, trotz allem Entsetzen, die Nerven. Er dämpft die Leidenschaften, versucht zu beschwichtigen, warnt vor übereilten Racheakten. Er macht sich keine Illusion über die Schwäche der Zurückgelassenen. Sie sind ausgeliefert, hilflose Geiseln, in ständiger Gefahr.
Bekommt Arafat jetzt Selbstzweifel? Wenn sie sich eingestellt haben sollten, läßt er es jedenfalls niemand merken. er fragt auch keinen anderen um Rat, zieht sich in sich selbst zurück, bleibt, was er immer war: der unzugängliche Einsiedler. Er ist entschlossen, weiterzumachen wie bisher. Die Gewehre haben versagt, nun helfen nur noch Diplomatie und Politik. Allerdings scheint ihm klar zu sein, wie gefährdet er ist. Mit Worten allein ist es nicht mehr getan. Er muß handeln. In Tunis ist er zu weit vom Schuß. Die Fedaijin brauchen ihn, und er braucht die Fedaijin. Wenn er nicht bei ihnen ist, laufen sie auseinander und gehen ihre eigenen Wege. Arafat bleibt gar nichts anderes übrig: er kehrt zurück an die Front. Ob er ahnt, was ihn dort erwartet?

Braun oder rot?

Keine Befreiungsbewegung – ironischerweise mit Ausnahme des ihr so feindlich gesinnten Zionismus – keine nationale Befreiungsbewegung der Gegenwart stützt sich auf einleuchtendere Rechte als die »Palästinensische Befreiungs-Organisation«. Keine aber auch stieß, seit sie sich bildete, auf mehr Unverständnis, Ablehnung, Haß. Keine vor allem wurde leichter zum Spielball widerstreitender fremder Interessen. Das hatte drei auf der Hand liegende Gründe: Die Palästinaaraber erwiesen sich im Lauf ihrer tragischen neueren Geschichte als bemitleidenswert schwaches Volk. Die Palästinaaraber wissen bis heute nicht so recht, was sie wollen; sie können bestenfalls sagen, was sie nicht wollen. Die Palästinaaraber fanden, soweit Völker das überhaupt finden können, niemals selbstlose Bundesgenossen.
Der Zionismus war die letzte, selbstgerechteste, angriffslustigste Ausprägung des abendländischen Zivilisationsmissionarismus des neunzehnten Jahrhunderts. Die Zionisten hatten bei ihrem Tun offenkundig nur geringe Selbstzweifel. Die einen waren völlig durchdrungen von ihrem angeblich höheren Recht, die anderen glaubten wie besessen an die ja schließlich auch den »Eingeborenen« zugute kommenden Segnungen ihrer zivilisatorischen Mission. Die Palästinaaraber hatten ihnen nichts entgegenzusetzen. Zionismus, das war moderner jüdischer Nationalismus. Arabischer Nationalismus, das war allenfalls der – freilich auch hierzulande stark verwurzelte – Wunsch nach der Wiedererweckung des arabisch-islamischen weltlichen Gottesstaates. Diese Idee erwies sich als unterlegen; die Hoffnungen, die darauf gesetzt wurden, erfüllten sich nicht.
Zwischen 1920 und 1947 gab es nicht nur einen, sondern mehrere Teilungspläne für Palästina. Natürlich sanktionierten sie das Unrecht der zionistischen Landnahme. Ihre Hinnahme durch die Palästinaaraber wäre gleichbedeutend gewesen mit der Hin-

nahme dieses Unrechtes. Noch 1947 hätte es sich jedoch begrenzen lassen, und zwar durch eine wenn auch möglicherweise vorläufig erst einmal nur provisorische arabische Staatsbildung neben Israel. Die Palästinaaraber befanden sich damals in einer ganz ähnlichen Lage wie die Nachkriegsdeutschen. Konrad Adenauers Staatsgründung bedeutete die Hinnahme des Teilungsunrechtes. Aber sie schuf auch eine wesentlich verbesserte Ausgangsposition für dessen künftige Revision. Sich nicht vorerst mit dem begnügt zu haben, was für sie übriggeblieben war, auf allem zu beharren und schließlich nichts zu bekommen, war der historische Fehler der Palästinaaraber.

Die PLO Jassir Arafats war sich über das alles nur zu klar. Al-Fatah unterhielt zwar schon verhältnismäßig früh mehr oder weniger enge Verbindungen zu den unterschiedlichsten Gruppen des westlichen politischen und terroristischen Untergrundes. Wichtig war jedoch, daß sie meistens nicht von ihr selbst geknüpft wurden. Sie ließ die anderen an sich herankommen und vermied es, sich mit ihnen zu identifizieren. Arafat vor Augen stand das abschreckende Schicksal des Großmuftis Hadsch Mohammed Amin al-Husseini. Dessen Parteinahme für Hitler war angesichts der damaligen arabisch-palästinensischen Interessenlage zwar durchaus logisch gewesen, hatte ihn später aber die politische Reputation gekostet und somit der Sache der Palästinaaraber großen Schaden zugefügt.

In Israel diskreditierte man den palästinensischen Widerstand schon frühzeitig als arabischen Wurmfortsatz des nationalsozialistischen Antisemitismus. Sympathisanten aus dem neonazistischen Lager erwiesen sich folglich als Belastung für die PLO.

Arafats PLO reagierte aber nicht weniger zurückhaltend auf die Anbiederungsversuche der extremistischen Linken Westeuropas. Diese frönten, wie man verständnislos registrierte, einem unbegründeten Vulgärantisemitismus. Die Araber, selbst Semiten, konnten ihn nicht nur nicht verstehen, sondern erfuhren ihn oft genug sogar am eigenen Leib. Die Gastrollen der Baader, Mahler, Meinhof und anderer geflohener oder freigepreßter linksextremistischer europäischer Terroristen in palästinensischen Ausbildungslagern führten keineswegs zu gegenseitigem Verständnis.

Arafat sah rasch ein, daß man ihn nur ausnutzen wollte. Die Ziele derer, die das versuchten, waren nicht die seinen. Ihm ging es weder um die Vernichtung Israels noch um die Weltrevolution. Sein Ziel war die Auflösung des zionistischen Staatswesens zugunsten eines binationalen und trireligiösen Staates für Palästinenser und Israelis, Muslime, Christen und Juden in ganz Palästina. Sein Ziel war eine nationale Revolution, vielleicht die letzte nationale Revolution der Gegenwart. Die Frage »braun oder rot« stellte sich für ihn erst gar nicht.

Kriegsschauplatz ist die ganze Welt

Die Frage nach den Bundesgenossen geht genausosehr an der Sache vorbei wie die nach den Methoden der palästinensischen Revolution. Revolutionäre Bündnisse sind noch viel mehr pragmatischer Natur als alle anderen politischen Bündnisse. Sie sind reine Zweckbündnisse, werden lediglich aufrecht erhalten, solange sie den eigenen Interessen dienen.
Beurteilt man sie nach ihren mehr oder weniger blutigen Methoden, verdient keine Revolution irgendeine Sympathie. Es ließe sich jedoch kaum beweisen, daß die Palästinafreischärler irgend etwas erreicht hätten ohne den von ihnen ausgeübten Terror. Was sich aber ohne weiteres beweisen läßt, ist, daß es ihnen erst durch diesen Terror gelang, auf sich aufmerksam zu machen.
Die Genesis des palästinensischen Terrors zeigte eine deutliche Eskalation erst nach dem Sechs-Tage-Feldzug. Der Krieg vom Juni 1967 war der Höhpunkt der palästinensischen Verzweiflung. Zwanzig Jahre nach der Gründung Israels waren damit alle Hoffnungen auf eine militärische Revision der durch diese geschaffenen vollendeten Tatsachen auf unabsehbare Zeit zerstört worden. Dieser Umstand führte 1968 zum weltweiten Export des Terrors. Er richtete sich gegen israelische und jüdische, westliche, aber auch arabische Ziele. Es ist sinnlos, die dabei begangenen Verbrechen noch einmal zu schildern und aufzuzählen, wer dabei ermordet wurde.
Was Arafat anging, hatte er dazu stets eine ambivalente Haltung. Die Palästinafrage schien für ihn immer nur mit politischen Mitteln lösbar. Doch würde man jemals über diese verfügen ohne entsprechend aufsehenerregende kriegerische Akte? Die Palästinaaraber waren eine machtlose Gesellschaft. Ein Teil lebte unter Besatzungsherrschaft, der andere in Flüchtlingslagern. Sie besaßen kein ihrer Verfügungsgewalt unterliegendes Staatsgebiet und keine Armee. Der Terrorismus war ihre einzige verfügbare

Waffe. Der PLO-Chef, der er endlich geworden war, verurteilte zwar öffentlich die jeweiligen Terrorakte, warb immer aber auch um Verständnis für deren Urheber.
Auch damit folgte er nur dem Beispiel David Ben-Gurions. Der verübte gleichfalls niemals persönlich Terrorakte und pflegte sie emphatisch zu verurteilen. Gleichzeitig bediente er sich aber macchiavellistisch ihres politischen Nutzens, und nachweislich veranlaßte er zionistische Terrorgruppen wie »Etzel« oder »Lechi« sogar zur Übernahme der Verantwortung.
Arafat wäre ohnehin nichts anderes übriggeblieben. Erst 1983 gestand er gegenüber einem westlichen Gesprächspartner offen seinen geringen Einfluß auf die extremistischen Terroristen ein. George Habaschs »Volksfront für die Befreiung Palästinas« tat ohnehin, was sie wollte, und ließ sich von niemandem hineinreden.
Jassir Arafats Gegenspieler Habasch bewies dabei, wie auch immer man beurteilen mag, was er geplant und befohlen hat, unerwartetes politisches Augenmaß. Seine Leute verübten bis 1980 in siebenundzwanzig Ländern über dreihundert Anschläge, darunter vierzig auf Zivilflugzeuge, fünf Schiffe und rund dreißig diplomatische Einrichtungen. Die Zahl der Todesopfer betrug 813, die der Verletzten 1013, die der Entführten und später wieder freigelassenen 2755 Personen.
Diese Vorgehensweise war, wie gesagt, unmoralisch, jedoch wirkungsvoll. Denn die Weltmeinung verurteilte zwar Habasch, hörte aber endlich auf Arafat. Nach 1980 flaute die Intensität des Terrors ab, wenngleich es immer noch einige gezielte Anschläge gab. Einerseits waren die Sicherheitsvorkehrungen vervollkommnet worden, andererseits wuchs der Beifall für die Strategie Arafats. Auch sein Kriegsschauplatz war die ganze Welt, doch seine Waffe war die Diplomatie und seine Schlachtfelder waren die Kabinettsäle der Weltpolitik und die »Vereinten Nationen«.
Jassir Arafat war im Sommer 1982 einer der erfolgreichsten Politiker der Nachkriegszeit. Die Palästinafrage erfreute sich des Wohlwollens der Sowjetunion und ihrer Satelliten, veranlaßte die »Europäische Gemeinschaft« und andere westliche Nationen

zu wachsendem Druck auf Israel, zwang die Vereinigten Staaten zum Nachdenken und stand permanent auf der Tagesordnung der »Vereinten Nationen«.
Gab es einen Zusammenhang, mußte man sich fragen, zwischen dieser hoffnungsvollen Entwicklung und dem israelischen Überfall auf den Libanon? Diktaturen stürzen sich bei inneren Schwierigkeiten nach allgemeiner Erfahrung leicht in äußere militärische Abenteuer. Israel bewies zum erstenmal, daß auch parlamentarische Demokratien keineswegs gefeit sind gegen solche Ablenkungsmanöver. Die Aktion »Schalom ha'Galil« war nichts als eine bewußte Täuschung. General Scharon ging es in Wirklichkeit, wie er später offen eingestand, allein um die militärische Vernichtung des palästinensischen Widerstandes. Der Terror hatte sich als erfolgreich erwiesen – zu erfolgreich.

Gibt es die Internationale des Terrors?

Der Tod des PLO-Beobachters Dr. Issam as-Sartawi bei der in den portugiesischen Badeort Albufeira einberufenen »Sozialistischen Internationale« (SI) Anfang 1983 war, wie es aussah, mehr als einer der üblich gewordenen Meuchelmorde im palästinensisch-zionistischen Weltuntergrundkrieg.

As-Sartawi – studierter Mediziner, persönlicher Freund und politischer Parteigänger von PLO-Chef Jassir Arafat – machten zwei Gründe zum prädestinierten Opfer: Er galt als einer der Urheber der auf deutschem Boden verübten Terroranschläge. (Die Bundesrepublik verfolgte ihn seither mit einem immer noch gültigen internationalen Haftbefehl.) Der Herzspezialist as-Sartawi hatte sich seither aber auch konsequent zum Verfechter einer diplomatischen Vernunftregelung entwickelt. Mitte Juni 1982 gab er beispielsweise eine gemeinsame Pressekonferenz mit dem früheren israelischen General Matti Peled. Der Kontakt wurde schließlich zunichte gemacht durch die Intervention im Libanon. Jerusalem waren solche Verbindungen seit jeher ein Dorn im Auge.

In Albufeira protestierte auch der als »gemäßigt« eingestufte sozialdemokratische Oppositionsführer Schimon Peres gegen die Teilnahme des Palästinensers. Später fand er kein Wort des Bedauerns über dessen Tod.

Die Folgerung, die sich daraus ergibt, ist einfach: Nichts erschwerte den eigenen Extremismus mehr als verständigungsbereite Positionen der Gegenseite. Handlungsunfähige Scharfmacher vom Schlag des früheren PLO-Chefs Achmed asch-Schukeiri erwiesen sich noch immer als Gottesgeschenke für das »auserwählte Volk«. Arafats »Ölzweig-und-Kalaschnikow-Rede« vor der UN-Vollversammlung hingegen brachte es in peinliche Verlegenheit. Menachem Begin bezichtigte den bezeichnenderweise ebenfalls aus Deutschland gekommenen israelischen Journalisten

Uri Avneri nach dessen Gespräch mit Arafat im belagerten Beirut durchaus folgerichtig des Hochverrats.
Der Mord von Albufeira war auch eine Warnung an die Adresse der palästinensischen Gemäßigten und ihrer neutralen Parteigänger, beispielsweise in der SI. Dafür sprachen sowohl der Zeitpunkt als auch die Gelegenheit.
Die Schüsse fielen während der SI-Tagung, und deren Wortführer Willy Brandt und Bruno Kreisky verhandelten wiederholt mit dem PLO-Chef. Österreichs damaliger Bundeskanzler mied übrigens die Teilnahme an der SI-Tagung in Albufeira – unter ausdrücklichem Hinweis auf die mangelhaften Sicherheitsvorkehrungen. Hatte man ihn gewarnt?
Wer aber waren nun die Täter? Der Mossad hatte jedenfalls einige Erfahrung in der systematischen Ausrottung führender palästinensischer Freischärler. 1972 liquidierte er den Schriftsteller Ghassan Kanafani und 1973 den Dichter Kamal Nasser, seine Gesinnungsgenossen Kamal Adwan und Abu Jussef an-Najjar sowie dessen Frau in Beirut, 1978 Said Hamami in London. Dieser hatte wie as-Sartawi Kontakt mit israelischen Gewährsleuten, und der in Stockholm getötete Omar Sufan vertrat die humanitäre Hilfsorganisation »Palästinensischer Roter Halbmond/Rotes Kreuz«. 1979 traf es den PLO-Sicherheitschef Abu Hassan Salameh in Beirut – er verfügte über gute Beziehungen zu Regierungsstellen der USA. Schüsse gegen PLO-Exponenten fielen zudem in Algier, Nikosia, Nürnberg, Paris, Rom und Tripolis. Die Opfer gehörten bezeichnenderweise fast immer zur palästinensischen Verständigungsfraktion.
Der Zeitpunkt des Mordes von Albufeira war ebenfalls aufschlußreich, und zwar wegen des Zusammentreffens mit den gleichzeitig zustandegekommenen Verhandlungen zwischen Arafat und dem transjordanischen Monarchen über eine mögliche Vertretung der palästinensischen Interessen bei der damals von Washington angestrebten erweiterten neuen Runde der Friedensgespräche nach dem Muster von Camp David.
Diese Entwicklung konfrontierte Israel mit der Gefahr stärkeren amerikanischen Druckes. Die Schüsse in Portugal waren daher sicher auch eine Warnung für den Haschimitenherrscher.

Diese Indizienkette wurde übrigens nur scheinbar erschüttert durch die eilfertige Selbstbezichtigung seitens der anarchistischen Splittergruppe unter »Abu Nidal« alias Sabri Chalil al-Banna aus Damaskus. Diese Organisation übernahm unmittelbar nach Bekanntwerden des gelungenen Attentates die Verantwortung.
Solche Behauptungen entsprachen jedoch erfahrungsgemäß häufig nicht der Wahrheit. Die Extremisten arbeiten damit nur Israel in die Hände. Mordanschläge, ob sie diese nun wirklich begangen hatten oder nicht, waren für solche Gruppen zudem häufig nur die Legitimation für ihre Geldforderungen an die eingeschüchterten Ölscheichs. Geld aus trüben arabischen Quellen gab es nur gegen entsprechende Erfolgsnachweise. Der Tod Issam as-Sartawis war ein solcher, wobei unerheblich blieb, wer ihn wirklich befahl. Die Urheber pflegen darüber zu schweigen. »Abu Nidal« spielte und spielt im übrigen keine politische Rolle innerhalb der PLO.
Arabische Geheimdienstler kolportierten unmittelbar nach dem Mordanschlag eine noch abenteuerlichere Version. Sie erinnerten an die mehr oder weniger regelmäßig auftauchenden absichtsvollen Gerüchte über angeblich vom Mossad gekaufte und für Israel spionierende hohe PLO-Funktionäre. Das Desinformationsdepartement des israelischen Geheimdienstes diskreditiert damit gern lästig gewordene Gegner. So braucht er sie nicht selbst zu liquidieren. Figuren wie »Abu Nidal« seien für jedermann käuflich, argumentierten folgerichtig wohlinformierte Beobachter des Krieges im Dunkel, warum nicht auch für Israel?
Entsprechende Verdächtigungen gegen »Abu Nidal« gab es bezeichnenderweise auch in amerikanischen Nachrichtendienstkreisen; das KGB mißtraute ihm angeblich schon ebensolange wie das gastgebende Syrien. Gleichviel, von wem er diesmal bezahlt worden war; wenn der Mord von seiner Gruppe ausging, so hatte er damit auf jeden Fall die Geschäfte des Gegners besorgt.
Portugals Sicherheitsbehörden verhafteten bald nach dem Attentat gleich zwei Verdächtige. Berücksichtigte man die vorausgegangene Lässigkeit der dortigen Schutzorgane gegenüber den ebenso prominenten wie gefährdeten ausländischen Würdenträ-

gern (man vergesse abermals nicht die weise Voraussicht Bruno Kreiskys), war das ein fast unverdientes Glück. Oder wurde dabei diskret nachgeholfen?
Der Araber mit dem offenkundig gefälschten marokkanischen Reisepaß, der festgenommen werden konnte, war zweifelsohne der Mörder. Seine Verhaftung mag provoziert worden sein oder auch nicht, feststand, daß ihm wenig passieren konnte. Seine Auftraggeber dürfte er, wie man sich ausrechnen konnte, kaum gekannt haben, und was er über sie aussagen würde, sofern er überhaupt etwas aussagte, verdiente gehöriges Mißtrauen. Die Portugiesen konnten schließlich froh sein, ihn früher oder später mehr oder weniger heimlich wieder loszuwerden.
Von Interesse war viel eher die gleichfalls festgenommene scheinbare Randfigur des Komplottes. Dabei handelte es sich mit einiger Sicherheit um die eigentliche Schlüsselfigur. Der Mann war angeblich ein kolumbianischer Journalist. In seinem Gepäck fand man bezeichnenderweise Photographien von Papst Johannes Paul II., dem Danziger Dissidenten Lech Walesa – und dem gerade ermordeten PLO-Funktionär Issam as-Sartawi.
Nun haben Journalisten gewöhnlich weitgespannte und sehr unterschiedliche Interessen. Die Staatsangehörigkeit des Mannes ebenso wie seine seltsame Bilderkollektion stießen die möglicherweise schlecht geschulten Nasen der portugiesischen Spionageabwehr aber auf eine durchdringend stinkende Losung: Man kannte schließlich die Schauergeschichten über angebliche Verbindungen – oder tatsächliche, wer konnte das schon beurteilen – lateinamerikanischer revolutionärer Aktivisten mit dem arabischen und internationalen rechten und linken Terrorismus im politischen Untergrund der westlichen Staaten. Der legendäre »Carlos« beispielsweise, der nie schlüssig identifiziert werden konnte und seit langem so spurlos verschwunden war, als habe es ihn nie gegeben – und vielleicht hat es ihn auch nicht gegeben –, »Carlos« also kam schließlich aus Südamerika und galt gleichzeitig als Mann des sowjetischen KGB.
Der Kolumbianer von Albufeira suggerierte auf diesem Hintergrund, und das war wohl denn auch seine Hauptaufgabe, einen ganz ähnlichen (Fehl-)schluß. Behauptete nicht der in Italien

abgeurteilte und einsitzende Papst-Attentäter Mehmet Ali Agça, er stehe im Sold des bulgarischen Geheimdienstes? Verhörte man in Rom nicht seit Monaten trotz aller offiziellen Sofioter Proteste einen aufgrund der Aussage des Türken verhafteten Bulgaren? War Sofias Geheimdienst nicht traditionell der verlängerte Arm Moskaus in Afrika und dem Nahen Osten? Steckten die Bulgaren – nach Erkenntnissen der Central Intelligence Agency (CIA) – nicht hinter der schon einige Zeit zurückliegenden marxistischen Machtergreifung im Südjemen, dem Sturz von Kaiser Haile Selassie I. in Äthiopien, mehreren Umsturzversuchen gegen den sudanischen Militärdiktator Dscha'afar an-Numeiri und seinen somalischen Spießgesellen Siad Barre? Und reiste der Südamerikaner »Carlos« nicht auffällig oft über Bulgarien?

Was unser Kolumbianer beweisen sollte, vorausgesetzt, man glaubt, was hier dargelegt wurde, war sonnenklar: Die Sowjetunion stecke hinter dem mißglückten Mordanschlag auf Papst Wojtyla. Der Pontifex aus Polen sei für den Kreml der wahre Schuldige an den polnischen Querelen. Und wem das bislang noch nicht eingeleuchtet habe, der müsse es spätestens jetzt einsehen. Ein Friede im Nahen Osten nach dem Vorbild des Abkommens von »Camp David« liege ebenfalls keineswegs im sowjetischen Interesse, und Palästinenser, die dafür einträten, seien demgemäß zu beseitigen. Der Befehl zur Ermordung Issam as-Sartawis kam infolgedessen, folgte man dieser Beweisführung, direkt vom KGB. Und KGB-Chef war bis zu seinem Aufstieg an die Führungsspitze der Sowjetunion der spätere Nachfolger Breschnews als KPdSU-Generalsekretär, Juri Andropow.

So könnte es, wohlgemerkt, durchaus gewesen sein. Es gibt aber, was hier nachzuweisen versucht wurde, ebenso einleuchtende Gründe für den Verdacht der Urheberschaft Israels. Die Weltöffentlichkeit, der es wieder einmal gruselte, fragte sich erneut: Gibt es – mit den Palästinafreischärlern als »Spinnen im Netz« – tatsächlich so etwas wie eine alle weltanschaulichen Grenzen sprengende »Internationale des Terrors«?

»Interpol« und verschiedene nationale Polizeibehörden verfügten seit Anfang der siebziger Jahre über mehr oder weniger schlüssige Beweise für geheime Querverbindungen von zwanzig verschiedenen als terroristisch eingestuften Untergrundgruppen zu bestimmten Einzelorganisationen der PLO. Diese Beweise belasteten aber, was falsch war, die gesamte PLO. Sie besagten zudem nichts, was sie entwertet, über die politische Qualität dieser Querverbindungen. Die älteste dieser Querverbindungen scheint wohl diejenige der bundesdeutschen »Baader-Meinhof-Gruppe« und die mit ihr aufs engste korrespondierende sogenannte »Rote Armee Fraktion« gewesen zu sein. Deren kleinbürgerlicher anarchistischer Aktionismus ohne ernstzunehmenden ideologischen Überbau und ohne jeglichen Rückhalt in der Bevölkerung fand jedoch keinerlei Widerhall bei den wesentlich rationaleren terroristischen Gruppen der PLO. Die Deutschen machten sich in deren Ausbildungslager außerdem nachhaltig unbeliebt durch ihre elitäre Besserwisserei.

Verbindungen gab es gleichfalls zur »Wehrsportgruppe Hoffmann«. Deren Zielsetzung war nationalistischer Natur und entsprach damit im Grunde mehr den Zielen der PLO. Ihre »Rekruten« scheinen sich auch als weitaus disziplinierter erwiesen zu haben. Die PLO-Führung fürchtete aber doch wohl negative Auswirkungen dieser Zusammenarbeit auf die Haltung Bonns zur Palästinafrage in der EG.

Nicht weniger unwohl mag Arafat angesichts der zeitweiligen Komplizenschaft mit den italienischen »Roten Brigaden«, der spanischen »ETA« und der baskischen »BENTA« gewesen sein. Ein Volksbefreiungskampf, der dem, was er anstrebte, wesentlich mehr entsprach, war hingegen derjenige der irischen »IRA«. Hier bestand eine gewisse Interessenparallelität, und bei dieser Zusammenarbeit deckten sich überdies die Interessen des Geld- und Waffenbeschaffers Libyen mit denen der PLO. Ähnliches angenommen werden durfte von der türkischen »Volksbefreiungsarmee«.

Den PLO-Außenseitern, die dafür verantwortlich waren, ging es dabei nicht nur um die in ihren Augen wohl selbstverständliche internationale revolutionäre Solidarität. Praktischer Grund für solche geheimen Partnerschaften war ein kühl kalkuliertes Geschäft auf Gegenseitigkeit: Die PLO stellte Ausbildungsplätze

zur Verfügung, ohne viel zu fragen, für wen und wozu, und bekam dafür konspirative Anlaufstellen und Stützpunkte in der Außenwelt. Ideologische Übereinstimmung war dabei zweitrangig. Das zeigte beispielsweise die erwähnte Zusammenarbeit sowohl mit der linksgerichteten, aber nichtsdestoweniger nationalistischen türkischen »Volksbefreiungsarmee«, die wir eben schon erwähnten, und gleichzeitig mit der aus türkischer Sicht natürlich separatistischen »Geheimarmee für die Befreiung Armeniens«.
Der PLO-Terror an sich war kaum zu billigen, wohl aber zu verstehen. Das galt indessen keinesfalls für die zeitweilige Komplizenschaft mit dem terroristischen Untergrund des Westens. Diese ausgetrocknet zu haben, wurde eines der maßgebenden politischen Verdienste Arafats.
Die »Internationale des Terrorismus« mit der im Zentrum des weltrevolutionären Netzes lauernden Spinne PLO, von der man damals zuweilen sprach, ist und bleibt ein Hirngespinst. Dazu fehlte jede ideologische Übereinstimmung zwischen den lediglich partiell und temporär liierten Gruppen und die Gemeinsamkeit der Zielsetzung mit der PLO.

Die Meuterei der »Frontschweine«

Was Jassir Arafat wirklich erreichte, war vor allem zweierlei: Als PLO-Chef gelang ihm die allmähliche Umorganisation marodierender Freischärlergruppen in straffer geführte militärische Verbände. Beim Einfall Israels in den Libanon im Sommer 1982 war diese Entwicklung noch in vollem Gang. Ihr Erfolg zeigte sich aber schon in dem zum erstenmal erkennbar koordinierten Widerstand der PLO-Truppen. Der »Zahal« standen nicht mehr nur undisziplinierte Haufen von Freischärlern gegenüber, sondern ausgebildete Soldaten einer im Werden begriffenen Armee. Dem PLO-Chef gelungen war dazu die Umwandlung der bis zu seinem Machtantritt rein paramilitärischen in eine politische Organisation.

Der Fall Beiruts war ein schwerer Rückschlag für diese Entwicklung. Als eigentliche Herausforderung für sie erwies sich jedoch erst die einige Zeit später bekanntgewordene Meuterei von in der libanesischen al-Beka'a-Ebene zurückgebliebenen militärischen Einheiten von al-Fatah. Äußerer Anlaß dafür war die militärdisziplinarisch gewiß unkluge, politisch – so glaubte wenigstens Arafat – aber nicht zu umgehende Beförderung zweier der »Feigheit vor dem Feind« bezichtigter Offiziere. Abu Haschim und Hadsch Ismail waren, was Arafat nicht bestritt, feige davongelaufen, doch handelte es sich bei ihnen um seine loyalen Anhänger. Arafat verzichtete nicht nur auf disziplinarische Maßnahmen, er machte die kritisierten Offiziere auch noch zu Kommandeuren. Dadurch war er nicht nur ihrer, sondern, wie er wohl glaubte, auch der von ihnen befehligten Truppen sicher. War das eine folgenschwere Fehleinschätzung der Stimmung in der Truppe oder lieferte es seinen Kritikern nur den willkommenen Vorwand für die Abrechnung mit dem »Verlierer von Beirut«?

Arafat hielt sich damals schon rund vierzehn Jahre an der Spitze der PLO. Dennoch war er keineswegs ihr unumstrittener Chef.

Seine Entscheidungen spiegelten stets nur den kleinsten erreichbaren Nenner zwischen den einzelnen Gruppen. Seine Machtstellung beruhte zudem auf dem laufenden direkten Kontakt mit der Basis der Fedaijin. Beirut hielt sich, wie wir wissen, im Sommer 1982 volle zwei Monate gegen einen weit überlegenen Feind. Das war sicher ein Verdienst Arafats.

Der PLO-Chef blieb bekanntlich bis zu allerletzt in dem Kessel. Dies kostete ihn aber die unersetzliche Verbindung zu den palästinensischen Einheiten in al-Beka'a und dem Nordlibanon. Damit bewahrheitete sich wieder einmal die Beobachtung T. E. Lawrences, die Araber seien wie Sand in der Faust, öffne man sie, rinne er haltlos durch die Finger...

Jassir Arafat wußte das sicher besser als jeder andere. Seine Ausweisung aus Syrien war ein unüberhörbares Alarmsignal. Damaskus sann auf die Vereinnahmung oder doch die Spaltung der PLO. Die Anhängerschaft, der er wirklich trauen konnte, schien schon ziemlich zusammengeschmolzen zu sein. Welche Erklärung hätte es sonst gegeben für den unklugen Rückgriff auf zwei erklärtermaßen defaitistische, aber loyale Offiziere? Das Verhängnis nahm seinen Lauf!

Der PLO-Chef war wieder einmal weit vom Schuß, da kam es in al-Beka'a zur Meuterei der »Frontschweine«. Als Anführer von sich reden machte ein bis dahin noch kaum bekannter, bei seinen Untergebenen aber offensichtlich beliebter Troupier. Der Oberst Said »Abu« Mussa ist ein damals sechsundfünfzigjähriger Berufsoffizier. Als Zögling der britischen Militärakademie Sandhurst wirkt er ungemein englisch, und er diente lange in der jordanischen Armee. 1970 trieb ihn König Husseins blutiges Vorgehen gegen die »Palästinensische Befreiungs-Organisation« in die Reihen von al-Fatah. Er gilt als Urbild eines Soldaten: unbestechlich und ein harter Mann. Als Befehlshaber der palästinensischen »Jarmuk-Brigade« erwarb er militärischen Ruhm.

Oberst Abu Mussa ist jedoch alles andere als ein Nur-Militär. 1974 opponiert er gegen das Übergangsprogramm der PLO zur Staatsgründung neben Israel »auf jedem Fußbreit befreiten Gebietes«. Palästina könne nicht stückweise befreit werden, sagt er, und ist für endgültige Lösungen. Auch jetzt spricht er von der

Rückgewinnung ganz Palästinas als einziger Möglichkeit und betrachtet sich als Gewissen des bewaffneten Kampfes. Dieser Kampf freilich ist wieder einmal verloren und erscheint aussichtsloser denn je. Nur Arafats Diplomatie verspricht jetzt noch Erfolg. Doch da ist sie wieder und fällt ihm im kritischsten Augenblick in den Rücken, diese furchtlose und uneinsichtige »Alles-oder-Nichts-Politik« der Palästinaaraber.

Abu Mussa bezichtigt Arafat, er kämpfe nicht gegen Israel. Der Oberst macht es freilich nicht anders: Er kämpft erst einmal gegen die andersdenkenden eigenen Landsleute. Die Auseinandersetzungen zwischen Arafat-Gegnern und Arafat-Anhängern dauerten rund drei Monate und kosteten Hunderte von Verwundeten und Toten.

Der Haudegen als Politiker: »Arafats Programm«, sagte er einem deutschen Reporter, »brachte uns nicht zurück nach Palästina!«

Das läßt sich schwerlich widerlegen. Gewiß, die zunehmende Sympathie der Weltöffentlichkeit für den Befreiungskampf und die Selbstbestimmungsforderung der Palästinaaraber zerschellte bisher an der Halsstarrigkeit des in die Enge getriebenen Israels. Doch gibt es einen anderen Weg? Der Haudegen als Militär, der er ja ist, glaubt ihn zu kennen: »Wir müssen überall kämpfen, im Libanon, in Jordanien, in den besetzten Gebieten!«

Der Haudegen als Tagträumer! Im Libanon beklagen seine Leute gerade eine trotz aller mutigen Gegenwehr verlorene Schlacht. In Jordanien stößt jedes Wiederaufleben der Guerilla auf den Widerstand König Husseins. In Cisjordanien und Gasa gibt es keine funktionsfähigen Widerstandszentren, kämpfen Schulkinder mit Pflastersteinen gegen Panzer.

Verhängnisvoll für Arafat droht jetzt dessen mit Führungsschwäche gepaarte Selbstherrlichkeit zu werden. Die Beförderung zweier Deserteure war der Funke am Pulverfaß. Das hätte er voraussehen müssen. Doch er ist zu sehr gewohnt zu vermitteln, nachzugeben, abzuwägen, sich durchzuschlängeln und endlich doch das zu tun oder zu lassen, was er sich vorgenommen und für richtig befunden hat.

»Arafat befiehlt nie. Er beugt sich widerstandslos den Mehrheits-

Das »Mandelbaumtor«, benannt nach dem Haus eines jüdischen Einwohners (im Hintergrund), war bis zum Juni 1967 der nur für UN-Angehörige durchlässige einzige Grenzübergang zwischen dem arabischen und dem israelischen Teil Jerusalems

Stehen die heiligen Stätten Palästinas bald in Brand?

Jordaniens Hauptstadt Amman, das Zentrum des Exils

... und Israels Hauptstadt Jerusalem, die ungestillte Sehnsucht der Palästinaaraber (historische Aufnahmen)

beschlüssen«, weiß einer seiner Widersacher in der PLO-Führung. »Und dann geschieht selten, was wir beschlossen haben, sondern immer, was er will!«
Arafat kennt offenkundig – besser, als sie sich selbst kennen – seine Landsleute, ihre Uneinigkeit, ihre Selbstsucht, ihren Wankelmut – und ihre Vergeßlichkeit.
Die Palästinenser freilich sind anscheinend nicht nur selbstsüchtig, uneinig, wankelmütig und vor allem vergeßlich, sie sind auch kleinlich und neidisch. Nie sprach man mehr und mit größerem Verständnis von Palästina. Und dies ist das Verdienst Arafats. Doch jetzt fragen ihn die eigenen Leute nur noch, was das alles kostet...
Die Spaltung reicht tief, viel tiefer als der oberflächliche Streit um den richtigen Weg. Die Diplomatie mag noch nichts Konkretes eingebracht haben. Der bewaffnete Kampf aber führte bislang nur zu blutigen Niederlagen. Beide Positionen wetteifern miteinander an Erfolglosigkeit. Worum es wirklich geht, das ist die grundlegende Strukturschwäche von al-Fatah. Denn diese entwickelte sich zum Sammelbecken widerstreitender Gruppen. In ihr gibt es Anhänger der panarabischen Regelung ebenso wie Parteigänger einer nationalen Lösung, es gibt eine Rechte, eine Mitte wie eine Linke, Gemäßigte und Radikale. Was sie bislang einte, war der kleinstmögliche gemeinsame Nenner des Rückkehrwunsches. Nun rächt es sich, daß niemals darüber diskutiert und beschlossen wurde, wie dieser Wunsch zu erfüllen sei und was am Ende des Kampfes stehen soll. Ist es Arafats Vision von einem binationalen und trireligiösen Staat für Araber und Israelis, Juden, Christen und Muslime? In Israel antwortet man darauf mit dem sarkastischen Lachen der bitteren historischen Erfahrungen. Die Fedaijin freilich wissen sich darunter, wie es nun scheint, auch nichts vorzustellen. Al-Fatah hat in Wirklichkeit kein greifbares Programm. Ist Arafat davon ausgegangen, alles werde sich schon von selbst regeln, wenn man erst einmal wieder daheim sei?
Die Palästinaflüchtlinge träumen seit über vierzig Jahren von der Heimkehr auf ihre Äcker und in ihre Hütten. Doch wo sie lagen, leben längst andere Menschen. Sie bauten sich selbst Häuser

und gebaren Kinder. Diese Kinder sind jetzt dort daheim. Die normative Kraft der Geschichte wirkt stets gegen jene, die ihr Rad zurückdrehen wollen. Die Heimatlosen trennt zudem eine tiefe Kluft von den Daheimgebliebenen. Warum beteiligen sich diejenigen, die nichts verloren haben, denn nicht an dem Befreiungskrieg?
Al-Fatah geht allen diesen Fragen einfach aus dem Weg. Arafat ist der geborene Diplomat und Politiker. Arafat ist ein charismatischer Volksführer. Arafat ist, mit einem Wort, ein typischer Pragmatiker. Arafat regiert nicht, er reagiert. Arafat ist kein Theoretiker. Arafat gibt keine Denkanstöße.
Die Palästinaaraber sind wankelmütig, Arafat selbst schwankt wie eine Palme im Wind. Doch Palmen beugen sich, ohne zu brechen, sogar dem unwiderstehlichen Wüstensturm Chamsin. Damit mag er sich nun trösten. Er gibt noch nichts verloren.
Arafats Widersacher in al-Fatah reiben sich besonders an seiner Feindschaft zu al-Assad. Ihr Freiheitskampf gegen die Zionisten, so glauben sie, ist aussichtslos ohne die Hilfe Syriens. Damaskus ist nach dem Verlust von Amman und Beirut ihre letzte Bastion. Was sollen sie in Tunis?
Jassir Arafat ist da viel mißtrauischer. Dem Syrer geht es nicht um die Befreiung Palästinas für die Palästinaaraber. Die sind für ihn nur das Mittel zum Zweck der eigenen Machtentfaltung. Transjordanien, Cisjordanien, Gasa, Israel – das sind für den Damaszener bestenfalls abtrünnige Provinzen Groß-Syriens. Die Damaszener Knute, sie wäre vielleicht drückender als die israelische Uzi. Und welche Garantie gibt es gegen einen Verrat des Damaszeners?
Arafat kennt auch, wie er meint, die Zionisten. Sie fürchten niemand mehr als die Palästinenser. Mit Hafis al-Assad als Nachbarn wären diese nicht länger eine Gefahr. Al-Assad hatte sie doch immer an der kurzen Leine gehalten. Die Fedaijin kämpften im Jordantal, sie kämpften im Südlibanon, sie kämpften aber nie auf den Golanhöhen. Für Arafat gibt es keinen Zweifel: Al-Assad will die Kontrolle über den Libanon. Al-Assad ist der Haschimitenkönig Hussein ein Dorn im Auge. Al-Assads Feindschaft gilt dem benachbarten Irak. Und al-Assad stören die wi-

derspenstigen Fedaijin. Was al-Assad haben will, bekommt er nicht gegen, sondern nur mit Israel.

Arafats Überlegungen leuchten kaum jemand ein. Seine Rechnung muß deshalb aber noch lange nicht falsch sein. Kaum zufällig erläßt, während er sich damit beschäftigt, einer der Nachfolger seines Oheims Hadsch Mohammed Amin al-Husseini als Mufti von Jerusalem eine aufsehenerregende Fetwa, also ein muslimisches Rechtsgutachten. Der achtzigjährige Scheich Sa'ad ad-Din al-Alami stammt aus einem der tonangebenden nationalistischen Clans des alten Palästina. Als Mufti von al-Kuds ist er die höchste islamische Autorität im besetzten Cisjordanien. Im Hochsommer 1983 verlangt seine Fetwa kurzerhand den Mord an dem syrischen Präsidenten Hafis al-Assad. Ihn umzubringen sei die Pflicht jedes Muslims.

Der Mufti bezog sich zwar hauptsächlich auf das grausame Vorgehen gegen die sunnitischen Muslimbrüder in den syrischen Städten Hama und Homs. Doch er meinte in Wahrheit die Politik al-Assads: »Syriens Staatschef ist ein Agent der Amerikaner und Israels. Er will die Vernichtung des palästinensischen Widerstandes. Genau das wollen aber auch die Amerikaner und Israel.« Die Bevölkerung der besetzten Gebiete stehe hundertprozentig hinter Jassir Arafat.

Scheich Sa'ad ad-Din al-Alami bevorzugt also die von den palästinensischen Gemäßigten angestrebte politische Lösung – und er setzt eindeutig auf Jassir Arafat. Seine Stimme enthüllt drei neue Elemente: Erstens sehen anscheinend auch die Daheimgebliebenen ihre politische Vertretung nunmehr zunehmend in der PLO. Zweitens ist ihnen die nationale palästinensische Selbstbestimmung heute lieber als die früher so natürlich erscheinende Zugehörigkeit zu Groß-Syrien. Drittens sind auch sie für Verhandlungen; doch wenn schon, dann nicht durch den syrischen Präsidenten al-Assad, sondern durch PLO-Chef Jassir Arafat.

Beginnt jetzt ein arabisches Wettrennen an den Verhandlungstisch mit Israel? Wird Camp David doch noch zum ersten Schritt zum Frieden? Ein möglicher Verhandlungspartner für Israel wäre immer noch auch der jordanische König Hussein. Den Haschimiten mißtraut man jedoch auch dort. Man erinnert sich nur zu gut an den Wortbruch von Husseins landhungrigem Großvater Abdullah. Und wie steht es mit der Durchsetzungsfähigkeit des Monarchen oder seines Nachfolgers? Man hat auch die Wirren des blutigen Septembers in Amman keineswegs vergessen. Nein, der seriösere Geschäftspartner für Israel wäre zweifellos der General Hafis al-Assad. In Damaskus sorgte er, seitdem er dort regiert, für Ruhe und Ordnung. Er ist ein sicherer Schutz gegen den unberechenbaren Irak. Als Verbündeter Persiens steht er im selben Lager wie Israel. Jerusalem traf zwar der haßerfüllte Bannstrahl des fanatischen Ajatollahs Chomeini. Doch der ist ein uralter Mann. Die hinter ihm warten, werden sicher realistischer sein. Der Judenstaat unterstützt sie derweil im Krieg mit dem Irak am Schatt al-Arab mit geheimen Waffen- und Ersatzteillieferungen.

Der Damaszener Staatschef gilt natürlich auch als unversöhnlicher Feind der Zionisten. Doch gilt er ebenso als arabischer Macchiavelli. Ist er nicht der engste nahöstliche Bundesgenosse der Sowjets und spricht er nicht dessen ungeachtet fortwährend auch mit den Amerikanern? Der Feind von heute ist morgen vielleicht schon der verläßlichste Freund!

Nichts von alledem oder alles oder auch etwas ganz anderes mag sich schließlich erfüllen. Der weise alte Scheich jedoch erkennt endlich die tragische Wahrheit: Den Preis für alles oder nichts bezahlen allein die Palästinaaraber, und der einzige, der das noch verhüten kann, ist Jassir Arafat.

Der weiß ohnehin um seine Pflicht. Als Israels »Zahal« ihn umzingelte und gnadenlos bombardierte, blieb er bis zum bitteren Ende in Beirut. Erst mit den letzten seiner Leute verließ er das Hauptquartier. Seit jenen Tagen, da Araber, Palästinenser, selbst Leute seiner eigenen al-Fatah seine Getreuen eingekesselt hatten und gnadenlos jagten, gehört er erst recht zu den Seinen. Der Liebling der internationalen diplomatischen Kabinette, als den sie ihn neuerdings anschwärzten, der erfolglose Politiker, der er zu sein schien, der »Mann gegen Israel« behielt selbst in dieser Lage eisern die Nerven. Er erwies sich wieder einmal als unerschütterlicher Mann der Tat. Er geht zum Geldschrank in seinem kargen Zimmer und wirft achtlos so viele Dollarbündel, wie

hineingehen, in einen abgewetzten Aktenkoffer. Für sich selbst brauchte er nichts weiter für diese Reise – vielleicht eine Reise ohne Wiederkehr. So, wie er hier stand, hat er auch vor Mao Tse-tung, Breschnew und Kreisky, Gamal Abdel Nasser und Hafis al-Assad und all den arabischen Königen, den Vereinten Nationen und dem Heiligen Vater in Rom gestanden.
Arafat verabschiedete sich kurz und kühl von denen, die zurückbleiben mußten. Dann flog er nach Zypern, auf die Träneninsel der Aphrodite.

Feldherr ohne Heer...

Nach dem Debakel von Beirut konnten sich die Palästinaaraber fortan wirklich nichts mehr vormachen über ihre Beliebtheit in der arabischen Welt. Die Gelder flossen spärlicher oder überhaupt nicht mehr. Die »Frontstaaten«, die sie nicht alle loswerden konnten, entwaffneten den kämpfenden Teil und stellten den Rest unter strenge Kontrolle. Gewisse Sympathien zeigten nur noch weit entfernte Länder wie der Südjemen, Tunesien oder auch Algerien.

In Tunis begegnete man den Gästen wider Willen allerdings mit gehörigem Mißtrauen. Politische Aktivitäten waren hier weder erwünscht noch möglich, ganz zu schweigen von militärischem Training.

Lediglich Algier hatte zunächst Mitleid mit den unglückseligen Vertriebenen. Im Februar 1983 erlaubte man dort wenigstens das Zusammentreten der sechzehnten Session des »Palästinensischen Nationalrats«. Er stand im Zeichen heftiger Auseinandersetzungen der immer offener gegeneinander statt miteinander kämpfenden Flügel der PLO. Arafat gewann jedoch noch einmal eine Atempause.

Im Herbst 1984 rief er turnusgemäß zur siebzehnten Nationalratssitzung nach Algier. Selbstverständlich hatte er dafür die formelle Zustimmung der algerischen Regierung. Drei Wochen vor Sitzungsbeginn stornierte diese jedoch plötzlich ihre Zusage. Präsident Schadli Ben Dschedid begründete dies mit Termin- und Platzschwierigkeiten. Die wahren Hintergründe blieben jedoch kein Geheimnis – weder für die Algerier noch für die Palästinaaraber: Mitte August 1984 schlossen in dem Grenzstädtchen Oujd König Hassan und Revolutionsführer Mo'ammer al-Gaddafi überraschend ein Bündnis zwischen Marokko und Libyen. Es war eine jener rasch zustandegekommenen und noch rascher wieder scheiternden widernatürlichen Ehen zweier feind-

licher arabischer Brüder. Feuer und Wasser hatten sich vereinigt. Die Verbindung hat denn auch nicht lange gedauert. Algerien fühlte sich indessen eingeklemmt zwischen den beiden ihm nicht gerade wohlgesinnten Nachbarn.
Zusätzlicher – und entscheidender – Druck kam aus Syrien. Präsident Hafis al-Assad sah in der PLO nur noch ein Hindernis für seine längerfristigen Machtpläne in Ostarabien und in Jassir Arafat seinen persönlichen Todfeind. Einen Monat vor Beginn des Nationalkongresses flog er überraschend nach Algier und erklärte seinem Gastgeber, er werde jegliche Unterstützung für die Veranstaltung als feindseligen Akt betrachten. Schadli gab nach. Auch andere arabische Regierungen erteilten, aus Angst vor dem syrischen Unmut, abschlägige Bescheide.
Arafats Stellvertreter Abu Ijad, sonst geradezu berüchtigt für seine Humorlosigkeit, flüchtete sich daraufhin in traurigen Witz: Wenn man sonst nirgendwo zusammenkommen könne, sagte er sarkastisch, treffe man sich notfalls auf einem Schiff im Mittelmeer.
König Hussein von Jordanien bewies auch in dieser schwierigen Situation wieder einmal Mut wie Großmut. Er scherte sich weder um die Drohgebärden aus Damaskus noch nahm er Rücksicht auf die Unmutsbekundungen Israels. Er setzte sich auch hinweg über die schwerwiegenden blutigen und unblutigen transjordanisch-palästinensischen Auseinandersetzungen der Vergangenheit. Großzügig gewährte er dem heimatlosen Parlament der heimatlosen Palästinaaraber Asyl in seiner Hauptstadt Amman. Jassir Arafat nahm dankbar an. Vor den Delegierten im Ammaner Kulturpalast stand jedoch zum erstenmal nicht mehr der alle Rückschläge robust wegsteckende strahlende Sieger. Seine Erscheinung war zwar noch immer die gleiche: Kopftuch, Khaki, Pistole, aber er machte einen müden und desillusionierten Eindruck. Unter den Augen des gastgebenden Königs Hussein, der unbewegt zuhörte, war nämlich der Zusammenbruch der traditionellen Dachorganisation PLO offenbar geworden. In Amman anwesend waren, neben einigen als unabhängig geltenden Kongreßmitgliedern, nur noch Mitglieder von al-Fatah, der Organisation Arafats.

Sieben PLO-Organisationen waren ferngeblieben – unter dem Druck Syriens oder aus Abneigung gegen Hussein, den einstigen »Palästinenserschlächter«, wie sie ihn nannten. Die Opponenten forderten kategorisch die Ablösung Arafats. Al-Fatah, immer noch die mitgliederstärkste und einflußreichste Guerillagruppe, hielt jedoch zu ihrem Gründer und widersetzte sich einmütig diesem Ansinnen.
König Hussein bot den offenkundig ziemlich desillusionierten Exilparlamentariern »ausgehend von den bestehenden politischen Realitäten« eine erneute Zusammenarbeit zwischen den Palästinaarabern und seinem Land an. Die Formel, die er gebrauchte und der erstaunlicherweise niemand zu widersprechen wagte, verlangte zweifelsohne die Anerkennung auch der »politischen Realität« Israel. Das Rumpfparlament gab zwar seine formelle Zustimmung, aber erstens mochte man sich schon bald darauf nicht mehr daran halten und zweitens bediente man sich dabei einiger nicht ganz koscherer juristischer Tricks. Abwesenden Delegierten wurde einfach unterstellt, man habe sie gewaltsam an der Teilnahme gehindert, und vermutete heimliche Opponenten innerhalb von al-Fatah ersetzte man einfach durch willfährige Gefolgsleute Arafats.
Der »Palästinensische Nationalkongreß« beruhte schon bis dahin mitnichten auf allgemeinen, geheimen und freien Wahlen, die auch unmöglich durchzuführen gewesen wären, und besaß also ohnedies nur eine zumindest fragwürdige demokratische Legitimation. Jetzt verlor er vollständig die Verbindung zur politischen Basis. PNC-Präsident Khalid Fahum, der sich geweigert hatte, teilzunehmen, erklärte in Damaskus, die Ammaner Abstimmungen seien eine Farce. Der Parlamentspräsident boykottierte also sein eigenes Rumpfparlament.
Das schien schon schlimm genug zu sein, wenigstens für demokratische Rabulisten. Doch Araber nehmen es gewöhnlich nicht so ernst mit solchen ihnen letztlich fremd gebliebenen Formalitäten. Auffälliger für die in Amman versammelten Beobachter (und wichtiger für die Frage nach der tatsächlichen Legitimation dieser geisterhaft wirkenden Versammlung) stellte sich das Problem der Verbindung zwischen diesen national wie international

als legale Vertretung des palästinensischen Volkes auftretenden Abgeordneten und ebendiesem palästinensischen Volk.
Schätzungsweise siebzig Prozent der Bevölkerung Ammans sind Palästinenser, und auch das ganze übrige Land hat eine gewichtige palästinensische Bevölkerungsmehrheit. Insofern ist die häufig wiederholte israelische Behauptung, die Palästinaaraber brauchten keinen unabhängigen palästinensischen Staat mehr, da sie längst einen solchen hätten, nicht ganz von der Hand zu weisen.
Der Nationalkongreß erlebte jedenfalls weder jubelnde palästinensische Massen noch etwa gar Zuhörer aus der Bevölkerung auf den Tribünen. Die Journalisten aus dem Ausland waren zunächst ebenfalls nicht zugelassen worden. Offiziell wurde behauptet, man habe sie »vergessen«. Der Kulturpalast war sogar in extrem weitem Umkreis hermetisch abgeriegelt worden, und kies- oder sandgefüllte Militärlastwagen blockierten alle Zufahrtsstraßen. Jordanische Sicherheitspolizisten erlaubten den Zutritt nur mit Sonderausweis. Der Kongreß tagte zwar trotz aller inneren und äußeren Widrigkeiten, aber er tagte im luftleeren Raum.
Selten zuvor konnte man in dieser Weise direkt körperlich spüren, worum es hier wirklich ging: Es handelte sich um das absurde Theater eines dezimierten und desillusionierten Haufens von Berufsrevolutionären, und es wurde aufgeführt ohne Publikum. Die Palästinaaraber im Reich des Haschimitenkönigs, in den angrenzenden arabischen Staaten und vor allem im israelisch besetzten Westjordanland hatten daran nicht den geringsten Anteil. Von Jassir Arafat sah man in diesen Kongreßtagen außerhalb der Tagungsstätte nicht einmal einen Zipfel seines Kopftuchs. Scheute er die Wiederbegegnung mit den eingeebneten Stätten der schrecklichen Kämpfe des »Schwarzen September« von 1970 auf dem damals heißumkämpften Dschebel al-Luweibdeh und mit seinen enttäuschten und traurigen Landsleuten? An einem Abend ertönte aus einem Haus unweit des abgeriegelten Kulturpalastes die elegische Sehnsuchtshymne der libanesischen Sängerin Fairuz an das verlorene arabische Jerusalem, al-Kuds. Es klang wie ein Menetekel . . .

Arafat schien dennoch keineswegs am Ende. In Arabien beruhen politische Entscheidungen ja noch weniger als anderswo auf dem Willen des Volkes oder seiner gewählten Vertreter. Die Regierungsgewalt gehört demjenigen, der sie sich nimmt und behält, bis andere sie ihm wieder abnehmen. Die PLO riskierte bezeichnenderweise ebensowenig wie Israel jemals eine kontrollierte Abstimmung unter allen vertriebenen und in ihren Heimstätten in den besetzten Gebieten und in Kernisrael verbliebenen Palästinaarabern über die Zukunft Palästinas. Die Frage nach der Legitimation ist also an sich schon falsch gestellt. Der PLO-Chef war ebensosehr oder sowenig legitimiert wie der aus einem landfremden Herrschergeschlecht stammende König Hussein oder die meist durch Militärputsche an die Macht gelangten arabischen Potentaten von Hafis al-Assad bis Mo'ammer al-Gaddafi. Davon einmal abgesehen, erwies sich Arafat in Amman anscheinend zum erstenmal als wirklicher Realist. Der ewige Taktierer hatte sich offenbar endlich verwandelt in einen weiterblickenden Strategen. Das zeigte schon die Wahl des Tagungsortes. Unter allen möglichen war er das kleinste Übel. König Hussein war sicherlich ein verläßlicherer Verbündeter als die feindlich gesinnten Libanesen oder der machthungrige Egomane al-Assad. Und sollte es irgendwann zu echten Verhandlungen kommen, würde er von allen Arabern noch das größte Vertrauen in Israel genießen.

Arafats Handlungsweise gefährdete oder zerstörte zwar jetzt die Einheit der PLO. Aber die war erstens schon seit längerem ohnehin nur noch eine mühsam kaschierte Fiktion. Der Absprung der extremen Splittergruppen war, so betrachtet, vielleicht sogar eher eine Stärkung des ebenso harten wie politisch kompromißbereiten Kerns.

Arafats möglicherweise entscheidender Fehler lag vielmehr darin, daß er den geeigneten Zeitpunkt für diesen im Grunde richtigen Schritt längst verpaßt hatte. Nach den katastrophalen militärischen Niederlagen der vorausgegangenen zwei Jahre in Beirut und Tripolis und den dazwischenliegenden Massakern in den Flüchtlingslagern Sabra und Schatila genossen die kämpfenden Guerilleros wie die mehr oder weniger passiven Massen in

den Flüchtlingslagern tiefere internationale Sympathien als jemals zuvor seit der Gründung Israels, und Arafats politisches Gewicht war trotz der Rückschläge an den Fronten größer als je zuvor in seiner wechselvollen Karriere. Die Weltöffentlichkeit bis hin zu den Westeuropäern und sogar den Vereinigten Staaten schien damals bereit zu sein, den Druck auf den Judenstaat zu verstärken.
In Amman freilich konnte es zu spät sein. Israels Ansehen hatte sich wieder stabilisiert. Die PLO-Spaltung erschien in den Augen der Außenwelt leicht als bloße Schwächung. Die Araberstaaten, abgesehen jetzt von Jordanien und halb und halb auch dem allerdings selbst noch ziemlich isolierten Ägypten, gewährten keinen hinreichenden Rückhalt. Die Sowjetunion drängte zwar auf eine allgemeine Nahostfriedenskonferenz unter ihrer Teilnahme. Diese scheiterte aber an der Abneigung Washingtons und der Verweigerung Jerusalems, und Moskau zeigte ohnehin nicht mehr allzu viele Sympathien für die Fraktion und Person des PLO-Chefs. Die Europäer litten erneut unter dem lästigen Terror der extremistischen palästinensischen Randgruppen. Die Lage erschien wieder einmal trostlos bis hoffnungslos.
Jassir Arafat war allerdings auch jetzt noch nicht zur Aufgabe bereit. War das Bündnis mit König Hussein nicht weitaus mehr als der berühmte Strohhalm für den Ertrinkenden? Jordanien grenzte, wie der Libanon, direkt an Israel. Gab dies nicht die Möglichkeit zum Wiederaufbau auch der militärischen Infrastruktur der Palästinafreischärler als Machtbasis für die politische Auseinandersetzung? Vergessen waren die überwältigenden Siege des Gegners. Vergessen war auch die blutige Niederlage im »Schwarzen September«. Wie konnte man nur hoffen, der König würde so etwas noch einmal zulassen?
Ob Arafat das wirklich hoffte, mag allerdings bezweifelt werden. Gerechterweise muß man zugeben, daß er es auch niemals und nirgendwo erkennbar durchblicken ließ. Gewisse PLO-Kreise hegten nichtsdestoweniger gerade solche unrealistischen Gedanken.
Der hoffnungsvolle, friedliche Spätsommer nach dem nun auch schon wieder drei Jahrfünfte zurückliegenden kriegerischen

Herbst von 1970, an den die Erinnerung sogar bei den Überlebenden und Hinterbliebenen allmählich verblaßte, begann mit der Wiedereröffnung zweier PLO-Büros in der jordanischen Hauptstadt und der Rückkehr des Arafat-Stellvertreters Abu Dschihad nach Amman.
Israel bezeichnete Khalil al-Wasir alias Abu Dschihad hartnäckig als gefährlichen Terroristen und Staatsfeind. Israelische Oppositionelle wie der Zeitungsherausgeber und frühere Knesseth-Abgeordnete Uri Avneri hielten ihn hingegen für das »allergemäßigste« Mitglied der PLO-Führung. Der 1935 in dem Städtchen Ramle unweit von Tel Aviv geborene ehemalige Lehrer hatte fünf Kinder und galt zu dieser Zeit längst als der eigentliche führende politische Kopf von al-Fatah. Er unterhielt geheime oder offene Kontakte nicht nur zu israelischen Oppositionellen, sondern auch zu europäischen Politikern. Nachgesagt wurden ihm solche sogar zu Amerikanern.
In Amman gab er sich als entschiedener Verfechter der von König Hussein und, so behauptete jedenfalls Abu Dschihad, auch von Jassir Arafat angestrebten politischen Lösung des Palästinakonflikts. Die PLO akzeptiere nunmehr die Israel und Palästina betreffenden UN-Resolutionen 242 und 338. Auf die Rückkehr nach Haifa, Jaffa, Lyddy-Lod und Ramle habe man bereits verzichtet, und damit auch er auf sein eigenes Elternhaus. Worauf man aber beharren müsse, sei ein eigener Staat in den jetzt noch israelisch besetzten Gebieten.
Abu Dschihad wirkte damals recht glaubhaft. Doch Arafat selbst schwieg oder begnügte sich mit sybillinisch klingenden Äußerungen. Und Israel behauptete alsbald einen gewissen unübersehbaren Zusammenhang zwischen der Rückkehr führender PLO-Funktionäre nach Amman und dem vorübergehend neu aufflakkernden Terror im besetzten Gebiet. Wieder einmal blieb zuviel im Zwielicht.
Der Spätsommer der wer weiß wievielten jordanisch-palästinensischen Ehe führte denn auch nicht zu einem endlichen Honigmond, sondern zur erneuten Scheidung. König Hussein erkannte, wie er sich ausdrückte, abermals die Verhandlungs- und Kompromißunfähigkeit der Freischärler und brach wieder mit

Jassir Arafat. Die PLO-Büros wurden geschlossen, Abu Dschihad und seine Familie erhielten den Ausweisungsbefehl.
Der Terrortod des arabischen Bürgermeisters von Nablus hinterließ zu allem Überfluß eine Spur zu einem »Kommando 17« von al-Fatah. War Arafat jetzt nicht einmal mehr Herr im eigenen Haus? Jordanien ging jedenfalls wieder einmal für ihn verloren und damit wohl auch seine allerletzte territoriale Basis. Er erschien wie ein Feldherr ohne Heer.

... und Staatsmann ohne Staat

Jassir Arafat befand sich wieder einmal in einer aussichtslos scheinenden Sackgasse. Die Freischärlerbewegung war nie vorher so weit entfernt von dem angeblich allein von ihr vertretenen Volk der Palästinaaraber. Die Guerillagruppen waren untereinander zerstrittener denn je, die Araberstaaten zeigten ihnen die kalte Schulter, Israel verweigerte nach wie vor Verhandlungen und die Weltmeinung hatte längst andere tragische Helden wie etwa die muslimischen Freiheitskämpfer Afghanistans. Niemand hörte mehr auf Jassir Arafat.
Jetzt erwies sich abermals, daß das politische Gewicht einer Unabhängigkeitsbewegung sich so rasch verflüchtigt wie Äther in der Luft, wenn es nicht unablässig durch militärische Erfolge unterstützt wird. Die Palästinenser wären immer eine Quantité negligéable geblieben ohne ihren lokalen, regionalen und globalen Guerillakrieg gegen Israel. Von Afghanistan spräche niemand, gäbe es nicht den verzweifelten Abwehrkampf der Bergkrieger gegen die sowjetischen Invasoren. In Südafrika herrschte noch immer unangefochten die weiße Minderheit, existierte nicht der zunehmende gewalttätige Aufruhr der Schwarzen. Solange sie kämpften, wann und wo auch immer, sprach jedermann von den Palästinensern. Nun redete niemand mehr von ihnen.
Einzelne Terroranschläge, wie etwa die Entführung des italienischen Kreuzfahrtschiffs »Achille Lauro«, weckten nicht mehr wie früher auch Mitgefühl mit den Attentätern, sondern nur noch Abscheu. Israel selbst konnte kaum noch getroffen werden. Es sicherte sich inzwischen meisterhaft gegen innere und äußere Anschläge. Die Aggressivität der palästinensischen Vertriebenen, die sich so lange nach außen entladen hatte, wucherte nunmehr zerstörerisch nach innen. Bis Mitte 1987 fiel Arafat in immer auffälligere Apathie. Man hörte kaum noch von ihm.
In Israel wußte man es allerdings schon längst besser. Aus Jeru-

salem kamen immer neue Warnungen vor einem angeblichen oder tatsächlichen Wiedereinsickern palästinensischer Guerillaverbände in den Libanon und vor einem nicht auszuschließenden erneuten israelischen Gegenschlag. Auf fruchtbaren Boden fielen diese Warnungen vor allem bei den libanesischen Schi'iten. Im Südlibanon hatten sie in früheren Perioden am meisten unter den Vergeltungsangriffen gegen die von ihrem Gebiet ausgehenden palästinensischen Terroranschläge gegen Israel gelitten. Der Judenstaat sah in ihnen jahrelang natürliche Verbündete; die Schi'iten begrüßten die einmarschierenden israelischen Soldaten lange als willkommene Befreier. Die Vertreibung der Palästinafreischärler und der zunehmende Einfluß des persischen Ajatollahs Chomeini auf die muslimische religiöse Minderheit im Libanon beendete dieses letztlich doch widernatürliche Bündnis. Aber im Herbst 1986 erlebte es eine unerklärte Neuauflage.
Arafat war nämlich wohl doch nicht untätig geblieben. Immer offener versuchte er sich an der Wiedergewinnung aussichtsreicher militärischer Basen und der Reorganisation des militärischen Widerstands gegen Israel. Das komplizierte erneut den ohnedies unlösbar erscheinenden und damals schon fast zwölf Jahre andauernden libanesischen Bürgerkrieg. Die dortigen Christen konnten es nicht hinnehmen, weil sie dadurch noch mehr geschwächt worden wären und die Muslime wären, hätten sie es zugelassen, erneut zwischen zwei Feuer geraten.
Es kam, wie es kommen mußte, nämlich zum sogenannten dritten Lagerkrieg gegen die Palästinaflüchtlinge. Tausende von Männern, Frauen und Kindern, die meistenteils völlig wehrlos waren, gerieten in die undurchdringliche Einkesselung durch schwerbewaffnete schi'itische Milizen. Die Schi'iten besorgten damit, obwohl sie mit ihm verfeindet waren, die Geschäfte Israels; die Syrer wiederum, die stärkste Besatzungsmacht, waren zufrieden, weil sie ein Wiedererstarken der Guerillabewegung ebensowenig wünschten wie einen neuerlichen israelischen Einmarsch. Am Ende herrschte Hunger und Durst in den Lagern, die Insassen ernährten sich von Katzen und Ratten und verlangten von den geistlichen Autoritäten zu schlimmer Letzt sogar die Erlaubnis zum Verzehr von Menschenfleisch.

Die schi'itisch-israelische Allianz schien allerdings noch nicht widernatürlich genug zu sein, denn jetzt kam es zu einem noch erstaunlicheren Bündnis. Die Christen waren bis dahin die entschiedensten Gegner der landfremden Palästinaflüchtlinge gewesen. Das war nur normal, handelte es sich bei diesen doch größtenteils um Muslime, und diese verstärkten damit das ohnehin bereits vorhandene muslimische Bevölkerungsübergewicht endgültig zuungunsten der christlichen Minderheit. Im Christengebiet des Nordwestlibanons veranstaltete man lange regelrechte Menschenjagden auf Palästinenser. Doch Staatspräsident Amin Dschemaijel erlaubte nun auf einmal – und zwar ausgerechnet in einem Abkommen mit dem berüchtigten Guerillaführer Abu Ijad – die Rückkehr tausender vertriebener junger Palästinenser zum Zweck der, wie es hieß, Familienzusammenführung mit ihren Angehörigen im Libanon. In Dschunieh, der de facto Hauptstadt der Christen nördlich der eigentlichen Hauptstadt Beirut, gingen auch hochkarätige Freischärler an Land. Was war geschehen?

Die Christen befanden sich, wie gesagt, nicht nur in der zahlenmäßigen Minderheit, sondern längst auch militärisch in der Defensive. Ihr Friedensvertrag mit Israel scheiterte am syrischen Druck. Die Sunniten, also die muslimische Mehrheit, waren nicht bereit zur Wiederherstellung des überholten religiösen Gleichgewichts und der überlebten innenpolitischen Balance. Die Schi'iten terrorisierten das ganze Land und vor allem die Palästinenser. Den Christen konnte es also nur recht sein, wenn sich die beiden letzteren untereinander zerfleischten. Die Palästinenser aber brauchten, um sich einigermaßen wehren zu können, erst einmal wieder eine gewisse militärische Führung. Also mußte man sie ihnen verschaffen.

Die Hauptschuld an diesem abscheulichen machiavellistischen Ränkespiel trug allerdings Syrien. Die Wiederrichtung eines »Groß-Syriens« in ganz Ostarabien ist das älteste politische Ziel Damaskus'. Energisch wiederaufgegriffen und vorangetrieben wurde es von dem langjährigen Militärdiktator General Hafis al-Assad. Damaskus ist unter seiner Regierung dadurch der unversöhnlichste, wenn auch, wie gezeigt, vorsichtigste arabische Geg-

ner des Judenstaats. Denn Groß-Syrien besteht neben dem erst nach dem Ersten Weltkrieg willkürlich geschaffenen heutigen Staat Syrien aus dem Libanon, Transjordanien, dem alten Palästina als »Südsyrien« – und damit auch aus dem jetzigen Israel. Das schwächste Glied in dieser Kette ist natürlich der Libanon. Syrien anerkannte niemals formell dessen Abspaltung und spätere Unabhängigkeitserklärung. Paradoxerweise riefen zu Anfang des Bürgerkriegs ursprünglich die libanesischen Christen, die diesen zu verlieren drohten, die Syrer ins Land. Diese halfen ihnen denn auch zunächst, schlugen sich später aber auf die Seite der Palästinenser. Die PLO Jassir Arafats hatte jedoch längst Abschied genommen von der mindestens bis in die zwanziger Jahre gehegten Vorstellung der »südsyrischen« Palästinenser auf eine Angliederung an Damaskus. Sie wollte ihren eigenen Staat, wenn schon nicht in ganz Palästina, so doch im von Israel übriggelassenen Rest und unabhängig sowohl von Transjordanien als auch von Syrien.
Hier lag die tiefere Wurzel für das in den Jahren 1985 bis 1987 offenbar gewordene und anscheinend unüberwindliche Zerwürfnis zwischen al-Assad und PLO-Chef Arafat. Der Damaszener General unterhielt zwar schätzungsweise fünfzigtausend Soldaten als Besatzungsmacht im Libanon. Aber er hielt auch den dortigen Bürgerkrieg am Kochen. Je länger er dauerte und je schwächer seine Kontrahenten dadurch wurden, so mochte er rechnen, um so sicherer fiel ihm der Libanon eines Tages wie ein reifer Apfel in den Schoß.
Hauptbarriere auf seinem Weg nach »Groß-Syrien« wären dann, wenn er sie nicht kontrollieren konnte, vor allem die Palästinenser. Gewann er sie für sich, würden sie, schon durch ihre Bevölkerungsmehrheit in Transjordanien, bald zu einer tödlichen Gefahr für König Hussein. Eine palästinensische Machtergreifung in Amman müßte also gleichbedeutend sein mit einem syrischen Zugriff auf dieses Nachbarland. General al-Assad wäre seinem Ziel damit ein gutes Stück näher.
Einige Palästinenser würden eine Eingliederung in den syrischen Machtbereich dem jetzigen Zustand gewiß vorziehen. Die Mehrheit wünschte jedoch, wie es scheint, spatestens seit 1967 den

eigenen Staat, und sei es auf dem Restgebiet zwischen Transjordanien und Israel. Schuld an diesem grundlegenden Gesinnungswandel sind sowohl die niemals eingehaltenen arabischen Versprechungen als auch die dauernden militärischen Niederlagen der Araber gegen den Judenstaat. Ein Kleinpalästina wäre für diesen, so mag man sich insgeheim ausrechnen, nicht nur keine Bedrohung, sondern auf längere Sicht sogar ein nicht uninteressanter Partner. Offen einzugestehen wagte sich das allerdings bislang niemand.

Wie dem auch sei, Arafat kämpfte bis 1970 auch um eine wie immer geartete Machtübernahme in Transjordanien gegen König Hussein. Seitdem schien er jedoch darauf verzichtet zu haben und konzentrierte sich auf das Ziel einer palästinensischen Staatsgründung in den israelisch besetzten Gebieten. Für Israel, das eine solche bekanntlich kategorisch ablehnte, könnte eine solche Lösung nur unter der Voraussetzung irgendwann einmal akeptabel werden, wenn sie in einer staatsrechtlichen Verbindung mit Jordanien steht. Die aber müßte den Palästinaarabern heute immer noch weitaus lieber sein als eine Unterwerfung unter die rigorosen syrischen Machtansprüche.

Für Damaskus bleibt Groß-Syrien natürlich eine Utopie. Israel dürfte zu verhindern wissen, daß sie sich jemals erfüllt. Entweder hofft General al-Assad, der Besitz des Libanons, die Domestizierung der Palästinenser und die Unterwerfung Jordaniens könnte ihn dennoch einmal zu seinem Ziel führen, und käme es dazu, wäre dies tatsächlich eine ernstzunehmende Gefahr für Israel. Oder der Damaszener Staatschef benutzt diese Utopie, wie so viele Diktatoren in ähnlichen Situationen, nur als probates Ablenkungsmanöver von seinen wachsenden innenpolitischen Schwierigkeiten.

Die Opfer seiner Taktik werden jedenfalls sowohl die Libanesen als auch die Palästinafreischärler. Wenn Arafat doch noch an sich zu reißen verstünde, was er so beharrlich zu gewinnen hofft, einen eigenen Staat, bliebe Syrien auf unabsehbare Zukunft, was es heute ist: »Klein-Syrien«.

General al-Assad manövrierte bisher zudem in einem außerordentlich begrenzten Spielraum. Die Sowjetunion gewährte ihm zwar hinlängliche militärische und politische Unterstützung, wünschte aber kaum die Entstehung eines so unkontrollierbaren neuen Machtzentrums in diesem Krisengebiet. Der Irak war strikt gegen einen solchen Machtzuwachs für den Nachbarstaat, und al-Assad verbündete sich darum prompt auch mit Bagdads Kriegsgegner Persien. Israel seinerseits erkämpfte sich die Golanhöhen und braucht im Ernstfall höchstens einige Stunden bis zur Einkesselung und Eroberung von Damaskus. Syrien verwehrte deshalb den Guerilleros auch stets die militärische Infiltration von seinem Gebiet aus. Damaskus' Inspirationen ruhten also auf äußerst schwachen Füßen. Doch die Zeche dafür bezahlte einstweilen die PLO!

Hafis al-Assads Abneigung gegen die palästinensischen Unabhängigkeitshoffnungen personifizierte sich kaum zufällig in Jassir Arafat. Ihn nannte er unter anderem Chamäleon, Opportunist, Verräter. Der General und der PLO-Chef, und das erklärt viel von diesem Haß, sind einander außerordentlich ähnlich und in einer weitaus mehr von Träumen als von Wirklichkeitssinn geprägten Umwelt vielleicht die einzigen Realisten. Und beide wissen, daß sie erledigt wären, sobald sie das zugäben.

Jassir Arafat bewies Ende 1986 noch einmal, wie weit seine Macht – zumindest indirekt – noch reicht, als er die Freilassung eines von der schi'itischen Gruppe Hisb Allah, Partei Gottes, über neun Monate lang festgehaltenen Franzosen vermittelte. Premierminister Jacques Chirac bedankte sich ausdrücklich bei dem PLO-Chef. Die Hisb Allah lebt vom Geld Chomeinis und war teilweise identisch mit der »Gruppe 17« oder dem »Kommando 17«. Sie benannte sich nach der früheren Nebenstelle im Fernsprechnetz des PLO-Hauptquartiers in Beirut. Ursprünglich diente sie dem persönlichen Schutz Arafats. Ihr zugeschrieben wurde, wie gesagt, auch der Mord an dem palästinensischen Bürgermeister von Nablus.

Spätestens hier verknüpften sich die wechselnden und häufig kurzlebigen arabischen Bündnisse rund um den Palästinakonflikt zu einem Gordischen Knoten. Libanons Christen hoffen im Notfall auf Israel, verbünden sich aber mit den Palästinafreischärlern gegen die muslimischen Schi'iten. Die Schi'iten sind Parteigänger

Persiens, kämpfen aber gegen die Palästinenser, das dieses unterstützt, und hören andererseits auf Arafat. Israel unterstützt die Schi'iten ebenso gegen die Palästinafreischärler wie notfalls gegen Syrien. Syrien kämpft auch gegen die Schi'iten, ist aber seinerseits verbündet mit deren Schutzmacht Persien. Hinzu kommen noch Sunniten und Drusen. Die Sunniten wollen lieber heute als morgen Frieden und fürchten sich offenkundig vor den aggressiven schi'itischen Glaubensbrüdern. Andererseits mißtrauen sie aber auch den selbstbewußten Christen und lehnen sich, obgleich sie dem auch nicht recht vertrauen mögen, eher an Syrien. Libanons Drusen sind entschlossene Gegner Israels im Libanon, eine argwöhnisch beobachtete Minderheit in Syrien – anders als die dortigen palästinensischen Christen und Araber – und gleichberechtigte nichtjüdische Staatsbürger. Wer soll da noch durchblicken? Arabische Ehen werden nun einmal, wir sagten es schon, rasch geschlossen und noch rascher geschieden!
Die Extremisten, die kompromißlos überall weiterkämpfen wollten, wurden jedenfalls im Zug des sich erneut abzeichnenden politischen Scheiterns des PLO-Chefs wieder zu einem wachsenden Problem für Jassir Arafat. In Rom entlarvte ein italienisches Gericht als Urheber des Blutbades vom 27. Dezember 1985 auf dem Zivilflughafen Leonardo da Vinci in Fiuminino mit sechzehn Toten und fünfundachtzig Verletzten den von einem PLO-Gericht schon lange vorher zum Tod verurteilten Sabri Khalil al-Banna alias Abu Nidal.
Abu Nidal, Jahrgang 1939, stammt aus Jaffa. Seine Eltern waren wohlhabende palästinensische Händler muslimischen Glaubens. Der Vater hatte, nach den Feststellungen des Gerichts, zehn Frauen, zehn Töchter und sechzehn Söhne. Der Angeklagte sei ein Sohn der achten Frau seines Vaters. Abu Nidal ging, immer nach der gleichen Quelle, nach Gründung Israels ins Exil und wurde zunächst Arbeiter in Saudiarabien. In Kuweit wurde er dann einer der frühesten Anhänger Arafats. Von diesem habe er sich getrennt, als der PLO-Chef die Koexistenz eines arabischen Palästinastaates mit Israel nicht mehr ausschloß. Zum Tod verurteilt worden sei er wegen Machtmißbrauchs und Abzugs finanzieller Mittel. Danach lebte er, wie allgemein bekannt wurde,

etwa zehn Jahre in Bagdad und organisierte von dort aus die Terroranschläge des »Schwarzen Juni«. Inzwischen lebe er in Damaskus und erhalte von dort logistische und waffentechnische Unterstützung. Echte Beweise dafür mußte man allerdings schuldig bleiben.

Auch die Palästinenser hängen natürlich keinen, sie hätten ihn denn. Wer allerdings meinte, ein Todesurteil verhindere ein für allemal die Wiederversöhnung des Abweichlers mit dem PLO-Chef, unterlag einer Täuschung. Im Frühling 1987 veröffentlichte ein Pariser Nachrichtenmagazin eine Photographie von Abu Nidal und anderen als extremistisch angesehenen palästinensischen Terroristenführern zusammen mit Jassir Arafat. Titel: »Ein entlarvendes Bild«.

Man kann argwöhnen, es handle sich um eine Fälschung. Man kann auch einwenden, der PLO-Chef habe nach dem offenkundigen Scheitern seiner politischen Anstrengungen keine andere Wahl mehr gehabt als die Rückkehr zu den terroristischen Anfängen seiner Bewegung. Nationale Befreiungsbewegungen sind ja, wie aufgezeigt, ohne militärische Kraftentfaltung nicht fähig, sich durchzusetzen, oder, wo diese nicht oder nicht mehr möglich ist, mit terroristischen Gewaltakten. Israels Vorgeschichte ist dafür der naheliegende Beweis. Der Judenstaat wurde nicht herbeigeträumt, herbeigesehnt, herbeigeredet; Israel wurde herbeigekämpft.

Arafat verlor durch solche Nachbarschaft indessen die so geduldig herbeigeredete politische Glaubwürdigkeit. War dieser Mann also doch kein potentieller Verhandlungspartner für, sondern blieb unveränderlich der »Mann gegen Israel«? War Arafat nur noch interessant für enttäuschte ehemalige Politiker wie Österreichs früheren Bundeskanzler Bruno Kreisky? Der Jude Kreisky öffnete dem Araber Arafat einst nobel die Tür zu den weltpolitischen Kabinetten. Nun schwieg auch der alte Mann aus Wien!

Waren Jassir Arafats letzte Freunde die ewigen und unbelehrbaren Gewalttäter am Rand des eigenen Lagers? Hatte er sich vergebens bemüht, politisch redlich herbeizuführen, was er lebenslang anstrebte: Freiheit, Selbstbestimmung, Unabhängigkeit und eine unverlierbare Heimat für seine Palästinaaraber?

Das »New York Magazine« meldete im Hochsommer 1985, die PLO verfüge über Vermögenswerte von fünf Milliarden Dollar mit jährlichen Zinseinnahmen von einer Milliarde Dollar. Zwölfeinhalb Milliarden Dollar lägen allein bei der in der arabischen Welt hochangesehenen Ammaner Arab Bank. Die PLO investiere zunehmend in Unternehmen und Grundstücke in Europa und den Vereinigten Staaten. Das Magazin ließ durchblicken, der Löwenanteil an den erwähnten Gewinnen fließe in die Kassen von al-Fatah.

Was sich hier aufdrängt, ist der abermalige Vergleich mit dem Zionismus. Die Zionisten hatten tapfer und unermüdlich gekämpft. Sicher, Hitlers abscheuliche Judenverfolgungspolitik war ihnen tragischerweise zu Hilfe gekommen, aber ihre schier unerschöpfliche Finanzkraft war ebenfalls ein wichtiger Transmissionsriemen für die Gründung des Staates Israel.

Die Jewish Agency kaufte einst riesige Ländereien, die jene für wertlos oder unrentabel hielten, deren Söhne und Enkel nunmehr gegen Israel kämpfen. Dieses Land war nicht mehr käuflich; es gehörte dem jüdischen Volk. Dessen Staat war nicht mehr zu besiegen; er bildete die stärkste Militär- und eine der stärksten Wirtschaftsmächte des Vorderen Orients, abgesichert durch den jüdischen Einfluß in der ganzen Welt und fest verankert in der gesamten Weltmeinung.

Jassir Arafat erscheint vor diesem Hintergrund nun wirklich wie ein Feldherr ohne Heer und ein Staatsmann ohne Staat. Sein Waterloo lag schon hinter ihm, sein Elba hatte er danach erlebt. Gibt es für ihn nur noch ein zweites Waterloo oder wird er in seinem Sankt Helena verlöschen?

Immerhin gebietet er noch über ein riesiges Vermögen, das durchaus vergleichbar zu sein schien mit den öffentlichen jüdischen – oder, wenn man so will, zionistischen Vermögen. Israel »zurückkaufen« kann er damit, wie gesagt, nicht. Doch es gibt auch jetzt noch mindestens die berühmten beiden Möglichkeiten: Arafat könnte sich jetzt einfach schadlos halten für die Aufgabe seiner bürgerlichen Existenz und seine Mitkämpfer finanziell für die vergeblich scheinenden Opfer entschädigen. Die Araberstaaten, die das alles gespendet haben, würden darüber wohl ebensowenig unglücklich sein wie Israel. Ruhe ist ihnen inzwischen wieder die erste Bürgerpflicht, und Arafat wird schließlich bald sechzig. Er wirkt nicht mehr wie der feurige Kämpfer, der undurchschaubare Taktierer, der unübertreffliche Stratege. Das herausfordernde Kopftuch, der Stoppelbart, die sandfarbene Uniform, das Pistolenhalfter kommen einem vor wie ein unpassendes Kostüm. Manchmal wirkt er sehr müde und alt und blinzelt kurzsichtig durch die dicke Brille. Er sieht totenbleich aus und zeigt einen unnatürlich aufgeschwemmten Bauch. Das soll ein Revolutionär sein? Viel eher könnte man ihn sich vorstellen als erfolgreichen Geschäftsmann mit gepflegtem Bart, Maßanzug und Aktenkoffer – oder auch als zufriedenen Bauern in dem hemdartigen langen Gewand der Araber an einem Dorfbrunnen inmitten seiner Kinder und Enkel. Doch er ist unverheiratet geblieben und hat niemand, der ihn um seiner selbst willen liebt. Er hatte bislang nicht einmal eine heimliche Geliebte, zu der er sich jetzt flüchten könnte wie in seinen letzten Lebensstunden sogar Adolf Hitler. Seine Geliebte, seine Frau, sein Leben heißt Palästina.

Oder wird er sich noch einmal aufraffen zu einem letzten revolutionären Kraftakt? Die PLO verfügt, wie gesagt, über ein riesenhaftes Vermögen. Die Araberstaaten müßten noch weiter dazuhelfen und könnten sich wohl auch nicht versagen, und er bekäme bestimmt Hilfe und Wohlwollen aus aller Welt, entschlösse er sich zu dem längst fälligen Experiment einer endgültigen Ansiedlung seines Volks an irgend einem anderen Platz in Arabien – etwa nach dem deutschen Vorbild der Eingliederung der Flüchtlinge des Zweiten Weltkriegs. Die Palästinaaraber sind weitaus geringer an Zahl als die damals vertriebenen Deutschen, und die Araberstaaten sind meistenteils reicher als das damalige Deutschland. Dies freilich brauchte großen Mut. Jassir Arafat ist zweifelsohne ein mutiger Mann, doch die Palästinaaraber kein mutiges und vorwärtsblickendes Volk. Sie sehen lieber rückwärts, und Arafat erscheint auf einmal, so betrachtet, wie jemand zwischen gestern und morgen. Nur eben, und das begründet seine wirkliche Tragödie, ist er kein Mann des Heute!

Gäbe es noch die dritte Möglichkeit, nämlich einen Staat Palästina, der in Frieden leben könnte zwischen und mit den Nachbarn Transjordanien und Israel? Die Zeitläufe sehen nicht danach aus. Arafats alt-neue »Spießgesellen« von der Terrorfront bilden dafür das ärgste Hindernis. So richtig es war, daß nichts gewonnen werden konnte ohne militärische Stärke, so erwiesen mußte es auch gelten, daß sich am Ende noch keine Freischärlerbewegung gegen einen bestehenden Staat hat durchsetzen können. Den Kampf fortzusetzen scheint aussichtslos, einen Frieden zu schließen unmöglich. Jassir Arafat befindet sich seit geraumer Zeit in der Sackgasse . . .

Von »Intifada« zu »Dschihad«?

Al-Beita ist ein einstmals geradezu beschauliches arabisches Dorf, zehn Kilometer südlich von Nablus, in der von den Juden so genannten hügeligen Landschaft Samaria im besetzten Ost-Palästina. Das Dorf war nie auch nur entfernt so etwas wie ein »Terroristennest«. König Husseins Soldaten und Polizisten mochte man hier ebensowenig wie die im sicheren Ausland große Reden schwingenden »Fedaijin«. Israel erwies sich hier über zwanzig Jahre als ganz erträgliche Besatzungsmacht. Viele Dörfler arbeiteten jenseits der grünen Grenze und verdienten gutes Geld. Was Jordanien ihnen vorenthalten hatte und ihnen niemand weniger garantieren konnte als die PLO, erhielten sie vom Feind: bescheidenen Wohlstand. Al-Beita war eines der vielen Musterbeispiele der am erfolgreichsten vom jüdischen Bürgermeister Jerusalems, Teddy Kollek, vorangetriebenen unerklärten praktischen israelisch-palästinensischen Koexistenz.

Am 6. April 1988 zerstob der Traum vom friedlichen Miteinander in al-Beita in einem Alptraum. Eine Wandergruppe jugendlicher extremistischer großisraelischer Siedler provozierte einen blutigen Zusammenstoß mit jungen arabischen Dörflern beiderlei Geschlechtes. Zwei Palästinenserjungen und ein israelisches Mädchen verloren das Leben, alle tödlich getroffen von den Kugeln eines Israelis.

Die Besatzungsarmee fragte jedoch nicht lange nach Hintergründen, Tathergang und den wahren Verantwortlichen. Sie schritt – natürlich nur unter den Arabern – sogleich zu Verhaftungen und sprengte vierzehn Häuser in die Luft. Das Dorf wurde für einen ganzen Monat total isoliert.

Israel, die Araberstaaten, die Palästinensische Befreiungs-Organisation, die Vereinten Nationen und die Weltöffentlichkeit hatten sich zwei Jahrzehnte lang mehr oder weniger stillschweigend abgefunden mit der schleichenden Annektion der besetzten Gebiete durch den Judenstaat. Weder PLO-Terror noch Araberproteste noch Verhandlungen wie diejenigen zwischen Ägypten und Israel änderten etwas am Schicksal der Palästinaaraber. Die über sie in Camp David getroffenen Vereinbarungen blieben totes Papier. PLO-Chef Jassir Arafat reiste unermüdlich durch die ganze Welt und sammelte unzählige Sympathiebekundungen. Doch nichts, was er erreichte, nützte auch seinen unfreien Landsleuten.

Am 8. Dezember 1987 kam, ohne jegliches Zutun Arafats, die Wende. »Intifada« (Aufruhr) nannten die blutjungen männlichen und weiblichen Rebellen gegen die Besatzungstruppen ihren mit Fäusten, Steinen und Barrikaden aus brennenden Autoreifen ausgetragenen Krieg gegen Israel. Jassir Arafat hatte dutzende von Malen den Heiligen Krieg »Dschihad« gegen Israel verkündet, und der Judenstaat war noch in jedem Waffengang glänzender Sieger geblieben. Nun stand es – bis an die Zähne bewaffnet – den praktisch unbewaffneten jungen Arabern hilflos gegenüber. War dies der Beginn des wirklichen »Dschihad«?

Bis Mitte 1988 kamen über zweihundert jugendliche Palästinaaraber bei den andauernden Auseinandersetzungen mit den ebenso blutjungen israelischen Soldaten ums Leben. Die Weltmächte wurden aufgeschreckt. In Moskau verhandelte USA-Präsident Ronald Reagan mit dem KPdSU-Generalsekretär Michail Gorbatschow auch über eine globale Nahostregelung. Reagans Außenminister George Shultz verhandelte auf vier Pendelmissionen im Stil seines Amtsvorgängers Henry Kissinger erfolglos über eine internationale Friedenskonferenz für den Nahen Osten. In Algier versprachen auf einer panarabischen Gipfelkonferenz die vier reichsten Ölstaaten der Arabischen Halbinsel neue umfangreiche Finanzhilfen und die dort versammelten Staatsoberhäupter jegliche politische und sonstige Unterstützung für die PLO.

Die PLO, von der man so lange kaum noch gesprochen hatte, sah sich, obgleich sie gar nicht von ihr ausgelöst worden war, plötzlich an der Spitze der »Intifada«.

Was war geschehen? Die Vereinigten Staaten beobachteten nach wie vor mit zunehmender Besorgnis die grassierende Pest des

scheinbar unaufhaltsam auf die gesamte arabische Welt ausstrahlenden Chomeiniismus. Die Sowjetunion war sichtlich schockiert von ihrer Niederlage gegen die islamischen Stammeskrieger in Afghanistan und fürchtete – in einer kritischen Phase der Reformpolitik Gorbatschows – nichts mehr als die massenpsychologischen Auswirkungen auf die über fünfzig Millionen gläubigen Muslime in ihren Südrepubliken. Die Araberstaaten wiederum erschraken vor dem unberechenbaren religiösen Fundamentalismus. Sogar Syrien, nach außen hin und wegen seiner politisch bedingten Feindschaft zu dem von der gleichen laizistischen Partei wie in Damaskus regierten Irak noch immer der einzige arabische Parteigänger des religiös-revolutionären Irans, versöhnte sich plötzlich mit dem lange zerstrittenen Jassir Arafat.
Äußerer Anlaß dafür war die Ermordung des Arafat-Stellvertreters »Abu Dschihad« durch ein kombiniertes israelisches Armee-Geheimdienst-Kommando in Tunis. Israel hatte wieder einmal gezeigt, wen es wirklich fürchtete. Die PLO, die von vielen schon voreilig aufgegeben worden war, geriet aber gerade dadurch und durch die fundamentalistische Gefahr im eigenen Lager wieder in die Gunst der Araber. Diese Araber wollten in Wirklichkeit vierzig Jahre lang nichts weniger als einen unabhängigen arabischen Staat Palästina. Im Gegenteil: Jordanien, Syrien und sogar der Irak buhlten hinter den Kulissen zäh und verbissen um den künftigen Besitz des Landes. Die Palästinaflüchtlinge waren für sie nichts als zynisch eingesetztes und wenn es sein mußte, geopfertes Mittel zum Zweck der Vernichtung Israels. Jetzt auf einmal verschoben sich die Interessen.
Die Kinderrebellion kostete Israel binnen eines halben Jahres nach einer Schätzung seines Wirtschafts- und Planungsministers Gad Jakobi mindestens achthundert Millionen Dollar. Reservegeneral Avigdor Ben-Gal folgerte daraus: »Wir leben seit zwanzig Jahren zusammen, ohne Liebe und Sex. Die Zeit der Scheidung ist gekommen!«
Würde Israel aber plötzlich gezwungen sein, freizugeben, was ihm nicht gehörte, so konnte man sich arabischerseits ausrechnen, fiel Palästina fast zwangsläufig an den islamischen Fundamentalismus. Die »Intifada« war nämlich nicht von Jassir Arafat in Gang

gesetzt worden, so sehr sich dieser auch eine solche Entwicklung herbeigewünscht haben mochte, der Aufruhr war vielmehr das Werk fanatischer Mullahs in den von israelischer Seite offenkundig nicht als mögliche Widerstandszentren erkannten Moscheen. Was Arafat nicht gelungen war, erreichte auf einmal der reine Glaube an Allah – oder das, was die Mullas dafür halten.

Die Araber, selbst die modernsten unter ihnen wie die Araber Palästinas, erscheinen unter solchen Gesichtspunkten als eines der letzten rätselhaften Völker. Sie sind, wie man meinen könnte, für uns und sich selbst genauso ungreifbar wie der unaufhaltsam zwischen den Fingern zerrinnende Sand der Wüste und ebenso unfaßbar wie die fernen Sterne und der endlos Horizont über der Wüste. Flüchten sie sich nicht, benachteiligt durch ihre karge, oft unwirtliche Umgebung, in Traumwelten? Oft erscheint ihre irdische Heimat als Hölle, ihr Verhalten wie die Suche nach dem Fegefeuer schon in diesem Leben zur Abkürzung des Weges in den erhofften Himmel.

Arabiens – säkulare – Nationalisten waren denn auch nicht selten Christen, wie der »Ba'ath«-Gründer Michel Aflak, oder Ägypter, wie Gamal Abdel Nasser. Dieses Phänomen gilt auch für einen guten Teil der »zweiten Riege« der PLO-Organisationen. Doch was haben sie schon erreicht? Die Araber stellen sich diese Frage spätestens seit dem unglaublichen Aufstieg des schrecklichen, frommen Ajathollahs Ruhollah Chomeini. Wo Menschen nicht mehr helfen können, da hilft nur noch der Glaube an Gott. Chomeini scheint es zu beweisen.

Menschen, die sich für aufgeklärt halten, können damit freilich wenig anfangen. Der Islam erscheint den westlichen Menschen als Widerspruch schlechthin. Da ist von Freiheit die Rede, doch führt ein erfolgreicher »Freiheitskampf« den einzelnen unweigerlich in eine mittelalterlich anmutende, gleichwohl freudig angenommene Unfreiheit. In Algerien, um nur ein Beispiel zu nennen, waren die Frauen das Rückgrat des Befreiungskrieges gegen die Franzosen. Heute sind sie wieder genauso unterdrückt wie vor hundert Jahren. Im Iran verordnet eine frauenfeindliche Priesterkaste den Frauen den alles verhüllenden »Schador«. Auch in Palästina trugen und tragen mutige Frauen jeden Alters, erkennbar auf allen Fernsehbildern, die Hauptlast der »Intifada«. Doch ein Palästina, das frei wäre, sähe es sie nicht unter der Knute der Mullahs wieder als demütige Dienerinnen einer ausschließlichen Männergesellschaft? Und wäre dies nicht auch das Ende der noch nie so sehr wie unter der angeblich so drückenden israelischen Besatzungsherrschaft blühenden andersgläubigen (vor allem christlichen) Religionsgemeinschaften?

Der Islam – als Europäer glaubt man zu wissen, was ihm fehlt: eine Reformation, der Abschied von der Universalität der Religion, die Beschränkung auf ihre spirituelle Dimension. Doch was uns eben gemäß unserer eigenen Erfahrung als logisch erscheint, ist für die Araber ein kurzsichtiger Trugschluß. Die Zwänge ihres Glaubens bedrücken sie nicht. Im Gegenteil. Und vielleicht ist der islamische Fundamentalismus gar der Vorreiter einer weltweiten Bewegung gegen die totale Säkularisierung des Lebens und Denkens. Drei Beispiele, die diese Vermutung stützen: Am Kahlenberg, dem Ort des Sieges des christlichen Europa unter Führung des Polenkönigs Johann Sobieski über die muslimischen Osmanen, liest Papst Johannes Paul II. eine Gedächtnismesse, und wohin dieser »eilige Vater« auch kommt, empfangen ihn gigantische Wellen religiöser Inbrunst, und von den Jugendsekten bis hin zu den Grün-Alternativen zeigen sich immer deutlichere religiöse Erweckungsversuche auch in der abendländischen Politik. In Moskau und ganz Rußland beging die totgesagte Russisch-Orthodoxe Kirche mit prachtvollem Gepränge – und unter Teilnahme atheistischer kommunistischer staatlicher Würdenträger – das tausendjährige Jubiläum der Christianisierung, und in der DDR artikuliert sich der Widerstand gegen das mitteldeutsche Mauer-und-Stacheldraht-Regime am vernehmlichsten in und aus der protestantischen Kirche. Der Mensch lebt nicht vom Brot allein ...

Die Reislamisierung, vor allem auch in Palästina, wird indessen am schlüssigsten erklärbar durch ein viertes Beispiel: Israel! Es gibt dort nämlich eine geradezu tragische Wechselwirkung zwischen amerikanischer Zuwanderung und fundamentalistischer Radikalisierung. Die Vereinigten Staaten exportieren offensichtlich das latente Unbehagen an ihrer durch und durch säkularisierten Gesellschaft in den Judenstaat. Das heißt, amerikanische Juden, enttäuscht und abgestoßen vom ebenso fortschrittverheißenden wie nicht mehr für alle fortschritterfüllenden »american way of life«, strömen nach Israel, um sich dort das Paradies auf Erden zu erkämpfen. Viele Mitglieder des militanten »Gusch Emunim« (Block der Getreuen) wie auch der extremistische Rabbi Kahane von der »Jewish Defense League« sind gebürtige amerikanische Juden. Diese »Großisrael« anhängenden Träumer gehören folglich zu den Hauptverursachern des religiösen Fundamentalismus' in der palästinensischen Widerstandsbewegung.

Israel überlebte den politischen Fanatiker Menachem Begin. Israel überlebt sicher auch einen politischen Maximalisten wie Jitzchak Schamir. Überlebt Israel auch eine ganz unzeitgemäß erscheinende neue Priesterherrschaft anmaßender Rabbis?

Die Juden in der Diaspora lebten über Jahrhunderte, wie heute die Araber, vom Träumen, also dem einzigen, das unerschöpflich ist. Ihr stets lebendiger Traum hieß Israel und es mußte erst einer kommen, der genauso abseits geboren worden war wie sie, um ihnen den Weg zur Erfüllung des Traumes zu weisen. So entstand der Zionismus, und so entstand Israel. Darum ist dieses moderne Israel auch gar nicht so alt, wie es zu sein vorgibt. Es war ein Kind der Träume, und deshalb blieb es auch ein Kind. Andere Kinder haben keine Kindheit, und sie leiden darunter, so lange sie leben. Dieses Kind aber weigert sich, erwachsen zu werden. Seinen Bruder betrachtete es als seinen Feind. Es will ihn lieber tot wissen, als ihm zu gewähren, was ihm zusteht, sein Recht.

Die biblische Geschichte von Kain und Abel wiederholte und wiederholt sich immer wieder, und manchmal wird aus Abel Kain, und Kain wird Abel, und Abel trägt nun das Kainsmal, und es ist Kain, der von nun an von Gerechtigkeit träumt. Wird sich sein Traum erfüllen?

Albert Einstein schrieb 1929 prophetisch an den späteren ersten israelischen Staatspräsidenten Chaim Weizmann: »Wenn wir Juden nicht den Weg zu ehrlicher Zusammenarbeit und ehrlichen Verhandlungen mit den Arabern finden, haben wir aus unseren zweitausend Jahren des Leidens nichts gelernt, und wir verdienen das Schicksal, das über uns hereinbrechen wird.«

Würde Einstein heute nicht auch folgern, was wir zu behaupten wagen: Scheitert Jassir Arafat endgültig, dann droht Israel ein palästinensischer Chomeini.
Die Koppelschlösser der deutschen Wehrmacht im Zweiten Weltkrieg trugen die blasphemische Aufschrift »Gott mit uns!« Fünfundfünfzig Millionen Tote waren der Preis – darunter sechs Millionen Juden. Wieviele werden es sein, wenn sich die Ajatollahs der Sache der Palästinaaraber bemächtigen? Die geschichtliche Erfahrung lehrt, daß Blut fließt, wenn sich die Menschen zur Rechtfertigung ihrer höchst irdischen Machtansprüche auf Gott berufen. Mögen jene, die Hitler überlebt haben, endlich begreifen, daß die PLO gegenüber Chomeini das kleinere Übel darstellt und daß der Ölzweig in der Hand Jassir Arafats die große Chance ist auf einen dauerhaften Frieden für Israel.

Totgesagte leben lange

Revolutionäre Bewegungen sind wie Palmen im Chamsin, dem Sandsturm aus der Wüste, oder wie die von der Flöte ihres Bändigers hypnotisierten Schlangen. Sie beugen sich nach allen Himmelsrichtungen, tänzeln auf und nieder und wiegen sich nach allen Seiten. Menschen gleichen sie, die unaufhörlich unzufrieden sind und nicht wissen, was sie wollen und sich von allen und jedem beeinflussen lassen. Sie ähneln reißenden Tieren, ihr Appetit wächst mit dem Hunger, und sie verschlingen, wenn sie bekommen haben, was sie brauchen, auch noch ihre eigene Brut.
Revolutionären Entwürfen gemeinsam ist ihre großartige Vergeblichkeit und ihr kleinliches Scheitern. Sie wollen die Freiheit und enden gewöhnlich in noch größerer Unfreiheit. Die Französische Revolution von 1789 gebar die Schreckensherrschaft Robespierres und mündete in den Bonapartismus. Die Revolution von 1848 erstickte in Restauration und Reaktion. Die Oktoberrevolution von 1917 verblutete in der Tyrannei Stalins. Die Machtergreifung von 1933 endete mit der Niederlage des Zweiten Weltkrieges und der Zerstückelung Deutschlands. Die Chinesische Revolution von 1949 etablierte endlich eine neue Mandarinenkaste. Die Kubanische Revolution von 1959 machte die Karibikinsel vom Vorort der westlichen zum Hinterhof der östlichen Weltmacht. Die Iranische Revolution von 1979 führte in einen menschenverächterischen mittelalterlichen Priesterstaat.
Revolutionäres Scheitern hat weit weniger als behauptet wird verschiedenartige und unvergleichbare Gründe. Revolutionäre versprechen stets die Zukunft, doch sie meinen in Wahrheit oft die Vergangenheit. Das Paradies, das sie so freigebig verheißen, ist nie etwas anderes als der biblische Garten Eden. Alle Menschen sehnen sich nach ihm zurück; doch er ist, vorausgesetzt, daß es ihn denn jemals gegeben hat, unwiederbringlich verloren. Die Revolution der Palästinaaraber will die Rückkehr ihres hei-

matlosen und zerstreuten Volkes in ihr verklärtes irdisches Paradies. Jeder Mensch bedarf hinieden einer Heimat. Ohne sie ist er entwurzelt, und er verdorrt in der sengenden Sonne und dem scharfen Wind und der dunklen Nacht der Heimatlosigkeit. Das Heimatrecht ist ein ebenso fundamentales Menschenrecht wie Speise und Trank und Liebe.
Den Palästinaarabern widerführe, gelänge ihnen, was sie erstreben, die gleiche unbeschreibliche Enttäuschung wie allen anderen Revolutionären. Das Paradies, auf das sie so leidenschaftlich hoffen, ist endgültig dahingeschwunden. Ihr Palästina, an das sie sich so lebhaft erinnern, ist unwiderrufliche Vergangenheit. Der Judenstaat, der dort gegründet wurde, macht es zur verklärten Geschichte. Diese Geschichte aber lebt nur noch in den Herzen der von ihr gedemütigten und gequälten Menschen.
Die Unendlichkeit des menschlichen Herzens kann unverlierbar aufbewahren, was verloren ist, aber sie kann es nicht wiedererwecken zu neuem Leben. Sollte Israel – was manche, die es bekämpfen, wünschen – untergehen, sollte es – was viele, die sich ihm zugehörig fühlen, hoffen – sich früher oder später doch einmal bereitfinden zu einem gerechten Frieden mit den Palästinaarabern – es würde so oder so unverlöschliche Spuren hinterlassen. In Palästina ist noch vieles möglich, wie sich alles als möglich erwiesen hat in der Geschichte der Länder und Völker und Menschen. Unmöglich ist allein die Wiederauferstehung der Vergangenheit.
Palästinas Städte und Dörfer und Weiler und Zelte, seine Orangenhaine und Äcker, seine Hügel und Täler und Wüsten sind nicht mehr die seiner vertriebenen arabischen Kinder. Die Palästinaaraber, die dort ausgeharrt haben, unterscheiden sich mehr von ihren in Cisjordanien und Transjordanien ansässigen Landsleuten als von den Juden, und beide wiederum gleichen Israels Juden, ob sie es wahrhaben wollen oder nicht, mehr als ihren heimatlosen Brüdern in den Flüchtlingslagern.
Die Geschichte setzt unverrückbare Marksteine; jede Zeit sieht sie aus einem anderen Blickwinkel, kann sie aber nicht mehr verrücken. Zwischen Zions Neugründung und heute verfloß, wie man früher rechnete, ein Menschenalter. Hundert Jahre zionisti-

scher Kolonisation und über vierzig Jahre Israel schufen, so, wie es heute aussieht, unveränderlich scheinende Tatsachen.
Die Palästinaaraber, die morgen zurückkämen, fänden sich nicht mehr zurecht. Wo Hütten standen, als sie noch hier lebten, befinden sich jetzt riesige Hochhauskomplexe. Wo Äcker lagen, als sie noch dort arbeiteten, erstrecken sich jetzt Fabrikanlagen. Wo Sümpfe waren, als sie gehen mußten, blühen jetzt Orangen und Zitronen. Die uralten Olivenhaine, die unvergänglich zu sein schienen, starben unter Kreissäge, Spitzhacke, Pflug oder Betonmischer.
Die Weltgeschichte ist nicht ohne andere tragische Beispiele. Inkas und Azteken, die Schöpfer großartiger Zivilisationen und Hochkulturen, sind heute nur noch verachtete und benachteiligte, drogensüchtige und kranke, unzivilisierte und zum Untergang verurteilte Stämme. Die Indianer, die übriggeblieben sind, obgleich man sie massenhaft massakrierte, haben keinen Anteil am Aufstieg ihrer Heimat vom unbekannten Kontinent und der Zuflucht der Verfolgten und Abenteurer zur Weltmacht. In Australien verharren die Ureinwohner hilflos in der Steinzeit.
Ganze Völkerschaften verschwanden im Lauf der Weltgeschichte von der Erdoberfläche. Die Palästinaaraber weigerten sich, einfach zu verschwinden. Im Flüchtlingslager erst entwickelten sie sich endlich zum Volk. Sie gelten als eines der fortschrittlichsten, und sind ein kämpferisches Volk. Ihr Kampf zeitigte aber mehr Niederlagen als Siege. Droht auch ihnen der Untergang? Sind sie die Indianer des modernen Orients, die Juden der Gegenwart?
Die Weltgeschichte ist nicht nur angefüllt mit namenloser menschlicher Tragik, sie ist auch voller Überraschungen. Sie gebiert immer wieder Wunder. Ein Wunder, das niemand vorauszusagen gewagt hätte, war die Wiederauferstehung des Judenstaates. Die Juden hatten sich fast zweitausend Jahre lang abgefunden mit ihrer Zerstreuung, Unterdrückung, Verfolgung, Ausrottung. Die Palästinaaraber kämpfen seit bald hundert Jahren um ihr elementares Menschenrecht auf Heimat.
David Ben-Gurion hat einmal gesagt, wer nicht an Wunder glaube, sei kein Realist. Die Wiederauferstehung Israels war vielleicht ein solches Wunder. Die Volkwerdung der Palästina-

araber, die nie ein Volk bildeten und keines sein wollten und nicht in einem eigenen Staat lebten, erscheint in diesem Licht bestimmt als Wunder. Israel kann auch *gegen* sie möglicherweise noch lange überleben; weil sie nicht verschwinden und nicht dort ausharren wollen, wohin zu gehen man sie gezwungen hat, kann es aber nur *mit* ihnen erreichen, was sonst für immer unerreichbar bleiben muß: den Frieden.

Jassir Arafats Schicksal stand im Winter 1983 wieder einmal auf des Messers Schneide. Im Libanon kämpften die Großmächte und die heillos miteinander zerstrittenen Bürgerkriegsparteien untereinander um die Macht. Niemand sprach dabei mehr von den Palästinaarabern. In Beirut hatten sie die letzte Bastion für den bewaffneten Kampf aufgeben müssen. Syrien entzog ihnen die Unterstützung. Libyen zwang alle Anhänger des PLO-Chefs binnen achtundvierzig Stunden zum Verlassen des Landes. Bei der Besetzung der dortigen Büros von al-Fatah durch die Sicherheitsorgane kam es zu Schießereien, und es gab sieben Schwerverletzte. Die PLO schien zu zerfallen. Im Schuf kam es zu von Syrien angestachelten Meutereien unter den Fedaijin.

Arafat ging, um zu vermitteln, in die nordlibanesische Küstenstadt Tripoli. Im Flüchtlingslager al-Baddaui umzingelten ihn und seine rund fünftausend Getreuen die syrienhörigen Meuterer. Der Stabschef der Palästinensischen Befreiungs-Armee (PLA), Brigadegeneral Mohammed Tarik al-Chadra, wurde zum Überläufer. Von »PLO-Außenminister« Faruk al-Kaddumi verlangte man in Damaskus klipp und klar die Absetzung des PLO-Chefs. Der wandte sich mit einem verzweifelten Hilferuf an den damaligen sowjetischen Staats- und Parteichef Juri Andropow. Die Botschaft aus dem Tripolitaner Kessel schilderte die gefährliche Lage. Die Freischärler könnten nicht überleben, hieß es, komme es zur Wiederaufnahme der Feindseligkeiten. Die Sowjetunion gab keine Antwort. Die Weltmacht, ohne die der palästinensische Befreiungskampf noch hoffnungsloser gewesen wäre, hüllte sich auf einmal in Schweigen.

Anfang November entspannen sich um die letzte Zuflucht schwere Kämpfe zwischen Gegnern und Anhängern Arafats. War es der Endkampf des »Mannes gegen Israel«?

Im Libanon ging es zu dieser Zeit scheinbar um die übergeordnete Frage des Weltfriedens. In Genf rangen die verfeindeten ethnischen und religiösen Gruppen um die Beilegung ihrer Streitigkeiten, die Beendigung des über achtjährigen blutigen Bürgerkrieges und ein tragfähiges neues innerpolitisches Gleichgewicht. In Beirut wurde unterdessen weitergekämpft. Schi'itisch-muslimische Selbstmordkommandos verübten fürchterliche Bombenanschläge auf Quartiere der amerikanischen und französischen Friedenstruppen. 225 amerikanische und 58 französische Soldaten starben einen sinnlosen Heldentod.
Syrien und Israel versetzten ihre im Grenzgebiet stationierten Truppen in erhöhte Alarmbereitschaft. Die Sowjetunion verstärkte die Anzahl ihrer Militärinstrukteure in Syrien auf mindestens fünftausend Mann. Der Kreml lieferte Präsident al-Assad, nach dem im Sommer 1982 erfolgten israelischen Einmarsch im Libanon, für über zwei Milliarden Dollar Waffen. Die Aufrüstung umfaßte mehrere hundert Panzer des Typs T-72 und einige Dutzend Kampfflugzeuge der Typen MiG-23, MiG-25 und MiG-27. Versprochen wurde außerdem die Entsendung von Spähflugzeugen des Typs Tupolew Tu-126. Sowjetische Fachleute errichteten im syrisch-libanesischen Grenzgebiet einen neuen Militärflugplatz und im Vorfeld von Damaskus ein dichtes Radarnetz. Luftabwehrraketen vom Typ »Sam-5« bedrohen den israelischen Luftraum und die im östlichen Mittelmeerraum operierenden US-Kampfflugzeuge. Syrien erhielt ferner achtzehn Batterien zu je sechs Geschossen der mobilen taktischen Raketen des Typs »SS-21« mit einer Reichweite von hundertzwanzig Kilometern, also bis zu der israelischen Hafenstadt Haifa. Geheimdienstberichten zufolge versprach Moskau dem syrischen Staatschef bei einem inoffiziellen Besuch am 10. September den direkten Einsatz sowjetischer Truppen im Fall eines israelischen Angriffes. Zwischen der US-Flotte im Mittelmeer und den Sowjeteinheiten in Syrien lag nur noch das Pulverfaß Libanon, und die Welt fragte bang: War dies das Szenario des Dritten Weltkrieges?
Die Palästinafreischärler erschienen unter diesen Gesichtspunkten zwangsläufig als die einzigen unberechenbaren potentiellen Störenfriede. Die USA und die Sowjetunion, die westlichen In-

terventionsmächte Großbritannien, Frankreich und Italien, Syrien und Israel fanden sich in dieser Situation in einer unerklärten Allianz. Deren Ziel, wenn das auch niemand eingestehen mochte, war die Disziplinierung der Fedaijin. Die PLO befand sich im Hintertreffen. Arafats Ablösung wäre gleichbedeutend mit ihrer Unterwerfung unter die Interessen Syriens und der anderen Araberstaaten. Sie festigte, sollte sie erzwungen werden, letzten Endes auch die Stellung König Husseins in Jordanien, befreite die zentralarabischen Ölscheichs von den lästigen und aufsässigen Bittstellern und selbst Ägypten von der Rücksichtnahme auf die eigentlichen Opfer seines Alleinganges zum Friedensschluß.

Brachte Syrien die Palästinaaraber unter seine Gewalt und machte man es als Gegenleistung zum anerkannten Ordnungsfaktor in einem befriedeten Libanon, so schlug man möglicherweise gleich drei Fliegen mit einer Klappe: Die PLO war nicht länger ein eigenständiger politischer Faktor. Die Christen genossen, wie schon einmal in der Anfangsphase des libanesischen Bürgerkriegsringens, den militärischen Schutz Syriens. Syrien war vielleicht sogar – unter sowjetischer und amerikanischer Rückendeckung – frei für eigene Friedensverhandlungen mit Israel. Dies bedeutete in Tat und Wahrheit nichts weniger als eine Rückkehr zu dem nach dem Sechs-Tage-Krieg von 1967 ausprobierten Genfer Modell.

Doch was geschähe in diesem Fall mit den Millionen von Palästinaflüchtlingen? Würde man sie für immer in ihre Elendsquartiere verbannen ohne Heimat und Hoffnung? Und was geschähe mit Jassir Arafat?

Ein Arafat, der überlebte – wäre er im Exil nicht der Kristallisationskern eines noch nie dagewesenen Terrors? Der PLO-Chef auf Abruf war für viele schon ein toter Mann. Doch, wie gesagt, Totgesagte leben lange. Und die Toten können nicht mehr sterben...

NACHWORT
Eine Rechtfertigung?

Die Juden erlitten während ihrer zweitausendjährigen Zerstreuung nicht nur Schande und Verfolgung; sie erwarben auch unerschöpfliches vielseitiges zivilisatorisches Geschick. Sie können sich gegenüber jedermann verständlich machen, und ihre Stimme dringt unüberhörbar an das Ohr aller Völker. Die Araber behielten ihre Heimat. Sie blieben aber auch Gefangene ihrer Geschichte, ihres Glaubens, ihrer Traditionen, ihrer Sitten und Gebräuche und ihrer Umwelt. Der Außenwelt können sie sich nur schwer verständlich machen.

Über Araber und über Palästina kann man nicht sprechen ohne den Zusammenhang mit Israel. Der Judenstaat wurde für sie zur größten und noch nicht bewältigten Herausforderung. Einerseits befreite er die in ihnen schlummernden Kräfte der Erneuerung und beschleunigte beträchtlich die Modernisierung ihrer erstarrten Gesellschaft. Andererseits demütigte er ihren Stolz und lähmte ihr Denken. Eine Gesellschaft, die sich lediglich national definiert hätte, wäre für sie vielleicht leichter zu verkraften gewesen. Die Araber, selbst Geschöpfe einer unauflöslich geistlich-weltlich verfaßten universalen Gesellschaftsordnung, wurden nicht fertig mit dem plötzlich über sie hereinbrechenden religiösen Ausschließlichkeits- und Auserwähltheitsanspruch der Juden. Israel jedoch wäre ohne diesen Anspruch undenkbar gewesen; er ist die, wie man fürchten muß, unausrottbare Wurzel des Konfliktes um Palästina.

Was ist, muß man sich also fragen, was ist – und weniger was will – der Zionismus?

»Verhängnisvoll für die Menschheit wurde die Zerstörung der Tabus«, meinte eine österreichische Tageszeitung im Frühjahr 1980, »durch jüdische Geister.« Karl Marx predigte Haß und Neid in Politik und Sozialleben, Sigmund Freud machte aus Liebe Sex und den Menschen zum Tier, – hieß es weiter –, Albert

Einstein dachte und J. Robert Oppenheimer und Edward Teller entwickelten die Atombombe.
Die Juden als Zerstörer aller Tabus und somit schuldig an den sich häufenden Rückfällen der Menschheit – nochmals zitiert – in die Barbarei? Also letztendlich auch selbst verantwortlich für die Judenverfolgungen? In bemerkenswertem Widerspruch dazu stünde dann, wenigstens scheinbar, der vorläufig jüngste und wahrscheinlich bedeutendste Triumph »jüdischer Geister«: der Judenstaat Israel.
Israel ist eines der letzten und vielleicht das größte Tabu. Es ist kein Staat wie andere Staaten. Kleinen Ländern wie Andorra, San Marino, Liechtenstien, Monaco oder Luxemburg gegenüber wirkt es wie ein Riese. Im Vergleich zu Mittelstaaten wie der Bundesrepublik Deutschland, Großbritannien oder Frankreich ist es ein Zwerg. Für Weltmächte wie die Vereinigten Staaten oder die Sowjetunion wäre es, gäbe es nicht schwerwiegende Unterschiede zu den erwähnten Beispielen, lediglich ein Spielball ihrer eigenen Interessen.
Die Unterschiede: Israel entstand gegen den Willen, schließlich nur mit der aus schlechtem Gewissen genährten Duldung der Großen und durch deren geheime Hoffnung auf damit herauszuschlagenden Gewinn in einem der umkämpftesten Wetterwinkel der modernen Globalpolitik. Es bildete sich trotz des Widerstandes aller seiner Nachbarn. Es ist, wohl als einziger Staat der ganzen bekannten Geschichte, die Folge eines so berechtigt wie unwiderleglich scheinenden moralischen Anspruches als Erbe der NS-Judenverfolgung. Es stützt sich nicht allein wie andere »Klientelstaaten« der Dritten Welt auf den Schutz einer oder die Schaukelpolitik zwischen beiden Weltmächten. Es ist hauptsächlich abhängig von Sympathie und Opferbereitschaft der etwa fünfzehn Millionen Juden, »die zerstreut sind unter allen Völkern« des Erdballes.
Israel wird durch das alles zusammengenommen aber noch nicht zu einem Staat wie kein anderer Staat. Es ist, und nur dadurch unterscheidet es sich so sehr von den übrigen, die landgewordene Erfüllung einer messianischen Heilserwartung.
Abrahams Einwanderung aus Ur in Chaldäa nach Kanaan zwi-

schen dem neunzehnten und siebzehnten vorchristlichen Jahrhundert erfüllte die Verheißung des Stammesgottes Jahwe. Moses' Auszug aus Ägypten in das Gelobte Land folgte dem nämlichen Glauben. Herzls Vision vom Judenstaat war nur die zeitgemäß artikulierte Fortführung der gleichen Hoffnung.
Letztere entwickelte sich charakteristischerweise – unter dem Eindruck des Dreyfuß-Komplottes in Frankreich und der Pogrome im untergehenden zaristischen Rußland in der zweiten Hälfte des neunzehnten Jahrhunderts – lange vor dem Heraufziehen des nationalsozialistischen Rassenwahnes.
Lenin befürchtete bekanntlich (und er behielt damit recht) beim Ausbleiben der deutschen das Scheitern der kommunistischen Weltrevolution. Herzl bedurfte, nur konnte er sich das noch nicht vorstellen, einer ganz ähnlich gewichteten äußeren Erschütterung. Sein Judenstaat würde, wie wir heute wissen, nicht existieren ohne Hitler. Der, und mit ihm sein pathologischer Judenhaß, kamen aus der ostjüdisch angehauchten geistig-politischen Atmosphäre der untergehenden österreichisch-ungarischen Doppelmonarchie. Im Deutschland der »Gründerzeit« fand so etwas kaum einen Nährboden. Er bildete sich dort eigentlich erst nach dem Zusammenbruch des Kaiserreiches, dem Versailler Friedensdiktat, infolge der Instabilität der Weimarer Republik, der Inflation und durchaus nicht ohne Zusammenhang mit dem hauptsächlich von den Deutschen jüdischer Herkunft beklagten Hereinströmen ostjüdischer Einwanderer. Sichtbar wurde hierbei vor allem die sozialpsychologische Grundlage des Antisemitismus.
Deutschland war damals längst die wahre Heimat seiner Juden. Nirgendwo sonst hatten sie bessere Voraussetzungen für eine echte Emanzipation. Überall anders gab es mehr Zionisten. Die Deutschen bemerkten trotzdem, zugegebenerweise, bis heute noch nicht einmal das Fehlen des jüdischen Bevölkerungsteiles seit der nationalsozialistischen Katastrophe. In Israel aber entwickelte sich ein ganz ähnlicher Verdrängungskomplex. Im Nachkriegsdeutschland sind die überlebenden Juden meistens Altersheiminsassen. In Israel indessen spielten die deutschen Juden praktisch nie eine nennenswerte politische Rolle.

Auf den Juden aus Deutschland lastete, gingen sie überhaupt nach Israel, eine dreifache Strafe: Als Juden vertrieb man sie aus ihrer Geburtsheimat; als Deutsche (»Jeckes«) verspottete und verachtete man sie in ihrer Wahlheimat; als Nicht- oder bestenfalls Zwangszionisten erhielten sie nicht den ihnen eigentlich zustehenden Anteil am politischen Leben des Judenstaates. Dieses tragische Problem ist nur das letzte Tabu innerhalb des großen Tabus Israel.

»Jüdische Geister«, so wurde schon zitiert, »waren verhängnisvollerweise die Zerstörer aller Tabus«. Wenn das richtig wäre, was wir offen lassen wollen – in welchem auffälligen Gegensatz dazu stünde dann die Tabuisierung des Judenstaates durch die Zionisten!

Israels ganze Geschichte ist eine Phänomenologie des Tabus: Tabu, im negativen Sinn, sind die deutschen Juden; der Judenstaat gründet sich nämlich nach seinem Selbstverständnis nicht so sehr auf Hitlers gescheiterten Versuch zur »Endlösung der Judenfrage« – wie es richtig wäre –, sondern auf den Zionismus als zeitgemäßer Entsprechung des abrahamitischen und mosaitischen Messianismus.

Tabu im »positiven« Sinn ist der Zionismus; denn man mystifiziert ihn zur letztgültigen Erfüllung der Verheißung Jahwes. Wer das bezweifelt, ist in den Augen der Zionisten Antisemit. Wenn Antizionismus, wie sie es tun, gleichgesetzt wird mit Antisemitismus, wäre man übrigens besser Antisemit als Zionist. Ohne Antisemitismus gäbe es nämlich kaum noch Juden (Jean-Paul Sartre, selbst jüdischer Herkunft: »Was macht den Juden? Der Antisemit!«). Ohne die Judenverfolgung des Nationalsozialismus gäbe es keinen jüdischen Staat. (Ohne beides aber gäbe es längst einen arabischen Staat in Palästina.)

Tabu, als drittes, ist folgerichtig die Existenz der Palästinaaraber. Die Frühzionisten sprachen von dem »Land ohne Volk für das Volk ohne Land«. Schon Herzl und seine ersten Parteigänger theoretisierten offen über die Umsiedlung der vorhandenen Bevölkerung aus Erez Israel. Israels eingeborene Palästinenser sind entrechtet in ihrer eigenen Heimat, seit 1948 leben die einen in Flüchtlingslagern, seit 1967 der Rest unter Besatzungsrecht in

den besetzten Gebieten. Golda Meir bestritt ihnen einfach die nationale Daseinsberechtigung.
Tabu sind vor allem auch die den Staat Israel juristisch begründenden Akte – die Balfour-Declaration und der UN-Teilungsplan vom 29. November 1947. Lord Balfours Brief richtete sich strenggenommen an den Privatmann Lord Rothschild. Es handelte sich dabei um eine durch keinerlei Parlamentsbeschluß legalisierte bloße politische Willenserklärung. Wörtlich ausgelegt, wäre sie wertlos gewesen; weitherzig aufgefaßt konnte sie alles rechtfertigen. Großbritannien verfügte mit diesem merkwürdigen Dokument, wenn es wirklich vorgehabt haben sollte, damit über irgend etwas zu verfügen, über ein damals noch gar nicht seiner staatsrechtlichen Hoheit unterstehendes Gebiet. »Palästina« gehörte als Bestandteil Syriens zur Osmanischen Türkei. Die Balfour-Declaration war also eindeutig völkerrechtswidrig. Daran ändert auch nichts deren nachträgliche Aufnahme in den Mandatsauftrag des Völkerbundes an Großbritannien.
Das gleiche gilt für die späteren Beschlüsse der Vereinten Nationen. Diese beruhten auf keiner wie immer gearteten Bevölkerungsbefragung und stießen bekanntlich auf die einstimmige Ablehnung durch alle arabischen UN-Mitgliedstaaten.
Israels Unabhängigkeitserklärung vom 15. Mai 1948 legalisierte folglich keineswegs die staatsrechtliche Inbesitznahme fremden Territoriums. Das galt auch für den Grundbesitz in jüdischer Hand. Dieser beschränkte sich damals ohnedies noch auf einige wenige Prozent; Landkäufe innerhalb bestehender völkerrechtsverbindlicher nationaler Grenzen berechtigen im übrigen natürlich keineswegs zur eigenen Staatsbildung. Die Gründung des zionistischen Staates war also ein völkerrechswidriger Akt.
Tabu ist schließlich das Hauptcharakteristikum der jüdischen nationalen Geschichte: der zweimalige organisierte Landraub in Antike und Neuzeit.
Der Geschichtsbewältigung entzieht man sich am wirkungsvollsten – das wissen vor allem auch die Nachkriegsdeutschen – durch Tabuisierung. Sie erspart die Auseinandersetzung mit dem eigenen Fehlverhalten, verhindert aber ein ausgeglichenes Verhaltnis zur Umwelt. Die Deutschen sind dabei, wie gesagt,

durchaus ein warnendes Beispiel für den Judenstaat. Will Israel Frieden, bedarf es, je früher desto besser, endlich der geistigen und politischen Enttabuisierung!

Das Dilemma des Zionismus ist die von ihm nie beantwortete Schlüsselfrage: Sind die Juden das auserwählte oder, und nur eines davon ist möglich, sind sie ein Volk wie jedes andere auch? Herzl reagierte erschreckend oberflächlich und kurzschlüssig auf das fraglos sehr differenzierte Phänomen des Judenhasses, und er tat es, darin ganz Kind seiner Zeit und alles andere als ein Prophet, in einem – noch dazu künstlich geschaffenen – nationalen Bezugsfeld. Erstaunlicherweise verzichtete er völlig auf eine praktische Definition des Begriffes »Jude«. Jude war für ihn wohl, wer es sein wollte oder verfolgt wurde, weil er es war oder zu sein schien oder man ihn dafür hielt.

Überflüssig zu sagen, wie fragwürdig es ist, so dilettantisch vorzugehen. Menschen, die nichts miteinander gemein hatten als die gleiche Religion, die keine Nation bilden konnten, weil ihnen alles fehlte, was dazu nötig gewesen wäre, bestimmte er ungefragt zum Staatsvolk einer noch nicht existierenden Nation.

Negative Geschichtserfahrungen wie die NS-Judenverfolgung lassen sich aber, wie sich herausstellte, ohne Schaden für die Massenpsyche nicht ummünzen zur ewig gültigen Staatsphilosophie. Hitlers Politik rechtfertigt nicht auf immer die Existenz des Judenstaates – nicht so sehr, weil man verzeihen oder vergessen oder heute anders als damals darüber urteilen könnte, sondern weil es für diejenigen, die überlebten, unzumutbar ist, sich fortwährend daran zu erinnern.

Der Zionismus verzichtet wahrscheinlich bewußt auf die Definition seines Wesens und seiner Ziele. Mythische Selbstverklärungen gab und gibt es bei manchen Völkern – man denke nur an das »Heilige Rußland«, »La Grande Nation«, »Rule Britannia«, »The american way of life« oder das »Deutsche Wesen«! Die Geschichte der Juden in ihrer klassischen Zeit ist auch so eine egoistische Legende. Sie denen vorzuwerfen, die sie erfanden, wäre ungerecht. Menschliche Gesellschaften brauchen, um sich unter den anderen behaupten zu können, ihre eigenen Überlegenheitsmythen. Dadurch grenzen sie sich voneinander ab.

Die Auserwähltheitsgewißheit der Juden ist freilich von besonderem Zuschnitt: Einerseits weckt sie (das beweisen die letzten tausend Jahre) Furcht, Ablehnung, Haß, Verfolgungswut – andererseits macht sie diejenigen, die daran glauben, unempfindlich für die Gefühle Andersdenkender und Andersartiger. Die Passivität der NS-Opfer und die Begriffstutzigkeit gegenüber den berechtigten Forderungen der Palästinaaraber haben, so widersinnig es klingt, die gleiche Wurzel – das unerschütterliche Bewußtsein des Rechthabens! Ohne Macht, es durchzusetzen, ist dieses Gefühl vielleicht überlebenswichtig; mit Macht ausgestattet, bedroht es nicht nur andere, sondern wirkt selbstzerstörerisch. Israels Expansionismus ist darum zwar selbstmörderisch, aber systemimmanent: Die Idee der Heimkehr in das Gelobte Land und seiner Kolonisierung bedarf, um überleben zu können, der ständigen Selbstbestätigung.
Hier findet sich übrigens eine auffällige Parallelität zum Nationalsozialismus. Auch er lebte ja sowohl von einem unstillbaren Kolonisierungsdrang (hie »Volk ohne Raum« – da »Land ohne Volk für das Volk ohne Land«) und von einem rückwärts gewandten mystischen Auserwähltheitsanspruch. Bruno Kreisky sprach folgerichtig einmal von einem »halbfaschistischen Israel«. Der Judenstaat ist sicher noch kein faschistischer, was er allerdings fast zwangsläufig früher oder später wird, wenn er in der gegenwärtigen Richtung fortschreitet, sondern einfach ein überflüssiger Staat. Israel ist mindestens eine Idee, hoffentlich eine Moral, bestimmt aber kein Staat. Es reduziert die universale jüdische Idee, und sie allein rechtfertigt den Auserwähltheitsglauben, auf die Raison d'être eines chauvinistischen, partikularistischen, orientalischen Kleinstaates.
Die Menschheit braucht die Juden – sie sind das Salz der Erde. Doch was nützt das Salz, läßt man es im Faß? Es wird feucht und verdirbt! Die Menschheit braucht die Juden, doch nicht den Judenstaat! Sechsunddreißig Gerechte – von ihnen spricht ja die jüdische Legende – sechsunddreißig Gerechte wären zu ertragen, sind zu ertragen, müssen ertragen werden. Dreieinhalb Millionen Juden, die sich für gerecht halten und nur selbstgerecht sind – diese Juden sind unerträglich!

Warum entzieht sich der Zionismus, so ist zu fragen, beharrlich einer gültigen Antwort auf die Schlüsselfrage nach Auserwähltheit oder Normalität? David Ben-Gurion wollte seine Juden zwar als Volk wie jedes andere Volk, bis hin zu den von den eigenen Richtern abzuurteilenden eigenen Verbrechern – er berief sich aber auch immer wieder auf mehr oder weniger unklare jüdische Besonderheiten. Diese Doppelgesichtigkeit des Zionismus hat – sieht man es richtig – einen historischen, einen psychologischen und einen praktischen politischen Grund.

Am Anfang stand wohl der Selbsterhaltungszwang in der menschenfeindlichen Wüste. Er gebar, so kann man annehmen, den Auserwähltheitsglauben. Die Wüste zwingt alles, was in ihr leben muß, zu totaler Anpassung und totaler Auflehnung. Der Unterwerfung unter das Gesetz entspricht folglich die unerbittliche Kriegserklärung an die Wüste. Die Nomaden des antiken Orients lebten in Harmonie mit der Wüste, die Hebräer führten gegen sie Krieg. Dies war das eigentliche Wunder der jüdischen Geschichte. Dieser archaische Gegensatz ist auch heute noch ein Element der israelisch-arabischen Feindschaft.

Der Zionismus war von allem Anfang an eine nur scheinbar auf religiösen Verheißungen und historischen Ansprüchen fußende, vielmehr aber eine rein eurozentrisch argumentierende, spätkolonialistische, nationalistische, menschenverächterische und kulturzerstörerische Exklusivitätsideologie.

Für beides gibt es unwiderlegliche Beweise: Der Marginalisierung alles dessen, was als »orientalisch« eingestuft wird, in Israel entspricht die Marginalisierung wechselnder integrationsunfähig scheinender innerer Minderheiten durch die abendländische Zivilisation. Die Minderheiten sind dabei keine feststehenden Größen. Jede Gruppe innerhalb jeder Gesellschaft kann dazu herabgewürdigt werden. Marginalisiert wird jeweils der oder das, vor wem oder was man sich ängstigt oder gestört fühlt. Die Vertreibung und schließlich systematische Ausrottung der palästinensischen Araber und die Zerstörung ihrer Kulturzeugnisse bis hin zu ihren Wohnstätten, Gotteshäusern und Friedhöfen entspricht der nationalsozialistischen Politik gegenüber den Polen und dem restlichen Osteuropa.

Zionismus und Nationalsozialismus sind bei allen fundamentalen Unterschieden in diesem Punkt weitgehend identisch. Sie differieren in ihren geopolitischen Zielvorstellungen. Israels »Racheakte« gegen die Araber verkleinerten die NS-Judenverfolgung zu einem Verbrechen wie jedes andere Verbrechen. Seine Opfer, die der Konzentrationslager wie die im Libanon, starben so vergebens wie alle Opfer. Wenn der Judenstaat seine Aggressivität gegenüber den Arabern gerechtfertigt sieht durch den nationalsozialistischen Judenmord, rechtfertigt er gleichzeitig den letzteren. Die Juden wären dann wirklich so, wie diejenigen glauben, die sie hassen.

Israel behauptet beispielsweise auch, die Golan-Höhen, Südlibanon oder das Westufer des Jordans würden, gäbe man sie frei, zwangsläufig wieder Aufmarschgebiete der Gegner. Wäre es so, die Champagne müßte deutsch sein oder die linksrheinischen Gebiete Deutschlands französisch. Bliebe der Golan ein Stück (geraubten) Israels – wegen der dort und im Südlibanon entspringenden Flußquellen zum Jordan –, wer hindert Frankreich und die Bundesrepublik dann noch an der vorsorglichen Besetzung des (schweizerischen) Hochrheingebietes? Gewiß, zwischen den Nachbarstaaten dieses Beispieles herrscht seit langem tiefster Frieden. Israel wird sich aber endlich gleichfalls entscheiden müssen: Will es Frieden, einen Friedensschluß ohne Eroberungen, oder Eroberungen um den Preis des ewigen Kriegszustandes?

Keine Binsenweisheit stimmt übrigens weniger als die, der Jude gebe nichts für das Gewesene. Die Juden haben, vor allem anderen, den ausgeprägtesten Sinn für ihre eigene Geschichte. Wäre »Erez Israel« noch heute ihr Eigentum Amerika gehörte mit dem gleichen Recht den Indianern!

Die Geschichte ist kein ein für allemal in Eisen gegossenes Denkmal der Vergangenheit. Den Wolken gleicht sie, die unaufhaltsam dahinziehen und sich dauernd verändern, auflösen und wieder neu entstehen. Einem Spiegel ist sie ähnlich, in dem wir niemand anders als uns selbst erblicken, ohne uns zu erkennen. Sie hat viele Gesichter. Jede Zeit und alle Gesellschaften betrachten sie aus verschiedenen Blickwinkeln. Jede Gegenwart wirft auf sie andere Schatten. Was den einen gefällt, stößt die anderen ab; was heute für richtig befunden wird, kann sich morgen als falsch erweisen. Die Geschichte ist so wankelmütig wie wir selbst.

In der Geschichte zählt nur, was geschehen ist. Uns bleibt allein übrig herauszufinden, warum es geschah. Die Antworten darauf fügen sich, wenn sie es gut mit uns meinen, zu einem Lehrbuch unseres eigenen Daseins.

Die Zeitgeschichte, die wir selbst mitzuerleben und mitzuerleiden verurteilt sind, ist von anderer Art. Sie entsteht, während es uns noch gibt, aus unserem Leben und unseren Taten und unseren Unterlassungssünden. In ihr zählt nicht allein das Geschehene; in ihr zählen Wollen und Wirkung. Wir können sie beeinflussen, und mit ihr den ferneren Lauf der Geschichte. Wenn wir darauf verzichten, verfehlen wir den Sinn unseres Lebens und den Sinn der Geschichte!

Kein Geschichtsabschnitt verfügte je über einen schärferen Sinn für Recht und Unrecht als der unsrige. Das Unrecht ist dessen ungeachtet sein hervorstechendstes Stigma. Die Lebenden erduldeten zwei und ängstigen sich vor dem Dritten Weltkrieg. Niemals gab es so viele und so grausame Verfolgungen. Die Judenverfolgung war die schlimmste von allen.

Die Juden, die Israel gründeten, haben, wie es scheinen will, nichts daraus gelernt. Die Palästinaaraber wurden durch sie zu orientalischen Indianern und modernen Juden!

Diese Juden brauchen heute genauso ihren Platz zum Überleben wie damals die den nationalsozialistischen Konzentrationslagern entronnenen überlebenden Juden. Die Juden, die das nicht wahrhaben wollen, rechtfertigen, was nicht zu rechtfertigen ist: die jahrtausendelange Verfolgung der Juden. Israel verspielt, sofern es das nicht endlich anerkennt, seine Daseinsberechtigung.

Jassir Arafat, der »Mann gegen Israel«, hielt, wie er einmal sagte, den Palmzweig in der einen Hand und in der anderen die Kalaschnikow. Israel sah nur diese und beschimpfte ihn als Terroristen. Terroristen aber waren auch die später zu israelischen Ministerpräsidenten aufgestiegenen Menachem Begin und

Jitzchak Schamir. Sie kämpften mit allen erlaubten und als unerlaubt geltenden Mitteln für ihre Sache. Ihr Patriotismus enthob sie, wie sie glaubten, einer Antwort auf die Frage nach Recht oder Unrecht. Das entschuldigt sie nicht, mag sie wohl aber erklären. Sie verdienen Respekt. Diesen Respekt verdiente auch Jassir Arafat.
Die Biographie ist zwar eine exakte, ja beinahe mit der Mathematik vergleichbare Wissenschaft. Sie hat aber auch viel zu tun mit Astrologie, Psychoanalyse, Philosophie, ja sogar Theologie. Sie verlangt Einsicht in die unerforschlichen Regungen des menschlichen Herzens, Nachsicht für menschliche Fehler, Bewunderung für menschliche Größe, und sie fordert Liebe. Vorurteile wollen zu ihr ebenso schlecht passen wie Nach-Richten. Der Biograph ist kein Richter, und er fällt keine Urteile. Er ist nur der stille Begleiter seines Helden.
Dieses Buch bedarf keiner Rechtfertigung!

Anhang

Zeittafel

1860 Gründung der »Alliance Israelite Universelle«.
1870 Die Rothschilds stiften die Landwirtschaftsschule »Mikwe Israel«.
1878 »Petach Tikwa« entsteht als erste zionistische Landwirtschaftssiedlung.
1882 »Rischon le'Zion« gegründet.
1896 »Der Judenstaat« von Theodor Herzl.
1897 Erster Zionistischer Kongreß in Basel.
1902 »Altneuland« von Theodor Herzl.
1903 Großbritannien spricht von Uganda als Siedlungsgebiet für die Zionisten.
1904 Theodor Herzl stirbt.
1915 Großbritannien verspricht Scherif Hussein von Mekka die Unabhängigkeit für die Araber und die Kalifenwürde.
1916 Großbritannien und Frankreich teilen sich im »Sykes-Picot-Abkommen« in die arabischen Gebiete des Osmanischen Reiches als Kolonialbesitz.
1917 Die »Balfour-Declaration« gewährt den Zionistenführern Lord Walter Rothschild und Chaim Weizmann eine jüdische nationale Heimstätte in Palästina.
1919 Erster Palästinensischer Nationalkongreß in Jerusalem widerspricht den jüdischen Siedlungsplänen und proklamiert Palästina als Bestandteil Syriens.
1920 Gründung der zionistischen militärischen Untergrundorganisation »Haganah«.
1922 Der Völkerbund bestätigt das britische Mandat für Palästina.
1925 Gründung der »Hebräischen Universität« in Jerusalem.
1928 Scheich Hassan al-Banna gründet in Ismailia den »Ichwan al-Muslimin«, die Muslim-Bruderschaft.
1929 Gründung der »Jewish Agency for Palestine«.
Die Araber wehren sich gewaltsam gegen die Zionisten.
Geburt Jassir Arafats in Kairo.
1931 Islamische Weltkonferenz in Jerusalem verurteilt den britischen Imperialismus und den Zionismus.
1933 Antibritische und antizionistische Ausschreitungen fordern Todesopfer.
1935 62 000 jüdische Einwanderer kommen nach Palästina.

1936 Arabischer Generalstreik gegen Zionisten und Engländer. Festnahme und Deportation der Rädelsführer. Ausnahmezustand in Jerusalem.

1937 Zionistische Extremisten gründen die Terrororganisation »Irgun Zwai Le'umi«. Die »Peel-Commission« empfiehlt die Teilung Palästinas.

1938 Wiederaufflammen des arabischen Widerstandes. Jassir Arafat in Gasa.

1939 Britisches Weißbuch über Palästina beschränkt die jüdische Einwanderung.

1944 Ermordung des britischen Nahostministers Lord Moyne durch zionistische Extremisten in Kairo.

1946 Das Emirat Transjordanien erhält seine formelle Unabhängigkeit.

1947 Die Vereinten Nationen beschließen gegen den Willen der Palästinaaraber und gegen die Stimmen aller arabischen Mitgliedsstaaten die Teilung Palästinas.

1948 Die Zionisten proklamieren am 15. Mai, unmittelbar nach Erlöschen des UN-Mandates für Palästina und dem britischen Abzug, »Medinath Israel«, den Staat Israel. Jassir Arafat in Jerusalem.

1949 Ägypten, Transjordanien, Syrien und der Libanon schließen Waffenstillstandsabkommen mit Israel. Jassir Arafat studiert Elektrotechnik in Kairo.

1950 Emir Abdullah annektiert, gegen den arabischen Widerstand, die Gebiete auf dem Westufer Palästinas (Cisjordanien) und proklamiert das »Haschimitische Königreich Jordanien«.

1951 Ermordung König Abdullahs in Jerusalem.

1955 Israel verübt rücksichtslosen Gegenterror im Streifen von Gasa.

1956 Großbritannien und Frankreich überfallen, gemeinsam mit Israel, Ägypten. Jassir Arafat wird ägyptischer Unteroffizier.

1957 Israel räumt Gasa und Scharm asch-Scheich an der Südspitze der Halbinsel Sinai. Jassir Arafat emigriert nach Kuweit.

1958 Gründung der »Vereinigten Arabischen Republik«.

1959 Gründung von »al-Fatah«.

1961 Entführung von Adolf Eichmann durch ein Sonderkommando des israelischen Geheimdienstes »Mossad« aus Argentinien. Einem Schauprozeß, in dem er sich als unschuldig erklärt, folgt die Hinrichtung.

1961 Zerfall der »Vereinigten Arabischen Republik«.

1964 Erste arabische Gipfelkonferenz in Kairo. Palästinensischer Nationalkongreß in Jerusalem beschließt die Gründung der »Palästinensischen Befreiungs-Organisation« (PLO). Erster Chef wird Achmed asch-Schukeiri.

1965 Aufnahme diplomatischer Beziehungen zwischen der Bundesrepublik und Israel.
1966 Israelischer Überfall auf die jordanisch-palästinensische Ortschaft as-Samua.
1967 Israelisch-arabischer Sechstagefeldzug endet mit der Eroberung Cisjordaniens, Gasas und des arabischen Ostteiles von Jerusalem durch Israel.
1968 Gründung der linksgerichteten »Volksfront für die Befreiung Palästinas« (PFLP) unter Dr. George Habasch.
1969 Jassir Arafat an der Spitze der PLO.
Französisches Waffenlieferungsembargo gegen Israel.
1970 »Schwarzer September« in Amman. Tod Gamal Abdel Nassers.
1971 Ermordung des jordanischen Premierministers Wasfi at-Tell durch palästinensische Attentäter in Kairo.
1972 Überfall palästinensischer Guerilleros auf die israelische Mannschaft bei der Münchner Olympiade.
1973 Ägypten und Syrien beginnen den »Ramadan«- oder »Jom-Kippur«-Krieg vom Oktober gegen Israel.
1974 Truppenentflechtungsabkommen zwischen Ägypten und Israel.
Die Gipfelkonferenz von Rabat anerkennt die PLO als einzige legitime Vertreterin des palästinensischen Volkes.
Jassir Arafat spricht zum erstenmal vor der Vollversammlung der Vereinten Nationen.
1975 Ausbruch des Bürgerkrieges im Libanon.
Die UN-Vollversammlung verurteilt den politischen Zionismus als Rassismus.
1976 Bruno Kreisky leitet eine Studienmission der »Sozialistischen Internationale« im Nahen Osten.
Die PLO wird einundzwanzigstes Vollmitglied der »Arabischen Liga«.
1977 USA-Außenminister Cyrus Vance vermittelt in Israel, Ägypten, Libanon, Jordanien, Saudiarabien und Syrien.
Menachem Begin wird Ministerpräsident Israels.
Ägyptens Präsident Mohammed Anwar as-Sadat unternimmt seinen »Friedensflug« nach Jerusalem.
1978 Ermordung des PLO-Vertreters Said Hamami in London.
Tod von Wadi Haddad.
Ägyptisch-israelischer Separatfrieden von »Camp David«.
1979 Jassir Arafat spricht in Wien mit Bruno Kreisky und Willy Brandt.
1980 Österreich anerkennt den diplomatischen Status der Wiener PLO-Vertretung.
1981 Ermordung von Präsident Mohammed Anwar as-Sadat in Kairo.
Tod Mosche Dajans.

1982 Jassir Arafat besucht die DDR, und die Berliner PLO-Vertretung wird zur Botschaft.
Am 6. Juni beginnt der israelische Einmarsch in den Libanon.
Israel zwingt die PLO-Führung zum Abzug aus Beirut.
PLO-Hauptquartier in Tunis.
Papst Johannes Paul II. empfängt Jassir Arafat.

1983 Offiziere und Mannschaften von »al-Fatah« im Libanon meutern gegen Jassir Arafat.
Israelischer Teilrückzug aus dem Libanon.
Drusische Offensive gegen die libanesischen Regierungstruppen.
Verwicklung der Vereinigten Staaten, Großbritanniens, Frankreichs und Italiens durch ihre Friedenstruppen in den libanesischen Bürgerkrieg.
Ermordung von Issam as-Sartawi in Portugal.
Rücktritt von Menachem Begin.
Jassir Arafat wieder im Libanon.
Syrien und die Sowjetunion verlangen eine neue PLO-Führung.
Blutiger Kampf um das Flüchtlingslager al-Baddaui.
Arafat in Tripolis.
Abermalige Flucht aus dem Libanon.

1984 Jassir Arafat erhält den syrischen Ausweisungsbefehl aus Damaskus.
Der 17. Kongreß des »Palästinensischen Nationalrats«, des Exilparlaments der PLO, tagt, nach vergeblichen Einberufungsversuchen unter anderem in Algier, im Beisein König Husseins in der jordanischen Hauptstadt Amman.

1985 Die PLO eröffnet wieder zwei zivile Niederlassungen in Jordanien. 1986 werden sie erneut aufgelöst.

1986 In Nablus ermorden zunächst unbekannte Täter den mit Zustimmung des PLO-Chefs und König Husseins durch die israelischen Besatzungsbehörden eingesetzten Bürgermeister Safir al-Masri. Die Verantwortung dafür übernimmt die PFLP unter George Habasch. Israels Militärgeheimdienst »Modi'in« schließt aus der verwendeten Waffe jedoch auf die »Kampfgruppe 17« von »al-Fatah« unter Jassir Arafat.
Ausweisung des PLO-Vizechefs Abu Dschihad aus Amman.
Im Libanon kommt es zu einem dritten Lagerkrieg gegen die Palästinaaraber. Tausende eingekesselter Lagerinsassen ernähren sich von Katzen und Ratten und bitten die Mullahs schließlich um die Erlaubnis zum Verzehr von Menschenfleisch.

1987 Am 8. Dezember beginnen in den israelisch besetzten Gebieten Ost-Palästinas (Westjordanien oder Judäa und Samaria) vorwiegend von islamisch-fundamentalistisch gesinnten Jugendlichen palästinensischer Nationalität getragene blutige Aufstandsversuche gegen die über zwanzigjährige Besatzungsherrschaft und die extremistische jüdische Siedlungspolitik. Zahl der Opfer bis Spätsommer 1988: Weit über zweihundert Personen.

1988 Die PLO versucht im März in unmittelbarer Nähe des israelischen Atomzentrums Dimona in der Negevwüste erfolglos einen Überfall auf einen zivilen Autobus. Drei Insassen werden getötet.

USA-Außenminister George Shultz unternimmt zwei vergebliche Pendelmissionen für einen erweiterten Friedensschluß zwischen Israel und seinen arabischen Nachbarn.

Im Mai ermordet man in einem Vorort von Tunis den Stellvertreter von PLO-Chef Arafat, Chalil al-Wesir alias »Abu Dschihad«. Die Spuren verweisen auf die Urheberschaft des israelischen Auslandsgeheimdiensts »Mossad«.

Jassir Arafat versöhnt sich in Damaskus nach rund fünfjähriger Ausweisung aus Syrien mit Staatspräsident Hafis al-Assad.

PLO-»Außenminister« Faruk al-Kaddumi überreicht in Jerusalem durch einen rumänischen Sonderbotschafter einen Vierzehn-Punkte-Plan für die Zukunft der besetzten Gebiete. Israel lehnt ihn sofort ab.

König Hussein von Transjordanien löst seine staatsrechtlichen Verbindungen zum israelisch besetzten Ostpalästina. Streichung eines Fünfjahresentwicklungsplans mit Ausgaben von 1,3 Milliarden Dollar für dieses Gebiet. Auflösung des Ammaner Parlaments mit seinen bislang dreißig palästinensischen von sechzig Abgeordneten.

Die Vereinten Nationen vermitteln einen Waffenstillstand in dem über achtjährigen Golfkrieg zwischen Irak und Iran (geschätzte Zahl der Todesopfer: zwischen 1,3 und 2,7 Millionen Tote und Verwundete).

Israel befürchtet ein Wiederaufflammen des »heißen Kriegs« mit seinen ostarabischen Nachbarn. Außenminister Schimon Peres droht für den Fall eines Giftgaskriegs gegen sein Land mit einer »mehr als hundertfachen Vergeltung« durch Israel.

Der PLO-Chef verkündet in Kuweit eine Entscheidung des Palästinensischen Exilparlaments über die Ausrufung einer Exilregierung bis Mitte September.

Literatur

Abdel Hadi, H.: »BRD, Israel und die Palästinenser« (Köln 1973)
Abu Ijad: »Heimat oder Tod« (Düsseldorf 1973)
Allon, J.: »Shield of David« (London 1970)
Amos, J. W.: »Palestinian Resistance« (New York 1980)
Andel, H. J.: »Nahost-Report« (Pfaffenhofen 1976)
Andel, H. J.: »Kommen morgen die Araber?« (Zürich 1976)
Andel, H. J.: »Die Araber – Europas Nachbarn« (Frankfurt 1978)
Andel, H. J.: »Kollaboration und Resistance – Der Fall Barbie« (München 1987)
Arif al-Arif: »An-Nakhlah« (Beirut 1958)
Asch, S.: »Moses« (Zürich 1953)
Avigdor, S.: »Toldot ha'Haganah« (Tel-Aviv 1972)
Avnery, U.: »Mein Freund, der Feind« (Bonn 1988)
Azzam, H. M.: »Über Anwar el Sadat« (Stuttgart 1982)
Barnea, A.: »Freunde trotz Terror und Tod« (Reinbek o. J.)
Begin, M.: »The Revolt« (London 1951)
Ben-Dor, G.: »The Palestinians and the Middle East Conflict« (Haifa 1976)
Ben-Gurion, D.: »Wir und die Nachbarn« (Tübingen 1968)
Bernstein, R./Hamdan, Y.: »Der Palästina-Konflikt« (Mindelheim 1983)
Bethell, N.: »The Palestine Triangle« (London 1979)
Büren, R.: »Ein palästinensischer Teilstaat« (Bonn 1979)
Buber, M.: »Ein Land und zwei Völker« (Frankfurt 1983)
Bulloch, J.: »The Making of a War« (London 1974)
Cattan, H.: »Palestine, The Arabs and Israel« (London 1969)
Cattan, H.: »Palestine and International Laws« (London 1973)
Chaliand, G.: »Kann Israel noch besiegt werden?« (Reinbek 1971)
Collins, L./Lapierre, D.: »O Jerusalem« (München 1972)
Curtis, M.: »The Palestinians« (New Brunswick 1975)
Diner, D.: »Keine Zukunft auf den Gräbern der Palästinenser« (Hamburg 1982)
Dobson, C.: »Black September« (London 1974)
Eisenkolb, G.: »München Schalom« (Wien 1975)
Elon, A./Hassan, S.: »Dialog der Feinde« (Wien 1974)
Eytan, R.: »A Soldiers Story« (Tel-Aviv 1985)
Frangi, A.: »PLO und Palästina« (Frankfurt 1982)

Fried, M.: »Israels Besatzungspolitik« (Tübingen 1975)
Furlonge, G.: »Palestine is My Country« (London 1969)
Gabel, C. A.: »Verbotene Gespräche« (München 1988)
Gilbert, M.: »The Arab-Israeli Conflict« (London 1974)
Giniewski, P.: »De Massada à Beyrouth« (Paris 1983)
Grobba, F.: »Männer und Mächte im Orient« (Göttingen 1967)
Gysling, E.: »Arabiens Uhren gehen anders« (Zürich 1982)
Gysling, E.: »Zerreißprobe in Nahost« (Zürich 1986)
Harkabi, Y.: »Arab Attitudes to Israel« (London 1972)
Harkabi, Y.: »Das palästinensische Manifest und seine Bedeutung« (Stuttgart 1981)
Herstig, D.: »Fetua« (München 1969)
Herzl, T.: »Wenn ihr wollt, ist es kein Märchen« (Königstein 1978)
Herzog, C.: »Entscheidung in der Wüste« (Frankfurt 1975)
Hirszowicz, L.: »The Third Reich and the Arabs« (London 1966)
Hollstein, W.: »Kein Frieden um Israel« (Frankfurt 1972)
Hussain, M.: »The Palestine Liberation Organization« (New Delhi 1975)
Irabi, A.: »Sozialgeschichte Palästinas« (Basel 1981)
Jacobs, P.: »Yassir Arafat« (Dortmund 1985)
Khaled, L.: »Mein Volk soll leben« (München 1974)
Khella, K.: »Der israelisch-arabische Konflikt« (Hamburg 1982)
Kiernan, T.: »Yassir Arafat« (London 1976)
Konzelmann, G.: »Vom Frieden redet keiner« (Stuttgart 1971)
Konzelmann, G.: »Die Schlacht um Israel« (München 1974)
Konzelmann, G.: »Arafat« (Bergisch-Gladbach 1981)
Konzelmann, G.: »Jerusalem« (Hamburg 1984)
Konzelmann, G.: »Allahs neues Weltreich« (München 1986)
Laffin, J.: »PLO zwischen Terror und Diplomatie« (Altstätten 1983)
Laqueur, W.: »Nahost vor dem Sturm« (Frankfurt 1968)
Laqueur, W.: »Der Weg zum Staat Israel« (Wien 1975)
Lebrecht, H.: »Die Palästinenser« (Frankfurt 1982)
Lotz, W.: »Der Champagnerspion« (München 1988)
Matray, M.: »Dreyfus« (München 1986)
Meir, G.: »Leben für mein Land« (Bern 1973)
Meyer, W./Schmidt-Polex, C.: »Schwarzer Oktober« (Percha 1973)
Mury, G.: »Schwarzer September« (Berlin 1974)
Nicosia, F. R.: »The Third Reich and the Palestine Question« (London 1985)
Nutting, A.: »Die Suezverschwörung 1956« (Wien 1967)
O'Ballance, E.: »The Third Arab-Israel War« (London 1972)
Oldenbourg, Z.: »Que vous à donc fait Israel« (Paris 1974)
Pinner, W.: »The Legend of the Arab Refugees« (Tel-Aviv 1967)
Porath, Y.: »The Emergence of the Palestinian Arab National Movement 1918–1929« (London 1974)

Robbe, M.: »Scheidewege in Nahost« (Berlin 1982)
Rokach, L.: »Israels heiliger Terror« (Pfungstadt 1982)
Rühl, L.: »Israels letzter Krieg« (Hamburg 1974)
Said, E. W.: »Zionismus und palästinensische Selbstbestimmung« (Stuttgart 1981)
Schatten, F.: »Entscheidung in Palästina« (Stuttgart 1976)
Schiff, Z./Rothstein, R.: »Fedayeen« (London 1972)
Schiller, D. T.: »Der Bürgerkrieg im Libanon« (München 1979)
Schiller, D. T.: »Palästinenser zwischen Terrorismus und Diplomatie« (München 1982)
Schreiber, F.: »Die Palästinenser« (München 1983)
Shehadeh, R.: »Aufzeichnungen aus einem Ghetto« (Bonn 1983)
Spehl, H.: »Spätfolgen einer Kleinbürgerinitiative« (Freiburg 1979)
Stein, G.: »Die Palästinenser« (Köln 1988)
Stein, L.: »The Balfour-Declaration« (London 1961)
Sykes, C.: »Kreuzwege nach Israel« (München 1967)
Timerman, J.: »Israels längster Krieg« (München 1983)
Tophoven, R.: »Fedayin« (München 1975)
Wagenaar, L./Spehl, H.: »Briefe vom Anderen Israel« (Freiburg 1969)
Wagner, H.: »Der arabisch-israelische Konflikt im Völkerrecht« (Berlin 1971)
Yaari, E.: »Strike Terror« (New York 1970)
Zadek, W.: »Kein Utopia... Araber, Juden, Engländer in Palästina« (Berlin 1986)

Personenregister

Noch ein heißes Thema bei FACTA:

Dietmar Stutzer

DIE LATRINENREPUBLIK

Der Verfall der politischen Kultur in der Bundesrepublik Deutschland

220 Seiten, Format 12 × 19 cm, Leinen mit Schutzumschlag
ISBN 3-926827-09-2

Es ist die Tragödie der Bundesrepublik Deutschland, daß sie ihre Chancen zur Vergangenheitsbewältigung gründlich verpaßt hat. Es gab zwar Taten, aber keine Täter. Die Verantwortlichen am Desaster des Nationalsozialismus und ihre Erfüllungsgehilfen wurden sorgsam davor bewahrt, für die Folgen ihrer Taten einstehen zu müssen und fanden sich alsbald in ihren alten Funktionen in Verwaltung, Justiz, Medizin und den politischen Parteien wieder. Mit ihnen kehrten auch die alten, wohlbekannten Mentalitäten und Handlungsschemata in unser öffentliches Leben zurück. Das Ergebnis: Behördenwillkür, Überwachungsstaat, Korruption und eine blühende Sekundärbürokratie, dazu wahre Heerscharen von Barschels und Pfeiffers in allen Parteien und Interessenverbänden. Denn das Sensationelle an den Vorgängen von Kiel ist nicht, daß sie geschehen, sondern daß sie aufgekommen sind.
Hat dieser Staat noch eine Chance, politische Kultur zu entwikkeln, oder laufen wir Gefahr, in einer »Latrinenrepublik« zu versinken?

Der Autor: Dietmar Stutzer, Historiker und Agrarwissenschaftler, lebt als freier Journalist in Brüssel. Er ist Verfasser mehrerer Bücher zur politischen, Gesellschafts- und Wirtschaftsgeschichte und ständiger Mitarbeiter verschiedener Zeitschriften und Rundfunkanstalten.

FACTA